Prix : 1 fr. 25   COURS MOYEN

LIVRE DE
LECTURE
ET DE MORALE

Par E. DEVINAT

57 Gravures

ÉDUCATION DE
LA CONSCIENCE
ÉDUCATION
DU GOUT

M. Verneuil

LIBRAIRIE LAROUSSE PARIS

Livre de Lecture et de Morale, *Cours élémentaire.* **75 c.**

LIVRE DE LECTURE
ET DE MORALE

NOUVELLE ÉDITION, EN-
TIÈREMENT REFONDUE
ET AUGMENTÉE COMME
TEXTE ET ILLUSTRA-
TIONS.

COURS MOYEN ET SUPÉRIEUR

LIVRE DE LECTURE ET DE MORALE

ÉTUDE DE LA LANGUE MATERNELLE
ÉDUCATION DE LA CONSCIENCE
ÉDUCATION DU GOUT

Par E. DEVINAT

Directeur de l'École normale d'instituteurs de la Seine,
Membre du Conseil supérieur de l'Instruction publique.

57 gravures.

DIX-HUITIÈME ÉDITION

PARIS. — LIBRAIRIE LAROUSSE
RUE MONTPARNASSE, 13-17. — SUCCURSALE : RUE
DES ÉCOLES, 58 (SORBONNE).

AVANT-PROPOS

Ce petit livre de lecture renferme des récits en prose et des récits en vers accompagnés d'abondantes explications lexicologiques. Les récits en vers, extraits pour la plus grande partie de l'œuvre de notre grand poète national, Victor Hugo, sont d'un caractère à la fois simple, large et élevé. Les uns et les autres sont d'une lecture facile et généralement attrayante. Tous se rapportent à la morale et ont pour objet propre, avec l'étude de la langue maternelle, l'éducation de la conscience, c'est-à-dire la tâche la plus délicate, la plus malaisée, la plus urgente et nécessairement, malgré tout, la plus négligée de l'instituteur.

Ce petit livre de lecture est donc en même temps un manuel de morale. Et il ne l'est pas seulement parce que tous les morceaux dont il se compose rappellent des règles de conduite essentielles, mais parce qu'il contient *une suite de leçons* méthodiquement développées et liées d'après les prescriptions du programme officiel. Chaque leçon comporte un *récit* spécialement composé pour servir de matière à un entretien, un *questionnaire* qui se trouve au bas de la page et un *résumé* rejeté à la fin de l'ouvrage.

Tous les résumés réunis en ordre forment un *Livret de morale* auquel on a joint un *Livret d'instruction civique*.

Livre de lecture et de langue française,
Manuel de morale et d'instruction civique,
Recueil de morceaux de récitation :
voilà donc ce que l'on trouvera dans le présent ouvrage.

Nous permettra-t-on d'ajouter que le goût et la générosité de l'éditeur — qu'il en soit ici bien vivement remercié — en ont fait un beau livre dont toutes les gravures, reproductions fidèles et soignées d'œuvres artistiques de premier ordre, doivent contribuer pour une large part à l'éducation des enfants, et qu'à ce point de vue il est peut-être sans rival aujourd'hui parmi les manuels de classe?

E. DEVINAT.

LIVRE DE LECTURE ET DE MORALE

MÉDAILLE DE
J.-C. CHAPLAIN

PARIS, MUSÉE
DU LUXEMBOURG

LA FAMILLE

I. — Le Foyer.

1. *La Famille Guillaume.*

C'est l'automne, gris et pluvieux; c'est la saison des semailles.

Madame Guillaume prépare le repas du soir. La nuit va tomber, et son mari ne tardera pas à rentrer du labour.

Assise près du feu qui flambe dans la cheminée, elle

fait gravement[1] ce qu'elle a vu faire à sa mère, ce qu'ont fait jadis ses aïeules, ce que fera sa fille quand elle-même dormira dans le cimetière.

Cette humble besogne quotidienne devient belle[2] par sa grâce et par son amour. Elle y met tout son cœur de femme et de mère, car elle sent que ses mains agiles font de la santé et de la joie pour ceux qu'elle aime.

Pendant ce temps, Guillaume, monté sur son cheval de labour, revient lentement de la plaine sur laquelle, peu à peu, l'ombre descend. Il a confié à la bonne terre, docile[3] et féconde, la semence choisie qui donnera les moissons. Le pas lent et fatigué du cheval berce[4] doucement ses pensées. Il songe à ses champs, à son foyer, à sa femme fidèle et dévouée, à ses enfants qui grandissent et le remplaceront un jour comme il a remplacé son père. Il rentre à la ferme, tout enveloppé de paix et de sérénité[5].

« Allons, la soupe est prête ! » s'écrie Madame Guillaume.

Voici toute la famille assise autour d'une vieille et massive table de chêne héritée des ancêtres et qui a vu se grouper autour d'elle plusieurs générations de laboureurs. Le père donne à chacun sa part de nourriture. Il coupe la miche, il verse le vin de ses vignes et semble dire à ses enfants :

« Prenez, ceci est le fruit de mes fatigues et de mes sueurs. Mangez et buvez, c'est ma chair[6], c'est mon sang, c'est mon cœur de père ; c'est la chair, c'est le sang, c'est le cœur de votre mère. »

Les enfants, tranquilles et joyeux entre le père et la mère, les regardent comme les dieux[7] tout-puissants du

---

1. *Gravement*, comme on fait toute besogne sérieuse et de grande importance. — 2. *Belle*, parce qu'elle y met son cœur et qu'il en résultera de la joie. — 3. *Docile*, qui se laisse facilement travailler. — 4. *Berce*, par le mouvement rythmé et doux de la marche lente du cheval. — 5. *Sérénité*, absence d'inquiétude. — 6. *Chair*, parce que le pain quotidien est le produit du travail, c'est-à-dire des forces, de la substance même du père et de la mère. — 7. *Dieux*, ceux qui ont la force, la bonté, et qui protègent.

foyer et tendent vers eux leurs mains confiantes. Que d'amour, que d'enchantement [1], quelle vie saine et douce autour de ces quelques planches de chêne qu'on appelle la table de famille !

Une fillette de trois ans, placée près de sa mère, commence à donner quelques signes d'impatience. Sa tête mignonne se penche sur le bras maternel. Madame Guillaume comprend, sourit, et d'un geste doux et fort assied sa fille sur ses genoux. Elle lui enlève lentement ses vêtements, elle réchauffe dans ses mains ses pieds nus, elle la présente à son père qui l'embrasse, à son grand frère qui la taquine, et l'emporte, triomphante [2], dans ses bras. Elle la borde dans son petit lit, met deux baisers sur ses yeux déjà clos et revient à la table de famille.

Le Pain ; par Albert Lefeuvre.

Guillaume a pris son journal ; le fils ouvre un livre ; la maman dessert la table, tisonne le feu, baisse l'abat-jour

---

1. *Enchantement*, grande joie. — 2. *Triomphante*, heureuse et fière.

de la lampe et met du fil à son aiguille. A ses pieds, un gros chat noir aux yeux d'or regarde, d'un air distrait, la danse de la flamme.

La porte s'ouvre, et sur le seuil se présente une femme aux cheveux gris, au regard souriant.

« Grand'mère !

— Bonsoir, mes enfants. Je viens me chauffer à votre feu. »

Vite, on lui donne sa place, la meilleure, la plus chaude en hiver. Le gros chat noir s'installe sans façon sur ses genoux et ronronne. Une heure se passe, puis la grand'mère s'en va, la lampe s'éteint, et la maison bien close entre dans le silence et dans le repos du sommeil.

2. *Retour d'exil.*

C'est Jocelyn qui parle. Sa mère et sa sœur sont rentrées de l'exil; leur maison est devenue la propriété d'un étranger; la mère veut la revoir : elle en parcourt les diverses pièces :

. . . .
Dans notre toit d'enfant presque rien de changé ;
Le temps, si lent[1] pour nous, n'avait rien dérangé :
Ces meubles familiers qui, d'une jeune vie[2],
Sous notre premier toit, semblent faire partie;
Que l'on a toujours vus, connus, aimés, touchés;
Cette première couche où Dieu nous a couchés,
Cette table où servait la mère de famille,
Cette chaise où la sœur travaillait à l'aiguille,
Tout était encor là, tout à la même place;
Chacun de nos berceaux avait encor sa trace.
Chacun de nous touchait son meuble favori,
Et, comme s'il avait compris, jetait un cri.
Mais ma mère entr'ouvrant la chambre paternelle
Et nous poussant du geste : « A genoux[3], nous dit-elle;

---

1. *Lent,* comme temps d'exil. — 2. *Jeune vie,* étaient entrés dans notre vie d'enfance. — 3. *A genoux,* par respect pour la mémoire du père disparu. La famille se compose autant des morts que des vivants. — Ce qu'il y a de touchant et de saisissant dans ce cri : A genoux...

Conclusion des deux morceaux : Douceur, intimité, amour confiant, aide mutuelle, souvenirs attendris du passé : voilà le foyer.

Enfants, voilà le lit où votre père est mort! »
Puis tombant elle-même à genoux sur le bord,
Et des mains embrassant le pilier de la couche,
Comme nous, en pleurant elle y colla sa bouche;
Ses larmes sur le bois ruisselaient à grands flots,
Et la chambre un moment fut pleine de sanglots...

    LAMARTINE, *Jocelyn*. (Libr. Hachette.)

II. — Les Parents.

3. *Les Robelin.*

Jacques Robelin était forgeron.

Du matin au soir il maniait la lime, tirait le soufflet ou frappait sur l'enclume. On voyait saillir[1] sous sa peau les muscles de ses bras. La sueur lui coulait du front comme d'une fontaine et traçait des filets gris sur son masque de suie et de poussière.

Quand le feu de sa forge flambait, il apparaissait noir, dans la rouge clarté de la flamme. C'était un rude ouvrier : entre ses mains le fer devenait léger et docile[2] comme de la paille

« Mon pauvre Jacques, lui disait sa femme, une petite ménagère alerte[3] et vaillante, tu te donnes trop de mal. Repose-toi. Pourquoi travailler si fort?

— Pour que tu sois plus à l'aise et que tu aies moins de peine.

— Tu sais bien que je me trouve heureuse. Tu es si bon pour moi ! Je ne manque de rien.

— Et ceux-là qui reviennent de l'école et dont j'entends la voix dans la rue ? Et Paul ? et Louise ? ne faut-il pas les élever et leur préparer un avenir ?

---

1. *Saillir*, former une saillie, un relief. — 2. *Fer docile*, facilement maniable, parce que le forgeron est fort. — 3. *Alerte*, d'une activité vive.

— Oui, oui, sans doute... mais j'ai peur. Tu abuses de ta force et de ta santé.

— Ah! chère femme, répliquait en riant le robuste forgeron, sois sans crainte. Ce marteau me semble moins lourd qu'une plume, et mes bras sont solides comme du fer forgé [1]. Quand je te sens autour de moi, si courageuse, prête à tous les sacrifices pour me faire une maison douce et paisible, quand je reçois les baisers de nos enfants, ma fatigue s'en va, mes forces redoublent, et ma forge est un paradis. Ne me plains pas, car, de nous tous, c'est encore moi qui ai le plus de bonheur. »

Paul et Louise entraient dans la cour. Ils sautèrent au cou de leur père et de leur mère.

« Vous avez été sages?

— Oui, maman, répondit la petite fille.

— Tu as dû être puni, toi, Paul, dit le père ; tu ne savais guère tes leçons, ce matin. »

Paul rougit, car il avait, en effet, reçu une réprimande.

« Allons ! demain tu t'efforceras de mieux faire. »

A table, les deux enfants racontèrent les menus incidents de la rue et le repas fut égayé de leur gentil bavardage.

Jacques et Marie Robelin les aimaient profondément ; et pour les rendre heureux et meilleurs ils ne comptaient ni le travail, ni les soucis [2], ni les veilles.

Une seule chose leur coûtait : c'était de gronder et de punir.

« Papa, je t'en prie, ne me punis pas. Je ne recommencerai plus ! » s'écriait Louise, quand elle était prise en faute. Et c'étaient des supplications, des larmes et des caresses. Ce pauvre Jacques se tenait à quatre pour ne pas céder. Il restait inébranlable [3] en apparence, mais il avait le cœur gros. Il avait besoin de se rappeler que,

---

1. *Fer forgé*, par cela même plus solide et résistant. — 2. *Soucis*, inquiétudes. — 3. *Inébranlable*, qui ne se laisse pas ébranler, qui ne cède pas.

Le Forgeron ; photographie de M. Joaquim Basto, de Porto (Portugal).

pour devenir des hommes honnêtes et utiles, les enfants doivent contracter de bonnes habitudes; que les habitudes de propreté, d'ordre, de travail, de franchise, ne s'acquièrent pas sans de longs efforts; et que les parents qui gâtent leurs enfants par trop de faiblesse sont maladroits et coupables.

Paul et Louise furent bien élevés. Aujourd'hui les Robelin sont arrivés à l'âge du repos. Ils vivent tranquilles au milieu de leurs enfants, qui leur ont donné une joyeuse nichée de petits-fils et de petites-filles.

Voy. *Questionnaire*, au bas de la page, et *Résumé*, page 283.

4. *L'Amour maternel.*

Oh! l'amour d'une mère! amour que nul n'oublie!
Pain merveilleux qu'un Dieu partage et multiplie[1]!
Table toujours servie au paternel foyer!
Chacun en a sa part et tous l'ont tout entier!

V. Hugo.

5. *Il en coûte de punir.*

Qu'il en coûte d'être sévère!
Tâche, ami, de te souvenir
Du chagrin que se fait ton père
Quand il faut gronder et punir.

V. de Laprade.

---

1. *Multiplie*: l'amour d'une mère se partage entre ses enfants comme le pain. C'est un « pain » merveilleux parce que si la mère a plusieurs enfants chacun d'eux en reçoit autant que s'il était seul. L'amour maternel semble donc se multiplier.

Les Robelin. — Questionnaire : 1. *Parlez-nous de Robelin dans sa forge.* — 2. *Que lui dit sa femme?* — 3. *Que lui répondit-il?* — 4. *Pourquoi Jacques et Marie Robelin étaient-ils heureux?* — 5. *Aimaient-ils leurs enfants?* — 6. *Quelles preuves leur donnaient-ils de leur affection?* — 7. *Les punissaient-ils? Le faisaient-ils avec joie?* — 8. *Les Robelin étaient-ils de bons parents? Pourquoi?*

Dessin de Kanyóçaï, artiste japonais.

6. *Chanson des orphelins.*

La femelle? — Elle est morte.
Le mâle? — Un chat l'emporte
Et dévore ses os.
Au doux nid qui frissonne [1]
Qui reviendra? Personne!
Pauvres petits oiseaux!

Le pâtre absent par fraude [2]!
Le chien mort! Le loup rôde
Et tend ses noirs panneaux [3].
Au bercail qui frissonne
Qui veillera? Personne!
Pauvres petits agneaux!

L'homme au bagne! la mère
A l'hospice! O misère!
Le logis tremble aux vents :
L'humble berceau frissonne.
Que reste-t-il? — Personne!
Pauvres petits enfants!

V. Hugo, *Les Contemplations.*

---

1. *Frissonne*, de crainte, d'angoisse, de faim. — 2. *Fraude :* le pâtre qui s'absente fraude son maître. — 3. *Noirs panneaux*, pièges, embûches funestes.

III. — Les Grands-parents.

7. *La Grand'mère.*

Ferruccio, âgé de treize ans, avait un très bon cœur, mais se laissait entraîner par de mauvais camarades.

Un jour, il profita de l'absence de son père et de sa mère pour quitter la maison. Il ne rentra qu'à onze heures du soir, « fatigué, crotté, la jaquette déchirée et le front meurtri par un coup de pierre ».

Sa grand'mère l'attendait, pleine d'anxiété [1], clouée [2] dans un large fauteuil sur lequel la pauvre vieille, infirme, passait toute la journée...

En le voyant, elle se mit à pleurer :

« Oh ! non, lui dit-elle après un long silence, tu n'aimes point ta pauvre grand'mère, car sans cela tu n'aurais pas profité de l'absence de tes parents pour agir ainsi que tu l'as fait. Tu m'as laissée seule toute la journée ! Tu n'as pas eu pour moi un peu de compassion ! . . . .

« Ah ! mon enfant, continua-t-elle en voyant Ferruccio rester muet, tu n'as pas un mot de repentir ! Tu vois cependant en quel état je suis réduite : bonne à enterrer. Tu ne devrais pas avoir le cœur de faire pleurer la mère de ta mère, si vieille et si voisine de son dernier jour ! ta pauvre *nonna* * qui t'a toujours tant aimé, qui te berçait des nuits entières quand tu étais petit et qui aurait voulu t'épargner tous les maux, tous les chagrins. Je me disais toujours : « Cet enfant sera ma consolation [3], » et au contraire tu me fais mourir d'inquiétude. Je donnerais volontiers le peu de vie qui me reste pour te revoir bon et obéissant comme jadis. Te rappelles-tu, Ferruccio, quand je te conduisais en promenade ? tu emplissais mes poches de cailloux et d'herbes, et je te ramenais à la maison endormi dans mes bras ! Tu aimais bien ta grand'mère alors ! A présent que je suis paralysée, j'aurais besoin de ton affection comme de l'air [4] que je

---

1. *Anxiété*, grande inquiétude. — 2. *Clouée*, immobile par suite de son infirmité, comme un objet l'est quand on l'a cloué. — 3. *Consolation*, ce qui adoucit les chagrins, les regrets. — 4. *Air*, l'air atmosphérique, qui est respirable et indispensable à la vie.

* Grand'mère, en italien.

respire; songe que je n'ai rien, plus rien au monde qui m'intéresse, pauvre demi-morte que je suis, hélas! »

Ferruccio, touché par ses plaintes, demanda pardon à sa grand'mère.

D'après DE AMICIS, *Grands Cœurs*. (Libr. Delagrave.)

Chèvre et son chevreau.

8. *Le Grand-père.*

Petit Paul avait perdu sa mère, et son père s'était remarié; il fut confié aux soins de son grand-père.

Le grand-père emporta l'enfant dans sa maison.
. . . . Les plaines
Étaient vertes, avec toute sorte d'haleines [1]
Qui sortaient des forêts et des eaux; la maison
Avait un grand jardin, et cette floraison,
Ces prés, tous ces parfums et toute cette vie
Caressèrent [2] l'enfant. . . . . »

---

1. *Haleines*, souffles, sens figuré. — 2. *Caressèrent*, lui procurèrent des sensations douces et agréables.

Dans ce jardin croissaient le pommier, le pêcher,
La ronce; on écartait les branches pour marcher;
Les voix qu'on entendait étaient calmes et douces;
Les sources chuchotaient doucement dans les mousses;
Et l'enfant fut aimé dans cette solitude,
Hélas[1]! et c'est ainsi qu'il en prit l'habitude.
. . . .

Il faut allaiter Paul; une chèvre y consent.
Paul est frère de lait du chevreau bondissant;
Puisque le chevreau saute, il sied que l'homme marche,
Et l'enfant veut marcher...

Paul fait son premier pas, il veut en faire d'autres.
(Mères, vous le voyez en regardant les vôtres.)
Frais spectacle[2]! l'enfant est suivi par l'aïeul.
— Prends garde de tomber; c'est cela. Va tout seul. —
Paul est brave, il se risque, hésite, appelle, espère,
Et tout à coup se met en route, et le grand-père
L'entoure de ses mains que les ans font trembler,
Et, chancelant lui-même, il aide à chanceler...

Paul régnait; son grand-père était sa douce proie[3];
Ils mêlaient tout, le jour leurs jeux, la nuit leurs sommes.
Oh! quel céleste amour entre ces deux bonshommes!
Ils n'avaient qu'une chambre; ils ne se quittaient pas;
. . . .
Le grand-père n'avait pas d'accent assez tendre
Pour faire épeler l'ange attentif et charmé,
Et pour dire : O mon doux petit Paul bien-aimé!
. . . .
— Prends garde, c'est de l'eau. Pas si loin. Pas si près.
Vois, Paul, tu t'es mouillé les pieds. — Pas fait exprès.
— Prends garde aux cailloux. — Oui, grand-père. — Va dans
Et le ciel était pur, pacifique et superbe,   [l'herbe.
Et le soleil était splendide et triomphant[4]
Au-dessus du vieillard baisant au front l'enfant.

 Le grand-père mourut. Petit Paul connut alors les pires

---

1. *Hélas!* car bientôt il sera privé d'amour. — 2. *Frais spectacle,* qui donne la joie et la paix. — 3. *Proie :* le grand-père était asservi à l'enfant, comme la proie l'est à l'animal. — 4. *Soleil triomphant :* il semblait être joyeux, comme le vieillard et l'enfant.

douleurs. Il revint auprès de sa marâtre. Celle-ci, qui le détestait, le fit cruellement souffrir.

Il prenait dans un coin, à terre, ses repas.
Il était devenu muet, ne parlait pas,
Ne pleurait plus. L'enfance est parfois sombre et forte [1].
Souvent il regardait lugubrement [2] la porte.
Un soir on le chercha partout dans la maison ;
On ne le trouva point ; c'était l'hiver, saison
Qui nous hait, où la nuit est traître [3] comme un piège ;
Dehors, des petits pas s'effaçaient dans la neige...
On se souvint de cris perdus dans le lointain ;
. . . .
..... Tout le village, ému, s'en occupa.
Et l'on chercha ; l'enfant était au cimetière.
Calme comme la nuit, blême comme la pierre.
Il était étendu devant l'entrée, et froid.
Comment avait-il pu jusqu'à ce triste endroit
Venir, seul dans la plaine où pas un feu ne brille ?
Une de ses deux mains tenait encor la grille ;
On voyait qu'il avait essayé de l'ouvrir.
Il sentait là quelqu'un pouvant le secourir ;
Il avait appelé dans l'ombre solitaire,
Longtemps ; puis il était tombé mort sur la terre,
A quelques pas du vieux grand-père, son ami.
N'ayant pu l'éveiller, il s'était endormi [4].

V. HUGO, *La Légende des siècles.*

IV. — Les Enfants.

9. *Suzanne Letellier.*

« Allons, Suzanne, hâte-toi, il est sept heures, et tes frères sont encore au lit. Ils seront en retard pour l'école.

---

1. *Forte,* capable de supporter les maux. — 2. *Lugubrement,* avec une mortelle tristesse. — 3. *Nuit traître,* parce qu'elle fait du mal étant très froide. — 4. *Endormi,* dans la mort, où il rejoignait son grand-père.

Conclusion : Devoir de tendresse, de reconnaissance et d'obéissance pour ces chers grands-parents qui sont si pleins de bonté et si prêts au sacrifice.

— Je me hâte, maman. Mais on sonne, je vais au comptoir. »

Suzanne sortit en courant, pendant que sa mère, Mme Letellier, surveillait près du feu le lait qui commençait à bouillir.

On entendait, dans l'alcôve, les deux frères, l'un de quatre ans, l'autre de six, qui gazouillaient au réveil comme font les petits oiseaux dans leur nid à l'aurore.

Mme Letellier avait perdu son mari l'année précédente : il était mort subitement d'une fluxion de poitrine, laissant à sa veuve trois enfants, dont Suzanne était l'aînée. Depuis, Mme Letellier vivait d'un petit commerce d'épicerie. Elle se surmenait [1], la pauvre femme, courant de la cuisine au magasin, soignant ses enfants sans négliger sa clientèle, n'ayant point de repos depuis cinq heures du matin jusqu'à neuf heures du soir. Heureusement pour elle, Suzanne lui vint en aide. La gentille fillette ! pas très jolie, mais si vive, si alerte, si vaillante et, de bonne heure, si sérieuse [2] ! Après quelques semaines, le magasin n'avait plus de secrets pour elle. On la voyait accourir au comptoir, et ses petites mains allaient, comme des mains de fée [3], d'un tiroir à l'autre, pesant, coupant, comptant, avec grâce et dextérité [4], avenante [5] comme sa mère.

« Voilà, madame ! » — « Merci, monsieur ! » — « Au revoir ! » Elle saluait les clients d'un léger signe de tête, et ses yeux [6] noirs et doux riaient dans son visage.

Ah ! par exemple ! ses deux frères étaient bien gênants, et ne s'en doutaient guère. — Maman par-ci. — Maman par-là. — Je *veux* manger. — Je *veux* boire. — Je *veux* sortir... C'étaient, toute la journée, des appels, des cris ou

---

1. *Se surmenait*, travaillait au delà de ses forces. — 2. *Sérieuse*, qui réfléchit, et agit raisonnablement. — 3. *Fée* : les fées, dans les contes, font tout ce qu'elles veulent. — 4. *Dextérité*, adresse. — 5. *Avenante*, accueillante, aimable. — 6. *Ses yeux riaient*, brillaient comme quand on a de la joie.

Le Nid ; sculpture de Croisset. — (Au musée du Luxembourg.) Phot. Neurdein.

des pleurs. La pauvre mère ne savait où donner de la tête.

Aujourd'hui Suzanne habille ses frères, les lave le matin, à midi et le soir, cire leurs chaussures, brosse et parfois raccommode leurs vêtements, et fait revoir à l'aîné les petites leçons de l'école.

« Laisse donc, maman, dit-elle, repose-toi un peu, je ferai bien ce travail toute seule.

« Vite, ta casquette, Paul... Lucien, ton sac et tes livres. Partons ! »

Et ils partent tous trois. S'il pleut, s'il neige, s'il vente, elle les protège.

Au seuil de l'école, elle les inspecte encore, elle les embrasse, et les quitte en les menaçant gentiment du doigt : « Surtout, soyez bien sages. »

Elle entre elle-même à l'école de filles qui est en face, car elle n'a que dix ans. La classe terminée, elle retrouve ses deux frères. Le plus jeune la prend par la main ; l'autre marche en avant, sac au dos, comme un grand garçon.

« Embrassons bien petite mère, tout à l'heure, leur dit Suzanne. Cela lui fera plaisir. »

N'est-ce pas, qu'elle est gentille, Suzanne ? Mme Letellier l'adore. Parfois elle laisse tomber sur elle un long regard plein de choses [1] affectueuses et douces. La charmante fillette en a comme un frisson de joie. C'est sa meilleure récompense.

Voy. Résumé, page 283.

10. *Une surprise.*

Un pauvre enfant sans famille, nommé Rémi, avait passé une bonne partie de son enfance chez une brave femme, la mère Barberin, qui, l'ayant recueilli, l'avait soigné comme l'eût fait une mère.

Loué à un musicien ambulant par le père Barberin, homme méchant et avare, Rémi avait ensuite mené une vie pleine d'aventures.

---

1. *Regard plein de choses,* qui exprime beaucoup de tendresse.

Suzanne Letellier. — QUESTIONNAIRE : 1. *Dites ce qu'était et ce que faisait Mme Letellier.* — 2. *Dites ce qu'était et ce que faisait Suzanne.* — 3. *En quoi venait-elle en aide à sa mère?* — 4. *Aimait-elle sa mère? Lui obéissait-elle? Pourquoi?* — 5.-*Était-ce une bonne fille? Quelles étaient ses qualités?* — 6. *Croyez-vous qu'elle eût été aussi gentille à l'égard de son père, de sa grand'mère, de son grand-père?*

Son patron mort, il n'eut plus qu'un désir : revoir mère Barberin. Il revint donc chez elle en compagnie d'un orphelin abandonné comme lui, et qui s'appelait Mattia. En route, ils gagnèrent leur vie en donnant quelques concerts en pleine rue. Ils amassèrent même assez d'argent pour acheter une vache dont ils voulaient faire cadeau à la mère Barberin. Quelle surprise! Ils s'en réjouissaient à l'avance. Ils arrivèrent juste au moment où mère Barberin venait de sortir. Entendez Rémi raconter cette histoire :

Orchestre ambulant; par GAVARNI.

« Connaissant bien les habitudes de mère Barberin, je savais que la porte ne serait pas fermée à clef et que nous pourrions entrer dans la maison ; mais avant tout il fallait mettre notre vache à l'étable, et je la trouvai telle qu'elle était autrefois, encombrée seulement de fagots. J'appelai Mattia et, après avoir attaché notre vache devant l'auge, nous nous occupâmes à entasser vivement ces fagots dans un coin, ce qui ne fut pas long, car elle n'était pas bien abondante, la provision de bois de mère Barberin.

« Maintenant, dis-je à Mattia, nous allons entrer dans la maison, je m'installerai au coin du feu pour que mère Barberin me trouve là; comme la barrière grincera lorsqu'elle la poussera pour rentrer, tu auras le temps de te cacher derrière le lit avec notre chien Capi, et elle ne verra que moi; crois-tu qu'elle sera surprise ! »

Ainsi fut fait. Nous entrâmes dans la maison, et j'allai m'asseoir dans la cheminée à la place où j'avais passé tant de soirées d'hiver. Je me pelotonnai[1] et me fis tout petit pour ressembler autant que possible au Rémi, au petit Rémi de mère Barberin. De ma place, je voyais la barrière, et il n'y avait pas à craindre que mère Barberin nous arrivât sur le dos à l'improviste[2]... Ainsi installé, je pus regarder autour de moi. Il me sembla que j'avais quitté la maison la veille seulement : rien n'était changé, tout était à la même place, et le papier avec lequel un carreau cassé par moi avait été raccommodé n'avait pas été remplacé, bien que terriblement[3] enfumé et jauni.

Si j'avais osé quitter ma place, j'aurais eu plaisir à voir de près chaque objet, mais mère Barberin pouvait venir d'un moment à l'autre.

Tout à coup j'aperçus une coiffe blanche : en même temps la barrière craqua : « Cache-toi vite, » dis-je à Mattia.

Je me fis de plus en plus petit... La porte s'ouvrit : du seuil, mère Barberin m'aperçut : « Qui est là ? » dit-elle.

Je la regardai sans répondre, et, de son côté, elle me regarda aussi. Tout à coup ses mains furent agitées par un tremblement : « Mon Dieu, est-ce possible, murmura-t-elle, Rémi ! »

Je me levai et, courant à elle, je la pris dans mes bras. « Maman ! — Mon garçon, c'est mon garçon ! »

Il nous fallut plusieurs minutes pour nous remettre[4] et nous essuyer les yeux.

« Bien sûr, dit-elle, que si je n'avais pas toujours pensé à toi, je ne t'aurais pas reconnu ; es-tu changé, grandi ! »

Un reniflement me rappela que Mattia était caché derrière le lit, je l'appelai ; il se releva. « Celui-là, c'est Mattia, dis-je, mon camarade et mon ami, mon frère ; et voilà Capi, mon camarade aussi, et mon ami ; salue la mère de ton maître, Capi ! »

Capi se dressa sur ses deux pattes de derrière et, ayant mis une de ses pattes de devant sur son cœur, il s'inclina gravement[5], ce qui fit beaucoup rire mère Barberin et sécha ses larmes.

Mais j'oubliais ma surprise[6]. Mattia me fit un signe pour me

---

1. *Se pelotonner*, tenir le moins de place possible. — 2. *A l'improviste*, sans qu'on s'y attende. — 3. *Terriblement enfumé* : il n'y a pas ici l'idée de terreur : terriblement signifie extrêmement, tout à fait. — 4. *Se remettre*, reprendre son état ordinaire après une forte émotion. — 5. *Gravement*, comme l'eût fait un homme sérieux. — 6. *Surprise*, l'objet qui cause de la surprise.

la rappeler : « Si tu voulais, dis-je à mère Barberin, nous irions un peu dans la cour. — Nous pouvons aussi aller voir ton jardin, dit-elle, car je l'ai gardé tel que tu l'avais arrangé. — Et les topinambours que j'avais plantés, les as-tu trouvés bons ? — C'était donc toi qui m'avais fait cette surprise ? Je m'en étais doutée. Tu as toujours aimé à faire des surprises. »

Le moment était venu.

« Et l'étable à vache, dis-je, a-t-elle changé depuis le départ de la pauvre *Roussette*, qui était comme moi et qui ne voulait pas s'en aller ? — Non, bien sûr, j'y mets mes fagots. »

Justement nous étions devant l'étable ; mère Barberin en poussa la porte, et instantanément notre vache qui avait faim, et qui croyait qu'on lui apportait à manger, se mit à meugler : « Une vache, une vache dans l'étable ! » s'écria, effrayée, mère Barberin. Alors, n'y tenant plus [1], Mattia et moi, nous éclatâmes de rire. Mère Barberin nous regarda bien étonnée ; mais, malgré nos rires, elle ne comprit pas.

« C'est une surprise, dis-je, une surprise que nous te faisons ; elle vaut bien celle des topinambours, n'est-ce pas ? — Une surprise, répéta-t-elle, une surprise ! — Oui, je n'ai pas voulu revenir les mains vides chez mère Barberin, qui a été si bonne pour son petit Rémi, l'enfant abandonné ; et alors j'ai pensé que tu serais bien contente d'avoir une vache pour remplacer la *Roussette*, et nous avons acheté celle-là avec l'argent que nous avons gagné, Mattia et moi.

« Oh ! le bon enfant, le cher garçon ! » s'écria mère Barberin en m'embrassant. Puis, entrant dans l'étable : « Quelle belle vache ! » répétait-elle.

Puis elle nous regarda, les yeux attendris [2] et répétant son refrain : « Ah ! les bons garçons ! Quelle belle surprise ils m'ont faite ! »

Hector MALOT, *Sans famille*. (Flammarion, édit.)

11. *Un consul romain.*

Chez les Romains, les consuls étaient les premiers magistrats de la République, et lorsqu'ils avaient vaincu une armée

---

1. *N'y tenant plus,* ne pouvant plus contenir notre envie de rire. —
2. *Yeux attendris,* exprimant l'affection, et tout près d'être mouillés par les larmes.

ennemie, le plus grand honneur qu'on pût leur faire était appelé « le triomphe ».

Ils entraient dans la ville sur un char attelé de quatre chevaux blancs et montaient au Capitole.

Un de ces généraux triomphants, recevant un jour ces honneurs, aperçut parmi le peuple son père, qui était un citoyen obscur : aussitôt il descendit de son char, et s'approchant de son père, il le salua avec le plus grand respect.

Tel était chez les Romains le sentiment du respect que les enfants doivent aux parents.

MÉZIÈRES, *Livre de morale.* (Libr. Delagrave.)

V. — Frères et sœurs.

12. *Léon Jadot.*

« Allons, bon ! voilà Claude qui pleure. Qu'est-ce qu'il y a donc encore ? »

Claude était un petit homme de cinq ans. Assis au bout de la table, entre ses deux frères, — sur une grande chaise, s'il vous plaît ! — il ouvrait, en criant, une bouche énorme, et de chaque côté du nez lui coulait un ruisseau de larmes.

« Maman, c'est Lucien qui a pris la plus grosse part ; moi, j'ai la plus petite, hi ! hi ! hi !...

— Oh ! mon Dieu, le grand malheur ! reprit la maman en relevant la tête (elle cousait près de la fenêtre). Léon, je t'en prie, arrange cette grave affaire[1]. »

Léon était l'aîné. Il avait bien une douzaine d'années. C'était un gentil garçonnet, à la figure[2] fine et aux yeux bleus pleins de douceur. Il dépassait de la tête son cadet Lucien, âgé de neuf ans, — Lucien le querelleur, comme on l'appelait dans la maison. Il répondit par un sourire à l'invitation de sa mère, et, pour apaiser Claude, lui donna la part de gâteau qu'il s'était réservée :

---

1. *Grave affaire,* affaire très importante. La maman se moque de Claude. —
2. *Figure fine,* qui n'a pas de gros traits.

« Tiens ! tu en as bien assez maintenant ; es-tu content ? »

Non, Claude n'était pas content. Cette générosité lui fit honte de sa gourmandise et de son mauvais caractère. Il cessa de pleurer et, sans mot dire, rendit à son frère ce qu'il avait reçu. Lucien riait sous cape[1]. La querelle était terminée.

Ce n'était pas la première fois que Léon jouait ce rôle difficile. Presque chaque jour il devait s'interposer[2] entre ses frères. Il le faisait souvent avec succès, parce qu'il était doux et complaisant.

Lucien n'était pas toujours de bonne humeur, tant s'en faut. Il boudait, il s'emportait, il taquinait Claude, ou Médor, ou la chatte aux longs poils qui ronronnait au coin du feu. Léon en souffrait comme tout le monde, se défendait parfois, mais ne se plaignait pas comme ces mauvais frères qui se lamentent sans cesse auprès de leurs parents. Cependant il avait averti Lucien qu'il ne se ferait jamais, par son silence, le complice[3] d'une grosse faute.

Un jeudi matin, il l'avait surpris dans le verger, remplissant ses poches de prunes encore vertes, malgré la défense expresse[4] de leur mère.

« Tiens, dit Lucien, au fond très penaud[5] mais faisant bonne contenance, partageons.

— Partager ! manger des prunes volées ! désobéir à notre mère ! Non pas. Garde tes fruits verts, mange-les, et s'ils te donnent la colique ce sera bien fait pour toi. »

Et comme Lucien se taisait, fort embarrassé :

« Au surplus, ajouta Léon, je vais tout dire à maman. Je ne veux pas t'encourager au maraudage. »

Lucien jeta les prunes, vint à son frère et le supplia

---

1. *Cape*, manteau à capuchon : *rire sous cape*, en se cachant. — 2. *S'interposer*, se poser entre deux personnes. — 3. *Complice*, qui aide à faire le mal. — 4. *Défense expresse*, faite exprès, d'une façon catégorique. — 5. *Penaud*, confus, honteux, embarrassé.

de ne rien révéler. Léon y consentit, non sans se faire prier, se disant, à part lui, que sa fermeté rendait service à ce jeune étourdi.

Léon avait compris qu'il devait servir de modèle à ses frères. Les petits regardent toujours en haut et font ce que font les grands. Dans un moment d'oubli, Léon, armé d'une seringue, avait arrosé traîtreusement la chatte étendue au soleil. Minette, effrayée, avait bondi et s'était enfuie en secouant les oreilles. C'était drôle. Le petit Claude, présent, avait beaucoup ri et le lendemain il voulut jouer le même tour à Médor, mais il s'y prit si mal que le chien se fâcha et mordit Claude à la main.

Aux cris de l'enfant, la maman accourut, et la main fut pansée.

« Mais aussi, quelle idée avais-tu de taquiner Médor ?

— Maman, s'écria Claude au milieu des larmes, c'est Léon...

— Comment ? que veux-tu dire ?

— Oui, hier, il a fait la même chose à Minette.

— Tu entends, Léon ? fit doucement la mère.

— Oui, maman, je ne recommencerai plus. »

Léon n'avait jamais recommencé. Il s'efforçait, au contraire, de donner le bon exemple. Il surveillait ses frères, les guidait, les réprimandait, mais aussi savait, au besoin, les aider et les protéger.

Le soir, il se hâtait d'apprendre ses leçons et de terminer ses devoirs pour leur servir de moniteur. Il les mettait en garde contre les dangers de la rue, quand ils allaient ensemble à l'école. Tout dernièrement, un taureau s'était échappé d'une ferme voisine ; il courait à fond de train, la queue en l'air, la tête baissée, les yeux pleins de sang, furieux. Chacun se sauvait épouvanté. Léon revenait de l'école avec ses frères. Quand il aperçut la bête affolée, elle n'était plus qu'à cinquante mètres. Impossible de fuir. Pâle de frayeur, il s'efface dans l'angle d'un portail :

« Vite, Claude, Lucien, ici, derrière moi ; cachez-vous, et pas un cri ! »

Le taureau arrive, dans un nuage de poussière, comme un ouragan. O bonheur ! il passe. Les enfants sont sauvés. Léon, tremblant encore, rentre à la maison et s'évanouit. Lucien raconte tout à ses parents.

« Mon cher enfant ! » dit la maman tout en larmes, en embrassant Léon. Et le père, non moins ému, ajouta :

« C'est bien, je suis fier de toi, et je souhaite que tes frères te ressemblent. »

Voy. *Résumé*, page 284.

13. *Les Orphelins.*

Le poète s'apitoie sur le sort de quatre enfants, sans père ni mère, errants, vagabonds et réduits à mendier le pain de chaque jour :

. . . . . Un long jeûne
Avait maigri leur joue, avait flétri[1] leur front.

Ils s'étaient tous les quatre à terre assis en rond,
Puis, s'étant partagé, comme feraient des anges[2],
Un morceau de pain noir ramassé dans nos fanges[3],
Ils mangeaient, mais d'un air si morne et si navré[4]
Qu'en les voyant ainsi toute femme eût pleuré.
C'est qu'ils étaient perdus sur la terre où nous sommes,
Et tout seuls, quatre enfants, dans la foule des hommes !
— Oui, sans père ni mère ! — et pas même un grenier ;
Pas d'abri ; tous pieds nus, excepté le dernier

---

1. *Avait flétri*, enlevé la fraîcheur, mis des rides. — 2. *Anges*, êtres bons qui ne veulent que du bien aux autres. — 3. *Fanges*, représente ici les lieux de misère. — 4. *Navré*, d'une profonde tristesse.

Frères et sœurs. — QUESTIONNAIRE : 1. *Quel âge avaient Léon, Lucien et Claude ?* — 2. *Racontez la petite querelle entre Claude et Lucien.* — 3. *Racontez la mauvaise action de Lucien.* — 4. *Dites comment Claude fut mordu par Médor.* — 5. *Racontez la course du taureau.* — 6. *Quel rôle joua Léon dans ces diverses circonstances ?* — 7. *Quelles étaient les qualités de Léon ?* — 8. *Que doit être un bon frère ou une bonne sœur ?*

Qui traînait, pauvre amour [1], sous son pied qui chancelle [2],
De vieux souliers trop grands, noués d'une ficelle.
Dans des fossés, la nuit, ils dorment bien souvent;
Aussi, comme ils ont froid, le matin, en plein vent,
Quand l'arbre, frissonnant [3] au cri de l'alouette,
Dresse sur un ciel clair sa noire silhouette [4] !

. . . .

Pour l'instant, ils mangeaient derrière une broussaille;
Cachés, et plus tremblants que le faon qui tressaille,
Car souvent on les bat, on les chasse toujours!
C'est ainsi qu'innocents condamnés [5], tous les jours
Ils passent affamés, sous mes murs, sous les vôtres,
Et qu'ils vont au hasard, l'aîné menant les autres.

V. Hugo, Les Contemplations.

14. *Les deux Frères.*

Baard et Anders étaient frères.

Tous deux s'aimaient beaucoup. Ils vivaient dans la même ville. Ils s'étaient engagés ensemble, avaient pris part à la même guerre et étaient devenus caporaux dans la même compagnie.

Quand ils rentrèrent dans leur foyer, la paix signée, chacun disait, en parlant d'eux, qu'ils étaient de superbes garçons.

Leur père mourut.

Il laissait un mobilier assez riche et difficile à partager.

En cette occasion, les deux frères convinrent de faire vendre aux enchères le mobilier, de façon que chacun pût acheter ce qu'il désirait; le produit de la vente serait ensuite réparti entre eux.

Ainsi fut fait.

Le père avait possédé une grosse montre d'or très rare. Quand cette montre fut criée, plusieurs hommes riches souhaitèrent l'acheter, mais les deux frères furent les premiers à donner un prix, montrant par là leur désir de l'acquérir. Ce voyant, les autres cessèrent aussitôt leurs enchères. Alors,

---

1. *Pauvre amour*, expression de tendresse. — 2. *Chancelle* : ce sont les vieux souliers qui le font chanceler. — 3. *Frissonnant*, sous le premier souffle du matin. — 4. *Silhouette*, contour d'un objet. — 5. *Innocents condamnés*, innocents parce qu'ils n'ont pas fait de mal, condamnés puisqu'ils sont malheureux.

une querelle s'alluma [1] entre les deux frères. Ce fut à qui ne céderait pas.

A un moment donné, Baard fâché s'écria en ricanant :

« Cent dalers et l'amitié [2] de mon frère par-dessus le marché ! »

Il tourna le dos et sortit de la salle.

La montre lui fut adjugée.

La maison dans laquelle les deux frères avaient habité ensemble avec leur père fut désertée [3] de chacun d'eux.

Peu de temps après ce jour, Anders se maria avec la fille d'un petit fermier, mais il n'invita pas Baard à la noce et ce dernier ne parut point non plus à l'église.

La première année qui suivit cette union, l'unique vache qu'Anders possédait fut trouvée morte derrière le mur de la maison où elle était attachée. Personne ne put deviner de quoi elle avait succombé. Plusieurs autres malheurs fondirent [4] sur Anders, mais le plus grand fut l'incendie qui consuma, au milieu de l'hiver, sa grange et tout ce qu'elle contenait. Nul ne sut comment le feu s'était déclaré.

« L'auteur de mes malheurs est quelqu'un qui me voulait du mal, » dit Anders, et il pleura [5] toute la nuit. Il devint pauvre et perdit le goût du travail.

Le lendemain soir, Baard pénétrait dans la maison d'Anders. Celui-ci était couché sur son lit, mais il se leva aussitôt à la vue de son frère.

« Que viens-tu faire ici ? » lui demanda-t-il ; puis il le regarda fixement en silence et sans bouger.

Baard attendit un instant avant de répondre.

« Je veux t'aider, Anders ; tu es dans le malheur.

— Je suis là où tu désiras me voir, Baard ! Va-t'en ! car je ne sais si je pourrai me maîtriser.

— Tu te trompes, Anders. Je regrette...

— Oh ! va-t'en, Baard. »

Baard recula de quelques pas, puis d'une voix tremblante il demanda :

« Veux-tu avoir la montre ? je te la donne.

— Fuis, fuis, Baard ! » cria Anders.

---

1. *S'alluma,* sens figuré. — 2. *Amitié* : il la donne par-dessus le marché, parce qu'il n'y croit plus et qu'il n'y tient pas. — 3. *Maison désertée* : on n'y va plus, c'est un désert. — 4. *Fondirent,* comme on voit des ennemis fondre sur quelqu'un. — 5. *Il pleura,* se sentant malheureux d'être poursuivi par son frère.

15. *Les deux Frères* (Suite).

Baard partit.

A la suite de ces événements, Anders s'alita. Dès que Baard apprit que son frère était malade, son cœur bondit [1]; mais sa fierté le retenait éloigné. Souvent il s'acheminait jusqu'à ce qu'il aperçût la demeure d'Anders. Mais toujours quelque obstacle se dressait qui l'empêchait d'exécuter son dessein.

Un dimanche d'hiver, Baard vit Anders à l'église. Celui-ci était devenu maigre et pâle, il portait des habits qu'il avait déjà au temps où les deux frères habitaient ensemble, mais à présent ils étaient vieux et rapiécés. Et Baard se prit [2] à penser combien son frère avait été bon et doux, et quel gentil garçon il faisait; il se rappelait aussi leurs années d'enfance. Il se leva et voulut courir droit à Anders et s'asseoir à son côté...; quelqu'un l'en empêcha. Après la messe, Baard éprouva encore un nouveau contretemps : il y avait trop de monde. Il réfléchit que le mieux serait de se rendre chez son frère et d'avoir une explication sérieuse avec lui.

Quand le soir tomba, il partit. Il alla directement à la porte de la chambre et prêta l'oreille. Il entendit prononcer son nom. C'était la femme qui parlait :

« Je l'ai remarqué aujourd'hui, disait-elle; *il* pensait certainement à toi.

— Non, il ne pensait pas à moi, répondit Anders; je le connais [3], il ne pense qu'à lui-même. »

La conversation s'arrêta. Bien que la nuit fût froide, la sueur perlait [4] au front de Baard. A l'intérieur, la femme s'occupait de la cuisine; un jeune enfant pleurait et Anders le berçait. Dans la cheminée, on entendait un bruit d'étincelles et des crépitements. La femme dit encore :

« Je suis sûre que vous pensez l'un à l'autre, bien que vous ne vouliez pas l'avouer.

— Parlons d'autre chose, » répliqua le mari.

Baard entra dans la grange, alluma un bâton de résine et chercha le clou après lequel Anders accrochait sa lanterne quand le matin, de bonne heure, il venait battre son blé. Puis, tirant sa montre, il la suspendit au clou; il éteignit en-

---

1. *Son cœur bondit*, battit très fort, sous le coup d'une forte émotion. — 2. *Se prit*, se mit. — 3. *Je le connais* : il parle sous l'empire du ressentiment qui l'aveugle. — 4. *Perlait*, coulait comme des perles.

suite sa lumière et sortit. Il se sentit si léger [1], qu'il sautait dans la neige comme un jeune garçon.

Le lendemain, il apprit que la grange d'Anders avait brûlé la même nuit. Probablement qu'une étincelle était tombée du bâton de résine.

Cette catastrophe l'accabla [2] à un tel point qu'il resta tout le jour assis comme un homme malade.

Anders s'était mis à boire, et sa mauvaise situation s'aggravait. Quoique Baard ne bût pas, tout allait encore plus mal de son côté ; il était maintenant méconnaissable.

Un soir, très tard, une pauvre femme entra dans la chambre de Baard et le pria de l'accompagner un instant. Il la reconnut.

C'était la femme de son frère ; Baard comprit immédiatement de quelle commission elle était chargée et devint pâle [3] comme un mort. Il s'habilla et la suivit sans prononcer une parole.

Dans le lit, Anders reposait, maigre, le front haut et clair. Sur lui étaient jetés toutes sortes de vêtements ; il regarda son frère avec des yeux caves [4]. Les genoux de Baard tremblaient ; il s'assit au pied du lit et fondit en larmes. Le malade le regardait constamment en silence ; enfin, il pria sa femme de sortir, mais Baard fit signe de la main à celle-ci de demeurer et les deux frères commencèrent à se parler. Ils s'expliquèrent et racontèrent leur vie depuis le jour où fut vendue la montre jusqu'à cette minute même. Tous les deux s'avouèrent que, durant ces tristes années, ils n'avaient jamais eu un seul jour heureux.

Anders parlait peu ; il était trop faible. Mais à son chevet Baard s'assit aussi longtemps que dura la maladie.

« Je suis guéri, dit Anders, un matin en s'éveillant. Maintenant, mon frère, nous vivrons toujours ensemble, sans jamais nous éloigner l'un de l'autre, comme en ces temps néfastes [5]. »

Le même jour, il mourut.

Baard recueillit la femme et l'enfant de son frère. Il devint l'homme le plus estimé du district. Chacun le saluait comme quelqu'un qui avait eu de grands chagrins et qui de nou-

---

1. *Si léger*, parce qu'il était content de lui. — 2. *L'accabla*, de chagrin, de découragement. — 3. *Devint pâle*, parce qu'il eut une angoisse mortelle. — 4. *Yeux caves*, enfoncés. — 5. *Temps néfastes*, temps de malheur.

veau avait retrouvé la joie, ou bien comme un homme revenu après une longue absence [1].

Cette amitié de tous rendit la force à l'esprit de Baard; il reprit goût à la vie et voulut faire œuvre utile.

Le vieux caporal devint maître d'école. Il enseigna aux enfants qu'en cette vie l'amour [2] est la première et la dernière chose; lui-même prêcha d'exemple. Les enfants l'aimèrent comme un camarade et comme un père.

D'après Björnstjerne BJÖRNSON.

VI. — Les Maîtres.

16. La Maison du père Lamy.

« As-tu remarqué l'air soucieux [3] de notre berger? » disait un matin, à sa femme, le fermier Lamy.

« Oui, et j'en suis même inquiète. Il lui sera peut-être arrivé quelque malheur. Interroge-le donc. »

Après le repas de midi, le père Lamy s'approcha du berger :

« Eh bien! Pierre, dit-il en lui frappant sur l'épaule, comment vont nos affaires?

— Eh! mais, patron, le troupeau [4] est en bon état...

— Là, franchement, n'as-tu rien qui te gêne, depuis quelques jours? »

Le berger ne répondit pas. Et comme le père Lamy insistait [5] :

« Tenez, patron, j'aime mieux vous dire la chose. Oui, je suis dans l'embarras. Autrefois j'ai dû contracter une

---

1. *Une longue absence*, parce qu'on le retrouvait tel qu'il avait été avant sa querelle avec son frère. — 2. *L'amour* : c'est en s'aimant les uns les autres qu'on devient meilleur et plus heureux. — *Conclusion* : Il n'y a rien de plus doux que l'amour fraternel.

3. *Soucieux*, qui a des soucis, des inquiétudes. — 4. *Le troupeau...* Pierre est un bon berger qui songe d'abord à son troupeau. — 5. *Insistait*, en renouvelant sa question.

Le Berger; tableau de Ch. Jacque.

dette que je ne puis acquitter, et l'on menace de vendre aux enchères l'enclos que je tiens de mon oncle. Je ne vais pas au café, je ne fume pas, je liarde sur tout, et ma pauvre femme aussi ; mais, avec nos quatre enfants, c'est à peine si nous pouvons mettre les deux bouts l'un vers l'autre.

— Ah! ce n'est que ça! Plaie d'argent[1] n'est pas mortelle, mon garçon. Va, sois tranquille, et soigne bien mes bêtes. »

Et laissant là le berger étonné, le père Lamy alla rejoindre sa femme, lui raconta son entretien avec Pierre, et lui dit en souriant :

« Eh bien, qu'est-ce qu'il faut faire?

— Ah! mon ami, si je vois souffrir ce pauvre Pierre qui travaille si bien, je ne mangerai plus avec appétit.

— Entendu! je lui donnerai ce soir l'argent dont il a besoin. »

Et le soir même, le berger reçut le montant de sa dette, deux cents écus, qu'il s'engageait à rembourser cinq ans plus tard.

« Merci, patron, merci, s'écria Pierre tout joyeux. S'il n'y avait que des maîtres comme vous sur terre...

— Il faut bien s'entr'aider, mon ami, » dit la fermière, qui était présente.

Cette fermière avait un cœur d'or. Elle se serait mise en quatre pour ses gens. L'année dernière, au mois de janvier, sa petite servante fut atteinte de la fièvre typhoïde :

« Vite, avait dit le médecin, qu'on la transporte chez ses parents[2]. Demain il sera trop tard.

— Pourquoi la transporter chez ses parents, cette petite? Elle sera mieux ici. Lamy, nous la gardons, n'est-ce pas? Nous aurons le temps de la soigner, cet hiver. Elle serait dépourvue de tout, là-bas. Chez nous, elle ne manquera de rien. Et puis, ce serait une pitié[3] de la mettre dehors par un froid pareil. »

La petite servante fut gardée à la ferme. Un mois après, elle était guérie.

« Tu vois, lui disait la fermière pendant sa convales-

---

1. *Plaie d'argent,* faite à la bourse, non au corps. — 2. *Chez ses parents,* afin que la fermière n'ait pas l'embarras de la soigner. — 3. *Une pitié,* une chose qui ferait pitié, qui serait malhonnête.

cence, il n'y a pas que les mamans qui soignent bien leurs malades.

— Oh! maîtresse, n'êtes-vous pas une maman pour moi? »

Oui, certainement, la fermière était une vraie mère, très énergique, mais très douce pour tous ceux qui vivaient sous son toit.

Le fermier se montrait plus rude; mais, au fond, c'était un excellent homme. Leur maison prospérait, et ils voulaient que cette prospérité profitât à tous leurs serviteurs.

« Travaillent-ils moins que nous? disait la fermière. Sommes-nous sûrs de valoir mieux qu'eux? Je veux être heureuse avec ces braves gens. Et s'ils ne le sont pas, je ne puis pas l'être. »

Comme elle était attentive à ne pas les blesser! Comme elle les respectait[1] et les faisait respecter par ses enfants! Son mari leur faisait des reproches ou leur donnait des conseils, mais jamais sa parole n'était dédaigneuse[2].

La maison du père Lamy était connue à cinq lieues à la ronde; et si un domestique venait à lui manquer, il s'en présentait dix pour un.

Voy. *Résumé*, page 284.

17. Une larme.

« Morbleu! dis-je un jour à Joannetti, c'est pour la troisième fois que je vous ordonne de m'acheter une brosse.

---

1. *Respectait :* on respecte les domestiques en n'abusant pas d'eux. — 2. *Parole dédaigneuse,* qui exprime qu'on se croit supérieur aux autres.

La Maison du père Lamy. — QUESTIONNAIRE : 1. *Pourquoi le berger Pierre était-il triste ? —* 2. *Quelle fut, à son égard, la conduite du fermier et de la fermière? —* 3. *Que pensez-vous de cette conduite? —* 4. *Que fit la fermière quand sa servante tomba malade? —* 5. *Aimez-vous ce fermier et cette fermière? —* 6. *Si vous étiez domestiques dans leur ferme, travailleriez-vous avec courage? —* 7. *Si, plus tard, vous avez des domestiques, comment les traiterez-vous?*

Quelle tête! quel animal[1]! » — Il ne me répondit pas un mot : il n'avait rien répondu la veille à une pareille incartade[2]. Il est si exact! disais-je ; je n'y concevais rien. — « Allez chercher un linge pour nettoyer mes souliers, » lui dis-je en colère. Pendant qu'il allait, je me repentais de l'avoir ainsi brusqué[3]. — Mon courroux passa tout à fait lorsque je vis le soin avec lequel il tâchait d'ôter la poussière de mes souliers sans toucher à mes bas. J'appuyai ma main sur lui en signe de réconciliation.

« Quoi! » dis-je alors en moi-même, il y a donc des hommes qui décrottent les souliers des autres pour de l'argent?

Ce mot d' « argent » fut un trait de lumière[4] qui vint m'éclairer. Je me ressouvins tout à coup qu'il y avait longtemps que je n'en avais point donné à mon domestique.

« Joannetti, lui dis-je en retirant mon pied, avez-vous de l'argent? »

Un demi-sourire de justification parut sur ses lèvres à cette demande.

« Non, monsieur, il y a huit jours que je n'ai pas un sou ; j'ai dépensé tout ce qui m'appartenait pour vos petites emplettes.

— Et la brosse ? C'est sans doute pour cela... »

Il sourit encore. Il aurait pu dire à son maître : « Non, je ne suis pas une tête vide, un animal comme vous avez eu la cruauté de le dire à votre fidèle serviteur. Payez-moi 23 livres 10 sous 4 deniers que vous me devez, et je vous achèterai votre brosse. » Il se laissa maltraiter injustement plutôt que d'exposer son maître à rougir de sa colère.

Que le ciel le bénisse! Philosophes! chrétiens![5] avez-vous lu?

« Tiens, Joannetti, tiens, lui dis-je, cours acheter la brosse.

— Mais, monsieur, voulez-vous rester ainsi avec un soulier blanc et l'autre noir?

— Va, te dis-je, acheter la brosse ; laisse, laisse cette poussière sur mon soulier. »

---

1. *Quel animal!* expression inconvenante dite dans un mouvement de colère. — 2. *Incartade,* insulte faite brusquement et sans raison. — 3. *Brusqué,* traité sans ménagement. — 4. *Trait de lumière,* éclaircissement subit. — 5. *Philosophes! chrétiens!* l'auteur demande à ceux qui se piquent de sagesse s'ils auraient agi aussi bien que son domestique.

Il sortit; je pris le linge et je nettoyai délicieusement [1] mon soulier gauche, sur lequel je laissai tomber une larme de repentir.

Xavier DE MAISTRE.

18. Saint Louis et son serviteur.

Pendant l'expédition de saint Louis en Égypte, Gaugelme, un des valets de chambre du roi, fut attaqué de la peste. On vint apprendre au roi que son fidèle serviteur était en danger. « Je veux aller le voir, » dit-il. On chercha à le retenir; on lui représenta qu'il ne pouvait, sans une extrême [2] imprudence, s'exposer à contracter cette affreuse maladie. « Cet homme est mon serviteur, il est mon frère [3], répondit le roi, je ne le laisserai pas mourir sans lui donner cette preuve de mon affection. » Il dit, et sur-le-champ se rendit auprès de Gaugelme, dont les yeux, déjà à demi éteints, brillèrent de joie et de reconnaissance. Louis prolongea [4] assez longtemps sa visite, et lui adressa des paroles d'encouragement et de consolation.

Th.-H. BARRAU, *Morale pratique*. (Hachette, édit.)

VII. — Les Serviteurs.

19. La fidèle Jeanne.

« Jeanne, le médecin déclare que Paul a la petite vérole; si vous voulez passer un mois chez votre mère, je vous le permets. Je ferai venir une garde-malade.
— Oh! madame, vous me faites de la peine...
— Mais, ma chère enfant, il y a du danger à rester ici.
— Madame, je vous en prie... n'insistez pas.

---

1. *Nettoyai délicieusement*, avec un grand plaisir, Pourquoi? — 2. *Extrême*, aussi grande que possible. — 3. *Il est mon frère*, parce que saint Louis a une belle âme qui aime tous les hommes. — 4. *Prolongea sa visite*, pour faire plus de plaisir au malade.

— Jeanne, restez donc, dit madame tout émue[1]. Vous avez du cœur. Nous soignerons mon enfant et nous le sauverons. »

Jeanne resta, et partagea les soucis et les veilles des parents de Paul jusqu'à sa guérison.

Elle était domestique dans la maison depuis cinq ans.

C'était une excellente fille, née de bonne race, de la race pure[2], loyale[3] et laborieuse des paysans de France. Elle s'était dit, dans sa simplicité[4], que puisqu'elle était dans une famille, c'était évidemment pour la servir. En échange de ses gages, elle avait promis son travail. Elle donnait donc son travail, et comme elle était courageuse, elle le donnait sans compter. Puis, quand elle se vit estimée et aimée de ses maîtres, elle leur donna son cœur. Active, empressée, elle se multipliait et courait au-devant de leurs désirs.

Un jour, madame lui dit : « Ma chère fille, nous avons fait des pertes d'argent. Nos ressources vont diminuer et nous serons obligés de réduire nos dépenses. Aidez-moi, je vous prie, à faire des économies.

— Oui, madame. »

Jeanne s'évertua[5] dès lors à restreindre les achats, sans apporter de changement notable et gênant dans le train[6] de la maison.

Cette grande confiance qu'on lui témoignait ne la rendait pas indiscrète[7]. Elle savait rester patiente et résignée lorsque, par hasard, son maître lui adressait des reproches trop sévères; et quand parfois sa maîtresse lui offrait des mets fins ou des friandises, elle n'en prenait qu'avec réserve :

« Merci, madame, je ne suis pas habituée à ces délicatesses[8]. »

---

1. *Émue*, par le dévouement de Jeanne. — 2. *Pure*, sans mélange. — 3. *Loyale*, qui agit avec franchise et honnêteté. — 4. *Dans sa simplicité*, naïvement, sans qu'elle eût besoin de longuement raisonner. — 5. *S'évertua*, fit effort, mit ses soins. — 6. *Le train*, la marche, l'allure. — 7. *Indiscrète*, en ne bavardant pas à tort et à travers, en sachant rester à sa place. — 8. *Délicatesses*, choses fines, plus ou moins coûteuses.

Elle s'éloignait à propos¹ dans une conversation, et n'allait pas répéter à tout venant, comme font certaines filles bavardes et méchantes, ce qu'elle avait vu ou entendu.

« Mais vous êtes donc muette, mademoiselle ? » lui disait la vieille concierge, babillarde comme une pie et fort ennuyée du silence de Jeanne sur ses maîtres. On pourrait faire un brin de causette...

— Votre servante, madame ! Je n'ai pas une minute. Je suis très pressée. »

C'est aux enfants surtout que Jeanne s'était dévouée. Elle en prenait un soin extrême. C'était sa joie de les voir autour d'elle. Au reste, Paul, le plus jeune, ne se séparait qu'avec peine de sa « Nane ». En sa présence la brave fille ne prononçait jamais une parole légère. Elle ne lui donnait que de bons conseils et de bons exemples. Elle s'efforçait même d'éliminer² de son langage les mots patois qu'elle avait apportés de son village.

« Voyez-vous Paul, s'écriait-elle en riant, dire comme sa « Nane » : « J'étions mal à mon aise ! »

Madame riait avec elle, mais au fond lui savait beaucoup de gré de son intention et de son effort. Si Jeanne ne se marie pas, elle restera toute sa vie dans la même famille. Elle ne quittera pas des gens qu'elle aime, qui l'aiment, à qui elle est attachée par les services reçus et rendus, au milieu desquels elle a trouvé et trouvera la paix, la sécurité³ et le respect.

Voy. *Résumé*, page 284.

---

1. *A propos*, quand il convient. — 2. *Éliminer*, écarter. — 3. *Sécurité*, l'état de paix, de tranquillité, l'absence de danger et d'inquiétude.

La fidèle Jeanne. — QUESTIONNAIRE. 1. *Que répondit Jeanne à sa maîtresse quand celle-ci lui proposa de prendre un congé ?* — 2. *Pourquoi ne voulut-elle pas partir ?* — 3. *D'où venait Jeanne, et quelles étaient ses dispositions ?* — 4. *Pensez-vous comme elle sur les devoirs d'une domestique ?* — 5. *Était-elle économe de l'argent de ses maîtres ?* — 6. *Avait-elle raison de l'être ?* — 7. *Était-elle discrète ou gênante ?* — 8. *Était-elle bavarde ?* — 9. *Quelle était sa conduite vis-à-vis des enfants de la maison ?* — 10. *Que fera Jeanne, si elle ne se marie pas ?* — 11. *Énumérez les principales qualités d'une bonne domestique ou d'un bon serviteur.*

20. *La Partie de chasse.*

J'avais chez moi un vieux et excellent domestique, que j'aimais et qui m'était fort attaché. Malheureusement, mes deux filles, assez mal élevées par une gouvernante trop faible, se plaisaient à le tourmenter. Élisa lui faisait des niches [1] fort indiscrètes, tantôt en lui faisant accroire que je le demandais à l'extrémité de mon jardin, où il arrivait tout essoufflé pour s'entendre gronder par moi d'avoir quitté son ouvrage; tantôt en soufflant sa lumière au moment où il descendait à la cave, et au risque de lui faire rompre le cou. Hélène, l'aînée, se moquait de lui comme d'un être parfaitement ridicule et lui ordonnait, d'un ton bref et absolu [2], des corvées [3] inutiles ou accablantes. Le pauvre Olivier supportait beaucoup de ces choses pour l'amour de moi, et m'en cachait la plus grande partie, parce qu'il craignait les effets de ma colère paternelle.

Un jour, il fut convenu que mes amis et moi nous chasserions au sanglier. Pendant qu'Olivier faisait avec ardeur tous les apprêts de la campagne et nettoyait les fusils et les grands couteaux, Élisa, courant, sautant autour de lui, faisait tomber les brosses, déchirait les morceaux d'étoffe qui lui servaient à nettoyer et à polir; enfin elle saisit un des fusils et crut faire une agréable plaisanterie en ajustant son institutrice, qui assistait à ces folies sans les empêcher. La pauvre dame, oubliant que le fusil n'était pas chargé, fut saisie d'effroi; elle tomba à la renverse et se fit une blessure à la tête. Élisa, à la vue de cette chute, pousse des cris affreux. Hélène arrive, apprend ce qui s'est passé, et, s'adressant à Olivier du ton le plus insultant : « Si, avec vos soixante ans et votre barbe grise, vous n'êtes pas capable d'empêcher de telles extravagances [4], je ne vois pas trop à quoi vous êtes bon ici; l'argent que vous donne mon père est bien mal gagné. »

Olivier était confondu [5], son courage était à bout. Il résolut de quitter une maison où ni son âge ni sa fidélité n'em-

---

1. *Niches indiscrètes*, qui portent atteinte à la dignité, qui marquent un manque d'égards. — 2. *Ton absolu*, catégorique, qui n'admet pas de réplique. — 3. *Corvées*, travaux difficiles et désagréables; sens figuré, remonter au sens propre. — 4. *Extravagances*, ce qui sort du bon sens, de la raison. — 5. *Confondu*, ne pouvant plus comprendre, ni supporter.

pêchaient qu'on ne le traitât indignement [1]. J'étais alors en cours de visites. Lorsque je rentrai, je ne le trouvai plus.

La blessure de l'institutrice était fort légère. Je traitai fort sévèrement mes filles et j'attendis, mais vainement, qu'Olivier rentrât. J'étais dans une anxiété cruelle [2]. A trois heures du matin, mes amis vinrent me chercher pour la chasse, et je partis avec eux, plein de chagrin et d'inquiétude.

Nous arrivons à la forêt. Nous nous distribuons les postes, de manière à cerner le plus épais du bois. Nous lançons nos chiens. Au bout d'une heure, le sanglier se jette dans un champ où je le blesse d'un coup de fusil. Il tombe, roule plusieurs fois sur lui-même, se relève, et rentre rapidement dans la forêt.

J'étais seul, loin de tous mes compagnons, et sans chiens. L'amour-propre m'échauffa [3]. Je voulus achever l'œuvre commencée et couper la retraite au sanglier en traversant un terrain creux assez profond, qui descendait et remontait en forme d'entonnoir, et qui était embarrassé de pierres et de broussailles. Plusieurs fois le pied me glissa, mon fusil s'accrocha et me ramena en arrière. Cependant j'arrivai au revers qu'il fallait franchir pour retrouver le sol de la forêt. Je commençais à gravir un sentier étroit et rocailleux lorsque, au-dessus de ma tête, dans ce même sentier, se précipite le sanglier, furieux de sa blessure. A peine ai-je le temps de me retirer d'un pas; l'animal me heurte et me renverse. Un premier coup de ses terribles défenses déchire mes habits; un second va m'être funeste. Je n'ai plus le choix d'un parti : téméraire [4] par nécessité, je saisis à bras-le-corps la bête que poussait la rage, mais qu'affaiblissait la perte de son sang.

Je l'étreins avec force, et nous luttons au fond de ce précipice qui semblait devoir être pour nous un commun tombeau. Le sanglier, par des mouvements raides et imprévus, dégage sa tête à plusieurs reprises et me fait de cruelles blessures. Je m'affaiblissais et je craignais que mes cris ne fussent pas entendus.

Tout à coup un bruit de pas frappe mon oreille. Un homme, caché à mes yeux par des bouquets de mûriers sau-

---

1. *Indignement*, sans respect, sans convenances. — 2. *Anxiété cruelle*, qui fait beaucoup souffrir. — 3. *L'amour-propre m'échauffa*, le désir de me sentir et de paraître courageux et bon chasseur me donna de l'ardeur. — 4. *Téméraire*, qui brave inutilement le danger.

vages, glisse plutôt qu'il ne descend au flanc le plus escarpé du précipice. Un bras armé s'avance au-dessus de mon redoutable adversaire et le frappe d'un coup mortel.

N'avez-vous pas deviné quel était le brave à qui je devais la vie? C'était Olivier. Dans son désespoir, il avait passé toute la nuit au milieu des bois; puis, entendant les fanfares de la chasse, il s'était souvenu que je poussais quelquefois la témérité à l'excès, et, de loin, n'avait cessé de veiller sur moi.

Quelle fut la confusion de mes filles lorsqu'elles apprirent que l'homme qu'elles avaient si indignement traité venait de sauver la vie à leur père! Depuis ce jour elles le comblent d'égards et de soins, et Olivier est traité par nous tous comme doit l'être un serviteur dévoué et fidèle, c'est-à-dire comme un véritable ami.

Théry.

VIII. — Les Animaux domestiques.

21. *Le père Lamy et ses bêtes.*

Dans un chemin montant et rocailleux, deux chevaux tiraient une charrette massive[1] remplie de sacs de farine. La charge était trop lourde, et après de pénibles efforts les chevaux essoufflés s'étaient arrêtés. Le meunier jurait, tempêtait[2], frappait à coups redoublés.

Son impuissance le mettait en fureur.

« Oh! la brute! le butor! »

C'était le père Lamy qui s'exclamait[3], indigné de ce spectacle odieux, auquel j'assistais avec lui.

« N'est-ce pas un crime de maltraiter ainsi ces pauvres bêtes? me dit-il. Je ne puis supporter cela. Allons pousser à la roue. Holà! Pierre, Jacques, arrivez! »

Deux domestiques de la ferme accoururent. La charrette put démarrer et arriva au haut de la côte.

---

1. *Massive*, en bois épais, lourde. — 2. *Tempêtait*, était colère, agité, bruyant. Comparaison avec une tempête. — 3. *S'exclamait*, poussait des exclamations, c'est-à-dire des cris d'indignation.

« Merci, dit le meunier apaisé.

— Il n'y a pas de quoi, répondit le fermier. Ce n'est pas pour toi que nous nous sommes dérangés. Tu ne le

La Cruauté; par HOGARTH, peintre anglais.

mérites guère. C'est pour ces braves animaux qui nous faisaient pitié. »

Le meunier baissa la tête et s'éloigna.

« Ah! monsieur, dit le père Lamy, faut-il manquer de cœur et de bon sens[1] pour martyriser nos plus dévoués serviteurs! Moi, je soigne mes animaux comme mes gens.

---

1. *Bon sens*, qui voit les choses comme elles sont.

Je n'ai pas moins de sollicitude[1] pour les uns que pour les autres. Voulez-vous entrer un instant dans la ferme ?

— Très volontiers.

— Voici l'écurie. Aujourd'hui dimanche, tous mes chevaux sont là. Ils ont une litière fraîche et propre, comme vous voyez, et du foin au râtelier. On les a étrillés, brossés et lavés ce matin. Hue, Pierrot ! Range-toi, Marquise ! »

Le fermier flatta Pierrot de la main, sur la croupe, sur le dos, sur le poitrail :

« Quelle bonne bête ! c'est bon, c'est doux, c'est franc de collier. Et regardez-moi cette fine tête de Marquise et ces yeux de velours : c'est une jument de trois ans, monsieur, je ne la donnerais pas pour cinquante pistoles[2]. Elle file comme le vent et n'a jamais reçu un coup de fouet. Quant à ce pauvre vieux, séparé des autres, il ne travaille plus guère. Il est usé. Mais c'était un excellent cheval : il mourra ici même et de sa belle mort[3]. »

Nous entrâmes dans l'étable :

« Voici mes bœufs ; si ma terre est fertile, c'est en partie grâce à leur courage. Je sais ce que je leur dois. Je les gâte. Quand nous sommes au labour, ils sont contents de me savoir avec eux. Oui, monsieur, ils connaissent ma main, ils aiment ma voix : je le vois dans leurs grands yeux calmes et doux.

Quant à ces bonnes vaches qui ruminent, c'est ma femme qui en prend soin. N'allez pas lui en dire du mal !

— Oh ! mais non, s'écria la fermière, qui venait de nous rejoindre. Ces bêtes-là ont droit à notre affection. Elles sont de la famille. C'est comme toi, Médor. N'est-ce pas que tu es de la famille Lamy ? N'est-ce pas que tu es content d'en être ? Oui, fais-moi tes caresses, tu es un brave chien. Et toi, Minette, qui te frottes à mes jupes, tu en es aussi, va ! Nous ne te perdrions pas sans regret.

— Ma foi ! madame Lamy, m'écriai-je avec une pointe

---

1. *Sollicitude*, grand intérêt porté aux personnes ou aux choses. — 2. *Pistole*, ancienne monnaie, dix francs. — 3. *Belle mort*, mort naturelle.

d'émotion [1], vous donnez envie d'en être, de votre famille. Laissez-moi donc vous serrer la main.
— Voilà ! »dit en riant la fermière.

Voy. *Résumé*, page 284.

---

22. Loi Grammont.

« Seront punis d'une amende de cinq à quinze francs, et pourront l'être de un à cinq jours de prison, ceux qui auront exercé publiquement et abusivement de mauvais traitements envers les animaux domestiques. La peine de la prison sera toujours applicable en cas de récidive. »

Il existe une *Société protectrice des animaux.*

---

23. Chien et chatte.

Tom et Minette étaient deux bons amis.
    Il fallait les voir endormis
Côte à côte, le chien tenant sa grosse patte
    Sur le nez rose de la chatte !
Quand ils jouaient ensemble, ah ! qu'ils étaient heureux !
    Jamais une querelle entre eux !
    Et ce couple était un modèle
    De l'amitié tendre [2] et fidèle [3].

    Un jour Minette eut des petits,
    Qu'on trouva pleurants et blottis [4]
Dans la paille et qu'on fut [5] noyer dans la rivière.

---

1. *Pointe d'émotion*, émotion naissante, qui se manifeste à peine : on n'en voit qu'une pointe. — 2. *Amitié tendre*, où l'affection est vive. — 3. *Fidèle*, qui résiste aux épreuves. — 4. *Blottis*, réunis et serrés les uns contre les autres. — 5. *Fut*, alla.

Le père Lamy. — QUESTIONNAIRE : 1. *Dites ce que vous pensez du meunier qui maltraitait ses chevaux.* — 2. *Qu'en pensait le fermier Lamy, et que fit-il ?* — 3. *Quels soins recevaient ses animaux domestiques dans la ferme ? Racontez la visite à l'écurie et à l'étable.* — 4. *Rappelez les paroles de la fermière.* — 5. *Que pensez-vous de cette fermière ?* — 6. *En somme, pourquoi faut-il traiter les animaux avec douceur ? Première raison ?... Deuxième raison ?...*

La Chatte et ses petits.

La mère, en ce moment, dormait et ne vit rien;
    Mais son ami, le bon gros chien,
Près de la berge assis sur son derrière,
    Comprit tout, semble-t-il [1], fort bien,
Car il s'en revint triste, et caressa Minette
Qui s'éveillait à peine et faisait sa toilette.
Quand elle découvrit son malheur, Dieu! quels cris!
Les gens de la maison étaient tous attendris [2].
Elle cherchait partout; elle pleurait sans cesse;
Et le chien la suivait, partageant sa tristesse.

    Hélas! rien ne la consola!
    Mais Tom, à quelques jours de là,
    Vit, en traversant le village,
Un pauvre petit chat que d'affreux polissons
    Tourmentaient de mille façons;
Faisaient souffrir, crier, pleurer, mettaient en rage [3].

---

1. *Semble-t-il :* on ne peut en être sûr. — 2. *Attendris,* émus de pitié. — 3. *Mettre en rage,* mettre dans une grande colère.

Le pauvre petit chat, déjà mort à moitié,
Hérissé, queue en l'air, sanglant, lui fit pitié !
Au milieu des bourreaux surpris, le chien s'élance,
    Prend le chat par la peau du cou,
    Et sans s'inquiéter beaucoup
Des injures qu'on dit et des pierres qu'on lance,
Il rapporte à la chatte heureuse — un nourrisson !

    Ah ! mes enfants, quelle leçon !
Ces gamins, de quel nom faut-il que je les nomme ?
Je ne sais, mais ce chien était un bien brave homme [1] !
    Jean AICARD, *Chanson de l'enfant.* (Libr. Flammarion.)

---

24. *La Mort du cheval.*

Le pesant chariot porte une énorme pierre ;
Le limonier, suant du mors à la croupière [2],
Tire, et le roulier fouette, et le pavé glissant
Monte, et le cheval triste a le poitrail en sang.
Il tire, traîne, geint [3], tire encore et s'arrête ;
Le fouet noir [4] tourbillonne au-dessus de sa tête ;
C'est lundi ; l'homme hier buvait aux Porcherons
Un vin plein de fureur [5], de cris et de jurons ;
Oh ! quelle est donc la loi formidable [6] qui livre
L'être à l'être, et la bête effarée [7] à l'homme ivre ?
L'animal éperdu ne peut plus faire un pas ;
Il sent l'ombre [8] sur lui peser ; il ne sait pas,
Sous le bloc qui l'écrase et le fouet qui l'assomme,
Ce que lui veut la pierre et ce que lui veut l'homme.
Et le roulier n'est plus qu'un orage de coups [9]
Tombant sur ce forçat qui traîne des licous,
Qui souffre et ne connaît ni repos ni dimanche.
Si la corde se casse, il frappe avec le manche,

---

1. *Un bien brave homme*, façon plaisante de dire que le chien avait le cœur et le courage d'un brave homme. — 2. *Croupière*, partie du harnais placé sous la queue du cheval. — 3. *Geint*, se plaint en gémissant. — 4. *Fouet noir* : noir signifie ici cruel, funèbre. — 5. *Vin plein de fureur* : c'est le vin qui, enivrant le charretier, lui donnait la fureur... — 6. *Loi formidable*, d'une puissance terrible. — 7. *Bête effarée*, qui a perdu la tête. — 8. *L'ombre*, c'est la nuit de la mort qui va venir. — 9. *Orage de coups* : les coups tombent comme la pluie ou la grêle.

Et, si le fouet se casse, il frappe avec le pied.
Et le cheval, tremblant, hagard [1], estropié,
Baisse son cou lugubre et sa tête égarée;
On entend, sous les coups de la botte ferrée,
Sonner le ventre nu du pauvre être muet!
Il râle; tout à l'heure encore il remuait;
Mais il ne bouge plus, et sa force est finie;
Et les coups furieux pleuvent. Son agonie
Tente un dernier effort; son pied fait un écart,
Il tombe, et le voilà brisé sous le brancard.

V. Hugo, *Les Contemplations*.

IX. — Familles malheureuses.

25. *Il ne faut pas.....*

Il y a, dans les villes, des familles sans foyer et sans joie. Le père, ouvrier, quitte la maison de bon matin et ne rentre qu'à la nuit. La mère, ouvrière, s'en va dans un autre atelier pour ajouter son salaire au salaire insuffisant du chef de famille. Les enfants sont abandonnés, tout le long du jour, comme des orphelins, et ne retrouvent leurs parents qu'au repas du soir.

Il y a des familles où, le père étant mort ou infirme, la mère doit pourvoir aux besoins de tous, par son seul travail. C'est presque toujours la gêne ou l'indigence [2], car le travail de la femme est généralement mal payé. La mère, courageuse et inquiète, se surmène, s'épuise [3], pour gagner tout au moins le pain quotidien. Si, par malheur, elle tombe malade, c'est le dénuement, c'est la faim, et, trop souvent, c'est l'affolement [4] et le suicide.

Il y a des familles où le père est alcoolique. Il devient

---

1. *Hagard*, au regard farouche. — 2. *Indigence*, grande pauvreté. — 3. *S'épuise*, dépense ses forces jusqu'à devenir très faible. — 4. *Affolement*, état de celui qui s'effraye et perd tout sang-froid.

sombre[1], méchant et dangereux. Il dépense en liqueurs empoisonnées la plus grosse part de son salaire et rationne[2] ensuite le pain de sa femme et de ses enfants. Ceux qui ont le droit d'attendre de lui protection et bonté n'en reçoivent que des injures et des coups. Ils vivent dans une angoisse perpétuelle[3]. Qu'arrivera-t-il ce soir? demain? Oh! la vie d'esclave[4]! oh! la vie pitoyable, où ne luit aucun rayon d'espoir!

Il y a des familles où le père et la mère sont malhonnêtes, se disputent, s'injurient, échangent de vilaines paroles et donnent de mauvais exemples. Les enfants se corrompent[5] et en arrivent à ne plus savoir discerner le bien du mal. Ils n'aiment ni leur père, ni leur mère, ni personne au monde. Il vaudrait mieux mille fois qu'ils ne fussent pas nés. Ce sont aujourd'hui de mauvais sujets : demain, ce seront peut-être des criminels. Plaignons-les[6].

Il y a des familles où les vieux sans ressources, à peu près sans secours, attendent misérablement la mort. Ils ont beaucoup peiné dans leur existence, mais ils n'ont pu vivre qu'au jour le jour. Tantôt leurs enfants sont indigents comme eux; tantôt ils sont durs et ingrats. On voit de ces vieillards, accablés de tristesse, en proie à la faim, errer dans les rues et tendre une main tremblante. C'est un spectacle qui remplit de honte[7] les hommes de cœur.

Il ne faut pas, mes enfants, que vous restiez indifférents à ces cruautés du sort[8]. Quand vous serez grands, protestez à votre tour contre de si criantes[9] injustices; soulagez-les vous-mêmes, dans la mesure de vos moyens, et prenez parti, comme citoyens, pour les réformes qui tendront à les faire disparaître.

---

1. *Sombre*, sans joie, muet. — 2. *Rationne le pain*, le mesure pour chacun comme on le fait quand il n'y en a pas assez. — 3. *Perpétuelle*, qui ne cesse point. — 4. *Vie d'esclave*, où il semble qu'on soit enchaîné par la crainte et le besoin. — 5. *Corrompent*, sens figuré, deviennent gâtés, mauvais. — 6. *Plaignons-les*, parce que ce ne sera pas tout à fait de leur faute. — 7. *Honte*, parce que les hommes de cœur voudraient épargner aux vieillards cette fin misérable. — 8. *Du sort*, de la vie, des événements. — 9. *Criantes*, qui se manifestent vivement, comme par un cri.

L'ÉCOLE

X. — Nécessité de l'école.

26. *Lettre d'un père à son fils.*

Oui, mon cher Henri, *l'étude est dure* pour toi ; tu ne vas pas encore à l'école avec l'allure résolue[1] et le visage souriant que je voudrais te voir. Mais songe un peu combien ta journée serait vide si tu n'allais pas à l'école ! au bout d'une semaine tu demanderais certainement à y retourner ! Tous les enfants étudient maintenant, mon cher Henri. Pense aux ouvriers qui vont à l'école le soir, après avoir travaillé toute la journée ; aux jeunes filles qui vont à l'école le dimanche, après avoir été toute la semaine occupées dans les ateliers ; aux soldats qui se mettent à écrire et à étudier quand ils reviennent de l'exercice. Pense aux enfants muets et aveugles, qui étudient aussi. Songe le matin, lorsque tu sors, qu'à la même heure, dans la même ville, trente mille enfants vont, comme toi, s'enfermer trois heures dans une classe pour étudier. Pense encore à tous les enfants, qui, presque en même temps, dans tous les pays du monde, vont à l'école. Évoque-les[2] dans ton imagination, s'en allant par les sentiers des campagnes, par les rues des cités animées, sous un ciel ardent ou à travers la neige ;

---

1. *Résolue*, décidée, ferme, de celui qui veut énergiquement. — 2. *Évoque-les*, appelle-les, mets-les dans ton esprit.

L'École du soir; tableau de BLANCHON.

en barque dans les pays traversés de canaux; à cheval par les grandes plaines; en traîneau sur la glace, par les vallées et par les collines, à travers les bois et les torrents, sur les sentiers solitaires tracés dans les montagnes; seuls, à deux ou par groupes, en longue file; tous avec leurs livres sous le bras, vêtus de mille manières, parlant des langues diverses, depuis la dernière école de Russie, perdue sous les neiges, jusqu'à la dernière école de l'Arabie ombragée de palmiers... Millions et millions d'enfants, apprenant tous la même chose sous des formes diverses.

Imagine-toi cette fourmilière d'écoliers de cent peuples différents, l'immense mouvement[1] dont ils font partie, et dis-toi : « Si ce mouvement cessait, l'humanité retomberait dans la barbarie[2]; ce mouvement est le *progrès*, l'espérance, la gloire[3] du monde! »

Courage donc, petit soldat de l'armée immense, tes livres sont tes armes, ta classe est ton escadron, le champ de bataille est la terre entière, et la victoire la civilisation humaine! Oh! ne sois jamais un soldat poltron, mon Henri!   De Amicis, *Grands Cœurs*. (Delagrave, édit.)

27. *Aux enfants de la France.*

O chers petits amis, vous qui croissez si vite,
Rappelez-vous du moins le rêve des aînés[4]!
Humanité touchante[5], encor blanche et petite,
Monte! Deviens très grand, peuple des nouveau-nés!

« Et comment? Nous n'avons que nos livres d'école,
Nos cahiers griffonnés, la plume et l'encrier!...
— Que faut-il à l'oiseau? des ailes, pour qu'il vole!
Et que faut-il de plus qu'un livre à l'écolier?

---

1. *Mouvement* : de ceux qui vont à l'école, comme une immense armée. — 2. *Barbarie*, état d'ignorance et de désordre qui précède la civilisation. — 3. *Gloire* : rien n'étant plus beau que de faire avancer le progrès. — 4. *Aînés*, ce que les aînés, c'est-à-dire les hommes des générations précédentes, ont entrepris pour le relèvement de la patrie. — 5. *Touchante*, qui émeut parce qu'elle est faible, innocente et gracieuse.

Peuple des écoliers qu'ennuie un peu ton livre,
Rien au monde n'est beau que notre rêve écrit [1],
Sache-le ! Sache encor que l'alphabet délivre [2],
Et que la force tombe où veut passer l'esprit [3].

Sache tenir, s'il faut, un sabre de bataille,
Mais, studieux le soir, actif dès le matin,
Sache bien qu'un enfant qui veille et qui travaille
Prépare au monde entier sa gloire et son destin [4]. »

Jean AICARD, *Chanson de l'enfant*. (Flammarion, édit.)

XI. — Écoliers.

28. *Le petit Drumel.*

Voici le petit Drumel qui gravit la côte.

Il marche vite, dans un chemin creux, entre deux haies d'aubépine.

C'est qu'il veut arriver à l'école avant huit heures, et qu'un travail imprévu l'a retardé ce matin.

Voyez sa bonne tenue : ses souliers sont cirés, son pantalon brossé, sa petite blouse propre, son visage et ses mains soigneusement lavés.

Il entre dans la cour de l'école à huit heures moins trois minutes, tout essoufflé et le front en sueur. Son maître est là :

« Bonjour, monsieur Gauthier, dit l'écolier en rougissant.

— Bonjour, Drumel, » répond le maître d'un ton affectueux; et il lui donne en passant une légère tape sur la joue. Drumel fait une joyeuse pirouette et va se mêler aux groupes de ses camarades. L'heure sonne et la classe commence.

---

1. *Rêve écrit,* ce qui a été écrit par les hommes les plus sages. — 2. *Délivre,* parce que l'ignorance vous met en esclavage. — 3. *L'esprit :* la vérité est victorieuse de la violence. — 4. *Destin,* son avenir, ce qu'il sera plus tard.

Depuis un mois Drumel est le troisième de sa division. Il a le défaut d'être un peu bavard. C'est plus fort que lui. Sa langue lui a valu bien des reproches et bien des pensums, lorsqu'il débutait, il y a trois ans, au cours élémentaire. Mais en revanche, il faut le voir quand il écoute une leçon! Sa bouche est ouverte, ses yeux brillent comme des chandelles, et les muscles de son visage sont contractés[1] et raidis. Fait-il un devoir, il n'entend plus rien, il ne voit que son papier, sa tête se rapproche du pupitre et son corps reste immobile. Seule, sa jambe gauche s'agite sous la table comme si elle était inquiète[2] ou mécontente.

Un jour, dans une composition, il lui arriva de copier sur un livre Ce n'est pas un petit saint. Mais au moment de remettre sa copie, il la déchira brusquement[3] sous les yeux de son maître et en jeta les morceaux sous la table.

« Qu'as-tu donc, Drumel? »

Pas de réponse.

M. Gauthier insista, Drumel s'obstina[4], et son mutisme lui valut une longue retenue. Depuis, Drumel n'a jamais copié : ce petit garçon-là, comme vous voyez, ne manque pas de cœur. Il a bien senti toute la honte de ce vilain acte d'écolier paresseux et menteur, *copier un devoir!*

Quand il voit, par hasard, l'un de ses condisciples tromper son maître, il en souffre, mais il n'en dit rien : *ce n'est pas un délateur*[5].

Dernièrement, M. Gauthier le trouva, dans un coin de la cour, expliquant un problème à son camarade Guillemot. Il aime venir en aide à tous, même aux deux premiers de son cours. Il n'est point jaloux, Dieu merci, et pour lui des rivaux[6] ne sont pas des ennemis.

---

1. *Contractés*, ramassés, raccourcis par l'effort de son attention. — 2. *Inquiète* avec quelque malaise. — 3. *Brusquement*, parce que sa conscience lui fit tout à coup un vif reproche. — 4. *S'obstina*, s'entêta, ne voulut pas céder. — 5. *Délateur*, qui fait acte de traître en rapportant méchamment ce qu'ont dit ses camarades. — 6. *Rivaux*, qui luttent loyalement pour obtenir un résultat donné.

Aussi son maître l'aime beaucoup. Drumel le lui rend bien. Quelle affection! quel respect! Quand M. Gauthier a parlé, Drumel ne discute pas [1], il s'incline :

« Mon ami, tu as bien fait. » Et Drumel a de la joie au cœur.

« Mon ami, tu as mal agi. » Et Drumel a les larmes aux yeux.

Un jour, injustement accusé par son maître, ce brave enfant se défendit vainement, pleura, fut malade, mais n'en conserva pas l'ombre d'une rancune [2].

C'est vraiment un bon écolier.

Voy. *Résumé*, page 285.

29. *Pauvre petit !*

« Pauvre petit, de l'école chassé !
Viens, mon fils; ces maîtres sévères
N'ont point des entrailles de mères [3].
Viens donc, et dans mes bras pressé,
Disait la mère, oublions leurs colères. »

Dix ans après : « Va-t'en, maudit [4] !
Pour le prix de mes sacrifices,
Dans le plus amer [5] des calices
Tu ne m'as fait boire, ô bandit,
Que des larmes et des supplices, »
Disait-elle au pauvre petit.

DUTREMBLAY.

---

1. *Ne discute pas*, accepte sans réplique. — 2. *Rancune*, désir de se venger d'une offense. — 2. *Entrailles de mère*, désigne la grande tendresse maternelle. — 4. *Maudit*, très mauvais. — 5. *Amer*, d'une saveur rude et désagréable. Un calice plein de larmes et de privations ne peut être qu'amer.

Le petit Drumel. — QUESTIONNAIRE : 1. *Pourquoi Drumel se pressait-il, en allant à l'école ? — 2. Est-ce une qualité d'être exact ? — 3. Comment était-il sur son visage et sur ses vêtements ? — 4. Que fit-il en arrivant dans la cour de l'école ? — 5. A-t-il des défauts ? — 6. Quelles sont ses qualités ? première ?... deuxième ?... troisième ?... — 7. Que pensez-vous d'un écolier qui copie ses devoirs ? — 8. Qu'en pense Drumel ? — 9. Quels sont ses sentiments à l'égard de son maître ? — 10. En somme, Drumel est-il un bon écolier ? — 11. Énumérez les qualités d'un bon écolier.*

30. L'Écolier reconnaissant.

Mon ancienne maîtresse de la petite classe a tenu sa promesse ; elle est venue nous voir aujourd'hui, juste au moment où j'allais sortir avec ma mère, pour porter du linge à une pauvre femme qu'un journal a recommandée à la charité publique. Il y avait un an que la maîtresse n'était venue, et nous lui avons tous fait fête.....

Pauvre maîtresse ! elle a encore maigri. Mais elle est toujours vive, et elle s'anime quand elle parle de sa classe. Elle a voulu revoir le lit dans lequel elle me vit quand je fus très malade, il y a deux ans, et qui maintenant [1] est celui de mon petit frère. Puis elle s'en est allée, étant très pressée ; elle va voir un enfant de sa classe, le fils d'un sellier, qui a la rougeole. — Elle avait encore tout un paquet de devoirs à corriger, du travail pour toute sa soirée ; sans compter une leçon d'arithmétique à donner, avant le dîner, à une boutiquière.

« Eh bien, Henri, m'a-t-elle dit en s'en allant, aimes-tu encore ta maîtresse, maintenant que tu résous des problèmes difficiles, et que tu fais de grandes compositions ? » Elle m'a embrassé et m'a crié du bas de l'escalier :

« Ne m'oublie pas, Henri ! »

O ma bonne maîtresse, non, jamais, jamais je ne vous oublierai ! quand je serai grand, je me souviendrai encore de vous, et j'irai vous trouver au milieu de vos petits élèves. Chaque fois que je passerai près d'une école, et que j'entendrai la voix d'une institutrice, il me semblera entendre la vôtre ; je me rappellerai les deux années passées dans votre classe, où j'appris tant de choses, où je vous vis tant de fois fatiguée et souffrante, mais toujours attentive [2], toujours indulgente [3]; désespérée [4] quand un élève tenait mal sa plume et ne pouvait perdre cette mauvaise habitude ; tremblant pour nous quand les inspecteurs nous interrogeaient ; heureuse quand nous avions des succès ; toujours bonne et tendre [5] comme une mère. Jamais, non, jamais je ne vous oublierai, ma chère maîtresse !

De Amicis, *Grands Cœurs*.

---

1. *Maintenant* : la maîtresse craint que l'élève, devenu grand, n'oublie ce qu'elle lui a donné quand il était petit. — 2. *Attentive*, aux efforts, aux peines. — 3. *Indulgente*, qui pardonne. — 4. *Désespérée*, expression exagérée ; avait un grand regret. — 5. *Tendre*, très affectueuse.

Le Coupe-tête; fac-similé d'une estampe d'Aug. de Saint-Aubin.

XII. — Camarades.

31. *Rondeau, dit « Fidèle »*

A douze ans, j'avais pour voisin un écolier de mon âge. Il se nommait Rondeau, mais chacun l'appelait Fidèle et je n'ai jamais su pourquoi.

Il était long, maigre, osseux[1], d'allures gauches et timides. Il marchait toujours à grandes enjambées ; et quand nous allions ensemble à l'école par un joli sentier qui serpentait dans les blés, j'avais peine à le suivre.

« Fidèle, ne va donc pas si vite. »

Fidèle s'arrêtait docilement ou ralentissait le pas, mais pour une minute.

« Je t'en prie, Fidèle, porte mon sac, je n'en puis plus.
— Donne, » disait-il avec un bon sourire.

C'était un brave garçon, doux, patient, serviable, ayant, comme on dit, le cœur sur la main. Je ne l'ai jamais vu en colère qu'une fois, et c'était contre ce grand nigaud de Cavelet qui trouvait spirituel[2], — l'imbécile ! — de plumer un chardonneret vivant. Ce jour-là il avait l'air terrible. Il se précipita, le poing levé : « Misérable ! lâche-le, ou je t'arrache les cheveux. »

Cavelet eut peur et lâcha le pauvre oiseau, qui s'enfuit à tire-d'aile[3].

Il n'aimait pas les jeux, l'ami Fidèle, parce qu'il y était maladroit ; mais s'il fallait un second pour une partie de billes, un quatrième pour une partie de barres, on le trouvait dans un coin, lisant un livre, on le prenait par le bras, on l'entraînait doucement.

« Allons ! viens ! »

Il cédait toujours de bonne grâce[4] :

« Si cela vous fait plaisir, j'y vais. »

Nous avions parmi nous un condisciple affreusement laid.

Sa figure était trouée par la petite vérole. Son œil gauche s'était effondré[5]. Il devait bien souffrir, le malheureux, de cet aspect lamentable.

Et pourtant, quelques étourdis[6] avaient la sottise de

---

1. *Osseux*, dont les os sont saillants. — 2. *Spirituel*, intelligent. — 3. *A tire-d'aile*, le plus vite possible. — 4. *De bonne grâce*, d'une façon gracieuse, sans se faire prier. — 5. *Effondré*, devenu plat parce qu'il s'était vidé. — 6. *Étourdi*, qui ne réfléchit pas.

se moquer de lui tout haut. Ils l'appelaient Jacques le Borgne.

Il arriva même que l'un d'eux, — un garçon méchant et mal élevé, — alla jusqu'à lui dire, dans un moment de colère : « Quand on a cette tête-là, on reste chez soi. » Jacques baissa la tête et s'éloigna en pleurant. Alors, Fidèle vint à lui, le consola, le prit par la main et le ramena au milieu de ses camarades. Depuis ce jour il le prit sous sa protection et le traita comme un frère.

Fidèle n'était ni taquin ni railleur [1]. Ce n'est pas lui qui allumait les querelles. Au contraire, dans la cour de récréation, on le voyait calmer les disputes comme un bon juge de paix.

Un jour, j'avais été puni par l'instituteur. La peine était sans doute trop sévère. J'entendais autour de moi des voix mauvaises qui me soufflaient la révolte [2]. Fidèle intervint : « Émile, obéis et tais-toi. Notre maître est bon et t'aime bien. Ne lui fais pas de peine. »

Voy. Résumé, page 285.

32. *Le Mauvais camarade.*

En jouant à saut-de-mouton,
Frédéric est tombé par terre,
Et voilà qu'il saigne au menton !
Jean le relève comme un frère [3].
Le grand Victor, tout au contraire,
Sans pitié le raille et lui dit :
« As-tu la colique [4], petit ? »
Et puis il éclate de rire.

---

1. *Railleur*, qui critique d'une façon mordante et moqueuse. — 2. *Me soufflaient la révolte*, m'engageaient vivement à me révolter. — 3. *Frère* : avec l'empressement et la bonté qu'on a pour un frère. — 4. *Colique* : raillerie évidente.

Rondeau. — QUESTIONNAIRE : 1. *Faites le portrait de Fidèle.* — 2. *Quelles étaient ses qualités ? — La première ?... la seconde ?... la troisième ?* 3. — *Quelle fut son attitude à l'égard de Cavelet ?* — 4. *Quelle fut son attitude vis-à-vis de Jacques ?* — 5. *Quelles sont les qualités d'un bon camarade ?*

Mais, tout à coup, paf! dans la cour,
Victor tombe et pleure à son tour ;
Et chacun se met à lui dire :
« Victor, sans doute, a mal aux dents,
Mais ça guérit avec le temps [1] ! »

F. BATAILLE, *Une lyre*. (Libr. Lemerre.)

33. *La Renoncule et l'Œillet.*

La renoncule, un jour, dans un bouquet,
　Avec l'œillet se trouva réunie.
Elle eut le lendemain le parfum de l'œillet.
On ne peut que gagner en bonne compagnie.

BÉRENGER.

34. *Le Camarade généreux.*

Lorsque j'entrai en classe (un peu en retard), notre maître, M. Perboni, n'était pas encore là ; et trois ou quatre garçons tourmentaient le pauvre Crossi — l'enfant aux cheveux roux, qui a le bras paralysé et dont la mère est fruitière. — On le frappait avec des règles ; on lui jetait à la tête des écorces de châtaignes ; on l'appelait *monstre estropié*, et on le contrefaisait. Tout seul, au bout de son banc, il restait atterré [2], écoutant, regardant tantôt l'un, tantôt l'autre, avec des yeux suppliants, afin qu'on le laissât tranquille. Mais les écoliers le tourmentaient toujours de plus en plus, si bien qu'il commença à trembler [3] et à devenir rouge de colère. Tout à coup, Franti — celui qui a une si mauvaise figure — monta sur un banc, et, faisant semblant de porter un panier sur chaque bras, singea la mère de Crossi, quand elle vient attendre son fils à la porte. (Depuis quelques jours on ne la voit plus, parce qu'elle est malade.) En voyant

---

1. *Temps :* autre raillerie qui répond à la première. — 2. *Atterré*, accablé, mis à terre. — 3. *Trembler :* de colère.

cette pantomime [1], les élèves se mirent à rire. A ce moment, Crossi, perdant la tête, saisit l'encrier qui était devant lui et le jeta de toutes ses forces à Franti. Mais Franti para le coup et l'encrier alla frapper en pleine poitrine M. Perboni, qui entrait.

Tous les élèves se sauvèrent, effrayés, à leur place, et se turent comme par enchantement [2].

Le professeur, très pâle, monta à son bureau et demanda d'une voix altérée [3] : « Qui a lancé l'encrier? »

Personne ne répondit.

« Qui? » répéta M. Perboni d'une voix plus forte.

Alors, notre camarade Garrone, ému de pitié pour le pauvre Crossi, se leva et dit résolument : « C'est moi. » Le maître, après l'avoir regardé, regarda les écoliers surpris :

« Ce n'est pas vous, » dit-il, d'une voix tranquille [4]. Puis, après un moment :

« Le coupable ne sera pas puni, dit-il, qu'il se lève! »

Crossi se leva et dit en pleurant :

« On me taquinait, on m'insultait, j'ai perdu la tête... j'ai lancé...

— Asseyez-vous, dit le maître; que ceux qui l'ont provoqué [5] se lèvent..., » ajouta-t-il.

Quatre d'entre les provocateurs se levèrent, la tête basse.

« Vous avez insulté un camarade qui ne vous avait pas provoqués, dit M. Perboni; vous vous êtes moqués d'un infirme, vous avez attaqué un faible enfant qui ne peut se défendre. Vous avez commis l'action la plus basse et la plus honteuse qui puisse ternir l'âme [6] humaine; vous êtes des lâches! »

Cela dit, le professeur descendit au milieu de nous et se

---

1. *Pantomime,* langage par gestes. — 2. *Par enchantement,* comme par le pouvoir d'un magicien. — 3. *Altérée,* autre, changée, moins claire. — 4. *Tranquille,* apaisée par la bonne action de Garrone. — 5. *Provoqué,* excité. — 6. *Ternir l'âme,* la souiller, lui enlever de sa pureté et de son éclat.

dirigea vers Garrone, qui baissa la tête à son approche. M. Perboni lui passa la main sous le menton pour lui relever la tête et le regarder dans les yeux :

« Tu es un noble cœur, » dit-il.

Garrone, profitant de l'occasion, se pencha à l'oreille du professeur et murmura deux mots. Celui-ci aussitôt, se tournant vers les quatre coupables, leur dit brusquement : « Je vous pardonne ! »

De Amicis, Grands Cœurs.

XIII. — Reconnaissance envers l'école.

35. *Défendez l'école.*

Mon cher enfant, peut-être entendras-tu dire, autour de toi, du mal de l'école que tu as fréquentée. Ne laisse pas ces attaques sans réponse, comme si tu étais honteux[1] d'avoir reçu ses leçons.

N'es-tu pas un peu son fils ? N'a-t-elle pas, comme une mère, nourri ton intelligence et ton cœur ? Réponds donc, en évoquant le souvenir de ce qu'elle a fait pour toi :

« L'école m'a appris à lire et à écrire ma langue maternelle : ainsi elle m'a permis de communiquer[2] directement et sans peine avec les hommes de tout pays qui savent le français et, par le moyen des livres[3], avec les plus intelligents et les plus sages de ceux qui ont vécu dans les siècles écoulés.

L'école m'a donné des notions pratiques[4] dont j'aurai besoin, chaque jour de ma vie. Elle m'a mis en garde

---

1. *Honteux*, par crainte d'être moins estimé. — 2. *Communiquer*, échanger des idées dans une langue commune. — 3. *Livres*, qui expriment la pensée de ceux qui sont morts, par exemple Corneille. — 4. *Pratiques*, de calcul, par exemple.

contre des préjugés[1] qui hantaient[2] l'esprit de nos pères et les rendaient plus faibles et plus malheureux.

L'école m'a fait connaître et aimer le pays de France avec les ressources qui en font le plus beau et le plus riche pays du monde. Elle m'a fait admirer l'histoire de ses plus illustres enfants, depuis Vercingétorix jusqu'à Pasteur.

Elle m'a fait vivre de la vie large et puissante[3] de toute la nation française, à travers l'espace, à travers le temps, dans ses heures de tristesse et d'accablement comme dans ses heures de prospérité. Et je m'en suis senti meilleur et plus heureux.

Mais, surtout, l'école a formé ma conscience[4]. Elle m'a donné le goût[5] et l'habitude[6] du travail, du travail régulier, méthodique[7], réfléchi, qui est le grand levier[8] dans ce monde et l'indispensable instrument du progrès. Elle m'a sans cesse invité à lutter contre mes mauvais penchants, à me corriger de mes défauts, à devenir sincère, énergique et maître de moi-même.

L'école a fortifié en moi le besoin de justice sans lequel il n'est pas de société civilisée. Elle m'a fait aimer la liberté et la République, filles de notre grande Révolution.

Enfin, l'école m'a appris que tous les hommes ont leurs faiblesses, que les plus intelligents se trompent, que les meilleurs font des fautes, que nous avons tous besoin d'indulgence, qu'il faut donc se montrer tolérants et fraternels vis-à-vis de ceux qui ne pensent pas comme nous et pitoyables aux malheureux[9] qui n'ont pas su résister au mal.

L'école qui m'a rendu tant de services aura, tant que je vivrai, toute ma reconnaissance. »

---

1. *Préjugés*, jugements faux qu'on accepte sans réflexion. — 2. *Hantaient*, revenaient sans cesse dans l'esprit. — 3. *Vie large et puissante*, parce que c'est celle d'une collectivité. — 4. *Conscience*, ce qui dirige la conduite, au point de vue moral. — 5. *Goût*, le désir, l'amour. — 6. *Habitude*, la pratique prolongée. — 7. *Méthodique*, bien ordonné, bien suivi. — 8. *Levier*, qui permet de soulever des poids très lourds. — 9. *Malheureux*, parce que trop faibles et coupables.

LA PATRIE

XIV. — L'Amour de la patrie.

36. *Michel Landard.*

Un Français, Michel Landard, s'était égaré dans une région reculée de l'Amérique du Nord. Il y rencontra des gens simples[1] et hospitaliers qui lui firent bon accueil et le retinrent parmi eux.

Au bout d'un an, Michel Landard voulut partir.

« Pourquoi nous quitter? lui dit le chef de la famille. Nous vous aimons, nous vous rendrons heureux. Restez.

— Merci, mes amis, de votre hospitalité si généreuse. Je veux revoir mon pays. Loin de lui, malgré tous vos soins, je ne saurais vivre que dans la tristesse et dans l'ennui[2].

— Elle est donc bien belle, cette France dont vous nous parlez si souvent avec amour?

— Oui, son ciel est doux[3] et pur, ses plaines sont fraîches, verdoyantes et fertiles, ses rivières sont tranquilles et abondantes, et ses montagnes sont pour l'œil un charme. Deux mers immenses battent ses rivages et lui font comme une magnifique ceinture verte ou bleue. Oh! oui! ma France est bien belle! »

Et le regard de Michel se perdait dans une vision[4] loin-

---

1. *Simples*, avec qui l'on est à l'aise. — 2. *Ennui*, état de celui qui ne s'intéresse à rien. — 3. *Ciel doux*, qui est tempéré, ni trop chaud, ni trop froid. — 4. *Vision*, image que se fait l'esprit.

taine... Il avait devant les yeux la maison de son père, les coins familiers, les sentiers préférés, et la vallée où le soleil s'effaçait derrière les arbres dans un couchant enflammé et la colline d'où partaient à l'aurore les premiers rayons du jour. Son âme était pleine de ces images chéries qui l'attachaient au sol natal par un lien mystérieux[1], à la fois doux et puissant.

Une larme lui monta du cœur aux paupières.

Il poursuivit :

« Et ce qui m'attire vers cette terre aimée, ce ne sont pas seulement les jouissances qu'elle procure, c'est l'affection particulière qui m'unit à ceux qui l'habitent.

Ah ! si je rencontrais ici un Français ! J'irais à lui, alors que je ne l'aurais jamais vu, je lui serrerais les mains et, du premier coup, nos cœurs battraient à l'unisson. La langue maternelle enchanterait nos oreilles : il n'en est point au monde de plus douce, de plus aimable et de plus claire[2].

Rien qu'à la forme du visage, nous nous reconnaîtrions de la *même famille* et du *même sang*.

Nous parlerions ensemble de notre patrie, des exploits de nos pères, de la vie si noble[3] et si pure de nos héros, et nos cœurs se gonfleraient d'une *même fierté*[4]. Au récit de nos malheurs, de nos défaites, des angoisses éprouvées, des hontes subies dans le passé, nous sentirions les *mêmes tristesses* et les *mêmes regrets*.

Il y a trente-cinq ans, la France fut vaincue et mutilée, et deux millions de ses enfants furent arrachés à leurs frères. Cette séparation cruelle, qui se fit par la force et contre toute justice, nous inspirerait le *même désir* : voir notre patrie, redevenue puissante et prospère, obtenir que les provinces perdues fussent rendues libres de rentrer dans la grande famille française.

---

1. *Mystérieux*, qui s'est formé sans qu'on sache bien pourquoi. — 2. *Claire*, qui exprime bien toute la pensée. — 3. *Noble*, élevée, supérieure. — 4. *Fierté*, sentiment qu'on a de sa valeur.

Et nous aurions la *même volonté* de vivre ensemble, derrière nos frontières respectées, jouissant en paix de nos libertés, glorieux par les arts, par les sciences, par toutes les conquêtes du travail et de l'intelligence, prêts à mettre notre or, nos forces et notre vie au service de la cause sacrée du droit[1].

Voyez-vous pourquoi j'aime mon pays, pourquoi je veux revoir ma France et pourquoi je puis, sans ingratitude, quitter des amis tels que vous?

— Oui, allez! Soyez heureux là-bas Et puisse votre belle France être aussi forte et respectée qu'elle est aimée de ses enfants! »

Voy. *Résumé*, page 285.

37. La France.

Si vous voulez dans votre cœur,
Quand mes os seront sous la terre,
Sauver ce que j'eus de meilleur,
Garder mon âme tout entière,
Aimez, sans vous lasser jamais,
Sans perdre un seul jour l'espérance[2],
Aimez-la comme je l'aimais,
    Aimez la France!

. . . .

Vous tenez d'elle et des aïeux,
De ce grand passé[3] qu'on envie,
Vos mœurs[4], votre esprit et vos dieux,
Vous lui devez plus que la vie

---

1. Le *droit*, c'est ce qui appartient à chacun, ce qu'on ne peut violer sans injustice. — 2. L'*espérance*, même dans le malheur, dans la défaite. — 3. *Passé*, ce qu'on apprend dans l'histoire. — 4. *Mœurs*, vos façons de vivre et de penser, votre religion.

Michel Landard. — QUESTIONNAIRE : 1. *Dites ce qui était arrivé à Michel Landard.* — 2. *Pourquoi voulait-il partir?* — 3. *Pourquoi aimait-il sa patrie?* Première raison : *beauté et douceur du sol...* — Deuxième raison : *habitants...* Troisième raison : *langue...* Quatrième raison : *souvenirs...* Cinquième raison : *espérances...* Sixième raison : *malheurs récents...* — 4. *Aimez-vous la France, comme Michel Landard?*

Ne marchandez pas votre sang,
Afin de la rendre immortelle [1]...
Au premier rang, au dernier rang
Mourez pour elle !

V. de LAPRADE, *Le Livre d'un père*. (Libr. Hetzel.)

38. *L'Invasion.*

Défense au paysan de protéger sa terre
Et de mordre dans son pain bis ;
Le toit qu'il s'est bâti, l'eau qui le désaltère,
Ses chers meubles, ses chauds habits ;
Les bœufs qui ruminaient, montrant leurs larges têtes
Le long de l'enclos familier [2] ;
Le vin vieux qui n'était tiré qu'aux grandes fêtes
Des coins obscurs de son cellier :
Rien n'est à lui ! La guerre implacable [3] et brutale
Met ses mains lourdes [4] sur son bien ;
S'il résiste au bandit [5] galonné qui s'installe,
On le fusille comme un chien.

Eug. MANUEL, *Pendant la guerre*. (Libr. Calmann Lévy.)

39. *L'Exil.*

Si je pouvais voir, ô patrie,
Tes amandiers et tes lilas,
Et fouler ton herbe fleurie,
Hélas [6] !

Si je pouvais, — mais, ô mon père,
O ma mère, je ne peux pas, —
Prendre pour chevet votre pierre [7],
Hélas !

---

1. *Immortelle :* mourez pour qu'elle vive toujours. — 2. *Familier,* où l'on va chaque jour. — 3. *Implacable,* qui n'écoute rien et ne se laisse pas attendrir. — 4. *Lourdes,* sens figuré, qui écrasent, qui retiennent, contre lesquelles on ne peut rien. — 5. *Bandit :* ce n'est pas un bandit, c'est sans doute un honnête homme, en temps de paix. Mais la guerre lui demande d'agir, en certain cas, comme ferait un bandit. — 6. *Hélas !* le poète sait que son souhait n'est pas réalisable et il en gémit. — 7. *Pierre,* celle de la tombe.

Monument de Victor Hugo; par Aug. Rodin.

Si je pouvais, ô ma colombe [1],
Et toi, mère qui t'envolas,
M'agenouiller sur votre tombe,
    Hélas !

Oh ! vers l'étoile [2] solitaire
Comme je lèverais les bras !
Comme je baiserais la terre,
    Hélas !

Loin de vous, ô morts que je pleure,
Des flots noirs [3] j'écoute le glas ;
Je voudrais fuir, mais je demeure,
    Hélas !
        V. Hugo, *Les Châtiments.*

---

1. *Colombe,* sa fille morte. — 2. *Vers l'étoile,* vers les cieux, en priant et en espérant. — 3. *Flots noirs,* ceux de la mer, qui semblent se lamenter et sonner le glas ; le poète était dans l'île de Jersey.

XV. — La Défense de la patrie.

40. *Monsieur Richard et le service militaire.*

Le fils Richard allait partir au régiment.

Son père ne pouvait s'en consoler et maugréait[1] contre la loi militaire. S'adressant un jour à l'instituteur :

« Il y a trente ans, j'aurais racheté mon fils et l'aurais gardé auprès de moi. Aujourd'hui, on me l'enlève. A quoi donc me sert ma fortune ?

— Les temps sont changés, monsieur Richard. L'armée d'il y a trente ans ne pourrait plus nous défendre aujourd'hui. Avec l'Europe armée jusqu'aux dents, ce n'est plus trois cent mille soldats qu'il nous faut, c'est deux ou trois millions. La France ne peut les trouver qu'en faisant appel à tous ses enfants. En cas d'attaque, il faudrait, pour la défendre, tous les hommes valides[2] de vingt à quarante ans, tous sans exception, et cela suffirait à peine.

— Vous croyez que c'est *nécessaire*[3] ?

— Mais, certainement. Et puis, voyons, monsieur Richard, si cette nécessité n'existait pas, est-ce que, dans une guerre, la place d'un *homme de cœur* n'est pas sous les drapeaux ? Est-ce que vous permettriez, vous, pendant que des milliers de braves gens se feraient tuer aux frontières, qu'un gaillard robuste comme votre fils restât lâchement[4] au coin du feu ?

Laisseriez-vous à d'autres le soin de défendre vos biens, votre indépendance[5], votre honneur, votre vie et celle de tous les vôtres ? Allons donc ! je vous connais, monsieur Richard. Si l'Allemagne, demain, nous insultait ou

---

1. *Maugréait*, exprimait sa mauvaise humeur. — 2. *Valide*, qui a de la vigueur et peut aller combattre ; contraire, *invalide*. — 3. *Nécessaire*, dont on ne peut se passer. — 4. *Lâchement*, car il aurait peur d'affronter la mort. — 5. *Indépendance*, la liberté du pays vis-à-vis des autres pays.

Les Conscrits; tableau de Dagnan-Bouveret. — Phot. Braun, Clément et Cie.

violait nos droits, votre sang ne ferait qu'un tour dans vos veines, et vous seriez le premier à dire à votre fils : « Il ne faut pas souffrir ça. Prends un fusil ! »

— C'est possible.
— C'est sûr.
— Eh bien ! oui, je le lui dirais, car j'aime mon pays tout comme un autre. Mais, puisque nous sommes en

paix, pourquoi cette obligation [1], pour tous les jeunes gens, de rester deux ans dans une caserne, loin de leur famille, loin de leurs travaux ? Ne suffirait-il pas de les appeler au jour du danger ?

— Non, cela ne suffirait pas. Le métier de soldat demande un apprentissage comme tous les autres. Il faut de longs mois d'exercice pour savoir manier son fusil, s'accoutumer aux fatigues, aux privations, au commandement, à la manœuvre, et surtout à la *discipline militaire*. L'armée, voyez-vous, c'est une machine immense et très compliquée [2]. Chaque soldat en est une pièce. Et toutes les pièces marchent ensemble, d'après la volonté du grand mécanicien, le général en chef. Eh bien! pour que la machine fonctionne, il faut que chaque pièce exécute son mouvement avec précision. Il faut que chaque soldat avance, recule, reste en place, selon l'ordre de celui qui commande; sinon, il n'y a que trouble et confusion [3]. Comprenez-vous, monsieur Richard, pourquoi le service militaire est obligatoire pour tous ?

— Oui, murmura M. Richard en s'éloignant, oui, je comprends. *La loi est dure, mais elle est nécessaire.* Avant tout, il faut assurer la défense du pays. »

Voy. *Résumé*, page 285.

41. *La Sortie.*

(Janvier 1871.)

L'aube froide blêmit [4], vaguement apparue ;
Une troupe défile en ordre dans la rue ;
Je la suis, entraîné par ce grand bruit vivant
Que font les pas humains quand ils vont en avant.

---

1. *Obligation*, devoir. — 2. *Compliquée*, avec beaucoup de parties qui doivent marcher ensemble (locomotive). — 3. *Confusion*, désordre. — 4. *Blêmit*, blanchit : c'est la pointe du jour, encore vague, qui succède à la nuit.

Monsieur Richard. — QUESTIONNAIRE : 1. Pourquoi M. Richard était-il mécontent ? — 2. Qu'eût-il désiré ? — 3. Que lui répondit l'instituteur ? — 4. Comprenez-vous la nécessité et le devoir pour tous de défendre la France ? — 5. Comprenez-vous pourquoi il faut se préparer à la guerre, en temps de paix, par un séjour à la caserne ?

Ce sont des citoyens partant pour la bataille.
Purs [1] soldats! Dans les rangs, plus petit par la taille,
Mais égal par le cœur, l'enfant avec fierté
Tient par la main son père, et la femme à côté
Marche avec le fusil du mari sur l'épaule.
C'est la tradition [2] des femmes de la Gaule
D'aider l'homme à porter l'armure et d'être là,

Soit qu'on nargue [3] César, soit qu'on brave Attila.
Que va-t-il se passer? L'enfant rit et la femme
Ne pleure pas. Paris subit la guerre infâme;
Et les Parisiens sont d'accord sur ceci :
Que par la honte seule un peuple est obscurci [4],
Que les aïeux seront contents quoi qu'il arrive,
Et que Paris mourra pour que la France vive.
Nous garderons l'honneur; le reste [5], nous l'offrons.
Et l'on marche. Les yeux sont indignés, les fronts
Sont pâles : on y lit : Foi, Courage, Famine.
Et la troupe à travers les carrefours chemine,
Tête haute, élevant son drapeau, saint haillon [6].
La famille est toujours mêlée au bataillon :
On ne se quittera que là-bas, aux barrières.
Ces hommes attendris et ces femmes guerrières
Chantent; du genre humain Paris défend les droits.
Une ambulance passe et l'on songe à ces rois
Dont le caprice fait ruisseler des rivières
De sang sur le pavé, derrière les civières.

L'heure de la sortie approche; les tambours
Battent la marche en foule au fond des vieux faubourgs;
Tous se hâtent; malheur à toi qui nous assièges!
Ils arrivent aux murs, ils rejoignent l'armée;
Tout à coup le vent chasse un flocon de fumée;
Halte! c'est le premier coup de canon. Allons!
Un long frémissement court dans les bataillons;
Le moment est venu, les portes sont ouvertes,
Sonnez, clairons! Voici là-bas les plaines vertes,

---

1. *Purs,* parce qu'ils n'ont au cœur que l'amour de la patrie. — 2. *Tradition,* ce qui est transmis d'âge en âge. — 3. *Narguer,* braver avec insolence. — 4. *Peuple obscurci,* dépouillé de sa puissance et de sa gloire. — 5. *Le reste,* la vie, qui est peu de chose sans l'honneur. — 6. *Saint haillon,* déchiré par les balles, mais sacré pour les braves puisqu'il représente la patrie.

Les bois où rampe au loin l'invisible ennemi,
Et le traître[1] horizon, immobile, endormi,
Tranquille, et plein pourtant de foudres et de flammes.
On entend des voix dire : « Adieu ! — Nos fusils, femmes ! »
Et les femmes, le front serein, le cœur brisé[2],
Leur rendent leur fusil après l'avoir baisé.

V. Hugo, L'Année terrible.

XVI. — Mourir pour la patrie.

42. *Paul Thénot.*

Paul Thénot était le fils aîné d'un officier de cavalerie. Dès son enfance il aimait avec passion[3] les récits d'histoire. La vie de Jeanne d'Arc lui faisait battre le cœur et passer comme un frisson à la racine des cheveux. Les traits[4] héroïques de Bayard le transportaient[5]. Avec quelle émotion il suivait Hoche, Marceau, Kléber, dans leurs glorieuses campagnes !

« Père, je serai soldat ! Je veux servir la France.

— C'est bien, Paul ; mais, puisque tu aimes la France, tu peux dès maintenant te dévouer pour elle.

— Comment cela ? Nous ne sommes pas en guerre.

— Nous y serons un jour. Il faut s'y préparer. Veux-tu faire un bon soldat ?

— Oh oui !

— Eh bien, exerce ton corps, joue avec entrain, fais de la gymnastique et mange avec appétit, *car un bon soldat doit être agile, robuste et dur à la fatigue.*

— Père, je veux devenir fort et adroit.

---

1. *Traître,* parce qu'il est dangereux sans le paraître. — 2. *Front serein, cœur brisé :* les femmes sont pleines d'angoisse et de douleur, mais ne le montrent pas, pour que leurs maris conservent tout leur courage. — 3. *Avec passion,* d'un amour très vif. — 4. *Les traits,* les faits remarquables, les exploits. — 5. *Le transportaient,* lui donnaient un contentement extraordinaire.

— Sois obéissant, *car un bon soldat doit accepter sans hésitation¹ la discipline militaire.*

— Père, je serai obéissant.

— Et surtout, sois énergique² et persévérant, *car un bon soldat a besoin d'un cœur ferme³, inaccessible à la crainte et au découragement.*

Essaye, mon enfant, d'acquérir ces qualités. *Livre bataille*, chaque jour, à tes défauts. Ce sont tes premiers ennemis. Tu n'en auras jamais de plus redoutables. Si tu es vaillant contre eux, tu le seras plus tard contre les ennemis de la France. Essaye, je t'aiderai.

— Oui, père. »

A vingt-deux ans, Paul Thénot prit part à l'expédition du Tonkin. C'était un beau sous-lieutenant, plein de vigueur, de courage et d'entrain⁴. A l'heure du départ, son père lui dit :

« Ne t'expose pas inutilement, mais fais ton devoir.

— Sois tranquille, répondit Paul, tu seras content de moi. »

Dès les premiers engagements avec les Chinois, il se distingua par son intrépidité⁵. Il s'élançait en avant, l'épée à la main, enlevant ses hommes au cri de : « Vive la France ! »

L'ennemi fuyant dans les montagnes qui se dressent entre la Chine et le Tonkin, il fallut le poursuivre dans les défilés. Ce fut une guerre dangereuse, de surprises et d'embuscades⁶.

Un soir, un gros parti⁷ de Chinois tomba à l'improviste sur un bataillon français. Nos soldats allaient être massacrés. Le commandant s'approcha de Paul Thénot, qui était présent :

« Lieutenant Thénot, la situation est critique⁸.

---

1. *Sans hésitation*, tout de suite, sans réflexion. — 2. *Énergique*, qui ne redoute pas l'effort. — 3. *Cœur ferme*, qui n'a pas de faiblesse. — 4. *Avec entrain*, avec bonne humeur, d'un mouvement vif. — 5. *Intrépide*, qui court au danger. — 6. *Embuscade*, piège. — 7. *Parti* troupe. — 8. *Critique*, dangereuse.

Mais trente hommes résolus placés dans ce ravin pourraient arrêter l'ennemi assez longtemps pour que le reste du bataillon fût sauvé. Prenez trente hommes, et restez avec eux.

— Oui, mon commandant.
— Je compte sur vous.
— Jusqu'à la mort. Vive la France! »

Une larme vint aux yeux du commandant : « Merci, vous êtes un brave. »

Paul Thénot fit coucher sa petite troupe derrière les rochers et attendit. Les Chinois, voyant la retraite du bataillon, accoururent avec des cris féroces.

Quand ils furent près de s'engager dans le ravin : « Feu! » cria Thénot.

Alors commença un combat terrible. Les Français se conduisirent en héros. Presque tous périrent, mais en vendant chèrement leur vie. Le sous-lieutenant Thénot fut tué raide d'une balle dans la tête.

Le bataillon était sauvé.

Voy. *Résumé*, page 286.

43. *Chanson de mort.*

« Mon père, où donc vas-tu ? — Je vais
Demander une arme et me battre !
— Non, père, autrefois tu servais :
A notre tour, les temps mauvais !
Nous sommes trois ! — Nous serons quatre [1] !

---

1. *Quatre*, le père refusant de s'abstenir, malgré son âge, quand la patrie est en danger.

Paul Thénot. — QUESTIONNAIRE : 1. *Dites quel effet produisaient sur Paul Thénot les récits d'histoire.* — 2. *Que dit-il un jour à son père?* — 3. *Quels conseils lui donna son père? premier conseil?... deuxième?... troisième?* — 4. *Quand on est enfant, comme vous, quelles batailles faut-il livrer?* — 5. *Que devint Paul Thénot?* — 6. *Que fit-il au Tonkin?* — 7. *Rappelez son dialogue avec le commandant.* — 8. *Comment mourut-il?* — 9. *Que pensez-vous de lui?*

Quand même! par Ant. Mercié.

— Le jeune est mort : voici sa croix [1] !
Retourne au logis, pauvre père [2] !
La nuit vient, les matins sont froids ;
Nous le vengerons, je l'espère :
Nous sommes deux ! — Nous serons trois !

— Père, le sort nous est funeste [3],
Et ces combats sont hasardeux [4].
Un autre est mort. Mais je l'atteste [5],
Tous seront vengés, car je reste.
Il suffit d'un ! — Nous serons deux !

---

1. *Croix*, car il s'est battu en héros. — 2. *Pauvre père*, qui pleure le fils perdu. — 3. *Funeste*, fatal, cause de ruine et de douleur. — 4. *Hasardeux*, pleins de périls. — 5. *Je l'atteste*, j'en donne l'assurance.

— Mes trois fils sont là sous la terre
Sans avoir eu même un linceul.
A toi, ce sacrifice austère [1],
Patrie ! Et moi, vieux volontaire,
Pour les venger, je serai seul. »

Eug. MANUEL, *Pendant la guerre.* (Lib. Calmann Lévy.)

44. Hymne à la France.

Ceux qui pieusement [2] sont morts pour la patrie
Ont droit qu'à leur cercueil la foule vienne et prie.
Entre les plus beaux noms [3], leur nom est le plus beau :
Toute gloire, près d'eux, passe et tombe éphémère [4] ;
    Et comme ferait une mère,
La voix d'un peuple entier les berce [5] en leur tombeau !

    Gloire à notre France éternelle !
    Gloire à ceux qui sont morts pour elle !
    Aux martyrs ! aux vaillants ! aux forts !
    A ceux qu'enflamme leur exemple,
    Qui veulent place dans le temple [6],
    Et qui mourront comme ils sont morts !

V. HUGO, *Chants du crépuscule.*

XVII. — La Voix des ancêtres.

45. Les Grands Défenseurs du pays.

Écoutez, enfants, la voix des grands ancêtres du pays de France :

Je suis *Vercingétorix*, le défenseur des Gaules. J'ai voulu sauver mon pays du joug des Romains. J'ai lutté,

---

1. *Austère*, dur, pénible, douloureux ; mais le père est un homme héroïque. — 2. *Pieusement*, avec amour. — 3. *Beaux noms*, les noms des savants, des hommes d'État, des artistes, des poètes, de tous ceux qui ont servi leur pays d'une façon éclatante. — 4. *Éphémère*, qui ne dure pas ; c'est la gloire du soldat mort pour la patrie qui dure le plus. — 5. *Berce* : la mère berce son enfant en chantant, le peuple berce ses morts glorieux en proclamant leur gloire. — 6. *Le temple* de la gloire.

j'ai souffert, j'ai été vaincu, et je me suis livré à César pour qu'il épargnât mon armée. Mes vainqueurs, devenus mes bourreaux, m'ont étranglé dans ma prison.

Je suis *Eustache de Saint-Pierre*, un bourgeois de Calais. Pour éviter à ma ville assiégée les horreurs du massacre, je me suis rendu à merci¹ au roi Édouard III. Remis au bourreau, la corde au cou, je n'ai dû la vie qu'aux supplications de la reine d'Angleterre.

Je suis *Jeanne d'Arc*, une pauvre fille de Lorraine. Au récit des misères de la France envahie, mon cœur se fendait de pitié et mes yeux se remplissaient de larmes. J'ai chassé les Anglais, j'ai délivré mon pays. Après un jugement infâme², les Anglais m'ont brûlée vive sur un bûcher.

Statue de Jeanne d'Arc; par M. E. Frémiet.

1. *A merci*, sans conditions, sans réserves. — 2. *Infâme*, qui a déshonoré les juges, parce qu'ils ont rendu une sentence de mensonge et d'injustice.

Je suis *Bayard*, le chevalier sans peur et sans reproche. Toute ma vie, j'ai combattu pour la défense de ma patrie et de mon roi. Je me suis efforcé d'être aussi loyal [1] et bon que j'étais brave. Je suis mort sur le champ de bataille, la face tournée vers l'ennemi. En mourant, j'ai donné au traître Bourbon une suprême [2] leçon d'honneur et de patriotisme.

Je suis le chevalier *d'Assas*, du régiment d'Auvergne. Surpris par l'ennemi, dans les ténèbres, j'ai senti tout à coup la pointe des baïonnettes sur ma poitrine, et j'ai entendu ces paroles : « Tais-toi, ou tu meurs ! » J'ai crié de toutes mes forces : « A moi, Auvergne ! » et je suis tombé percé de coups.

Nous sommes les purs soldats de la Révolution, *Hoche, Marceau, Kléber, Desaix*... Nous avions l'âme ardente et généreuse. Pour défendre la liberté, nous avons vaincu l'Europe entière. Nous sommes tombés au champ d'honneur en acclamant la France et la République.

Gambetta.

Je suis le grand patriote *Gambetta*. Alors que la France était vaincue et foulée aux pieds, je n'ai pas désespéré de sa fortune [3]. J'ai relevé son courage, je lui ai créé des bataillons, et si elle n'a pu retrouver la victoire, elle a du moins sauvé l'honneur.

Gloire à ces grands morts du pays de France !

N'est-ce pas, mes enfants, que vous les aimez et que vous admirez leur héroïque courage ? Imitez-les donc. Faites, dans votre cœur, le serment [4] de chérir la France,

---

1. *Loyal*, qui ne trompe pas ; sur qui l'on peut compter. — 2. *Suprême*, dernière ; mais ici c'est la leçon supérieure, qu'on ne donne qu'au dernier moment. — 3. *De sa fortune* : de son sort, de son avenir ; j'ai cru qu'elle se relèverait. — 4. *Serment*, la promesse solennelle, sur l'honneur.

de lui consacrer vos forces et vos pensées, et, au besoin, de mourir pour elle.

46 *Les Bons Ouvriers du pays.*

Je suis *Colbert*, le grand ministre de la paix de l'ancienne France. Tout ce que j'avais de vigueur et d'intelligence, je l'ai consacré à rendre la patrie plus riche et plus heureuse. J'ai dû lutter contre l'orgueil et l'ambition[1] de mon roi. Je suis mort dans la disgrâce[2]. C'était cependant tout mon cœur qui parlait quand j'écrivais ces lignes :

Colbert.

Corneille.

« Je voudrais pouvoir rendre ce pays heureux et que, sans fortune et sans appui, l'herbe crût jusque dans mes cours. »

Je suis *le grand Corneille*. J'ai écrit, dans notre belle langue, de purs chefs-d'œuvre. J'ai créé des héros à l'âme forte[3] et vaillante qui marchent au danger le front haut, qui préfèrent à la honte la mort, qui, partout et toujours, veulent être les soldats de l'honneur et du devoir. Ainsi, tant qu'il y aura des Français qui me liront, je fortifierai en eux le courage, la fierté, l'amour de ce qui est grand et beau, de ce qui relève les hommes et fait le prix de la vie[4].

---

1. *Ambition*, de Louis XIV ; désir de domination, de conquêtes. — 2. *Disgrâce*, défaveur. — 3. *Ame forte*, qui résiste et sait faire effort. — 4. *Le prix de la vie* : sans les grands sentiments et les actes beaux, la vie de l'homme ne vaudrait pas plus que celle des bêtes.

Je suis *Vincent de Paul*, l'apôtre de la charité. Les souffrances des malheureux me remplissaient l'âme de pitié. Je suis allé aux enfants sans mère, aux malades sans secours, aux infirmes sans soutien, aux vieillards abandonnés de tous. Je les ai aimés, je les ai consolés, j'ai recueilli pour eux les offrandes des riches, je leur ai bâti des asiles, je les ai nourris et soignés comme s'ils eussent été mes frères. Ma vie tout entière fut ainsi consacrée au soulagement des pauvres gens, et je leur fais encore du bien deux siècles après ma mort.

Je suis *Parmentier*. J'ai vu, dans les temps de disette, les paysans affamés se nourrir de mauvaises racines. Je me suis juré de leur faire connaître et adopter un aliment nouveau, la

Pasteur; médaille de L.-O. ROTY.

pomme de terre. Ce fut une œuvre longue et difficile. J'eus à vaincre mille défiances. Je dus employer la ruse comme pour faire le mal[1]. Ma persévérance fut enfin récompensée. Grâce à mes efforts, la pomme de terre se trouve sur toutes les tables de France, et des milliers de gens peuvent vivre sans trop de peine qui sans moi seraient morts de faim.

Je suis *Denis Papin*. J'ai mis au service de l'humanité une force motrice[2] prodigieuse, infiniment plus

---

1. *Mal* : c'est pour faire le mal qu'on emploie, d'ordinaire, la ruse, parce qu'il faut se cacher ; Parmentier devait ruser pour faire le bien. — 2. *Motrice*, qui produit le mouvement.

puissante que celles dont on usait jusqu'alors : la force de la vapeur. Pour la faire accepter, j'ai dû lutter toute ma vie contre l'ignorance et les préjugés des hommes. Depuis ma mort, elle a transformé le monde.

Je suis *Pasteur*. J'ai jeté sur la nature un regard patient et profond [1]. J'ai découvert les microbes qui pullulent [2] et se mêlent intimement à notre vie comme à celle des animaux et des plantes. J'ai mis tous les savants de l'univers sur la voie de merveilleuses découvertes qui triompheront des maladies et feront reculer la mort [3]. J'ai moi-même vaincu le mal le plus terrible dont pût souffrir l'humanité : la rage, qui ne faisait jamais grâce et tuait ses victimes au milieu d'atroces souffrances

Nous sommes *les paysans de France*, laboureurs de la plaine, vignerons des coteaux, moissonneurs de blé, vendangeurs de raisin, nourriciers des hommes. Depuis des siècles, nous avons, malgré de terribles misères, défriché, défoncé, ameubli, fertilisé nos champs et nos vignes. Et c'est par nos sueurs, nos fatigues et notre épargne que le sol de France est aujourd'hui, au regard de l'étranger, comme un merveilleux jardin.

Honneur à nos pères, à nos guides, aux bienfaiteurs du passé qui nous ont fait ce que nous sommes !

Et comme eux, mes amis, travaillons de tout notre cœur à la prospérité de la patrie française.

XVIII. — La Guerre et la Paix.

47. *Le Rêve de la cousine Bernard.*

« Ce serait si beau, la paix pour toujours! dit la cousine Bernard. Les hommes s'aimeraient comme des frères. Les mères ne trembleraient plus pour la vie de

---

1. *Regard profond*, qui découvre les causes cachées. — 2. *Pullulent*, se multiplient prodigieusement. — 3. *Reculer la mort* : la mort ne viendra pas si tôt.

leurs enfants. Chacun mettrait son bonheur à faire le bonheur des autres. L'argent que l'on dépense en vue des batailles futures, on l'emploierait à secourir les malheu-

La Paix; par RAPHAËL. (Au palais du Vatican, à Rome.)

reux. Qu'il y aurait de bien-être et de joie sur la terre! Malheureusement, ce n'est qu'un rêve [1].

— Pourquoi donc un rêve? répliqua son mari, Raoul. Est-ce que la grande majorité des Français n'a pas horreur de la guerre? La guerre est une chose stupide [2] et

---

1. *Rêve*, ce qui passe dans l'esprit, soit qu'on dorme, soit qu'on veille, et ne répond à rien de réel. — 2. *Stupide*, ce qui est déraisonnable.

folle. De loin, elle peut nous apparaître brillante et glorieuse au travers du tonnerre des canons, de l'éclat[1] des uniformes et des fanfares. Mais quand on se figure un champ de bataille, les corps sans têtes, les plaies béantes, le sang et la boue qui souillent les cadavres, les cris déchirants des blessés, les râles des mourants, on recule d'épouvante et de dégoût[2]. Rares sont les insensés[3], qui, dans notre pays de France, voudraient aujourd'hui recourir à la guerre.

— Ah! si tu pouvais dire vrai! reprit en soupirant[4] la cousine Bernard.

— Dors bien tranquille, maman! dit à son tour le fils aîné, Robert. Nous n'en voulons plus, de la guerre. Elle est morte, morte à jamais. Nous avons besoin de la paix pour jouer notre rôle civilisateur dans le monde. Nous en avons besoin pour améliorer enfin le sort des travailleurs. Il y a trop de pauvres gens qui souffrent en France. Il est nécessaire que la République leur vienne en aide. Comment le ferait-elle si elle continuait de gaspiller[5] son argent — plus d'un milliard par an! — à la préparation de la guerre?

— Mais il y aura toujours des querelles entre les peuples, comme il y en a entre les hommes! objecta[6] la cousine Bernard.

— Il y aura des arbitres pour régler leurs différends. L'arbitrage, voilà la seule et vraie solution, celle qui a été adoptée en principe[7] au récent congrès de La Haye. Patience, maman! Les idées marchent[8]. Les peuples ne sont pas bêtes. Depuis que la France leur dit : « Abolissons la guerre, organisons la paix, vivons en frères, » ils

---

1. *Éclat*, qui brille aux yeux et paraît séduisant. — 2. *Dégoût*, ce qui soulève le cœur et rend malade. — 3. *Insensés*, qui manquent de bon sens. On peut avoir tout son bon sens et ne pas redouter la guerre ; cela dépend des cas. — 4. *Soupirant*, car une mère a peur pour ses enfants et elle désire vivement la paix. — 5. *Gaspiller*, dépenser sans profit : ce serait vrai, si la guerre n'était plus possible. — 6. *Objecta*, mit en avant. — 7. *En principe*, quand la décision est prise mais n'a pas encore été suivie d'exécution. — 8. *Les idées marchent* : ce sont les idées nouvelles.

dressent l'oreille. Ils sont encore un peu étonnés et inquiets; mais, j'en ai la pleine confiance, bientôt ils viendront à nous, les mains tendues.

— En attendant ce jour béni, que faut-il faire? demanda la cousine Bernard.

— Il faut commencer par réduire d'un tiers ou de moitié le budget de la guerre et de la marine, afin de donner le bon exemple aux autres nations.

— Gardons-nous-en bien! s'écria vivement le grand-père qui jusqu'ici avait écouté, sans mot dire, la conversation. Moi aussi, je désire la paix durable entre les peuples. Moi aussi, comme nos pères de la Révolution, je souhaite une France généreuse et fraternelle. Je ne me sens aucune haine contre les Allemands, aucune hostilité contre les Anglais, aucun mauvais sentiment contre les Italiens. Je ne suis pas de ces patriotes chauvins [1], turbulents et braillards, qui ont l'air de vouloir dévorer le monde. Je ne suis pas de ces gens vaniteux et susceptibles [2], soupçonneux et défiants, envieux et avides [3] qui, même dans le temps de paix, sont toujours en état de guerre. Mais j'entends bien, d'autre part, n'être ni sourd ni aveugle.

— Grand-père, serais-je donc sourd et aveugle? interrompit Robert.

— Je le crains, mon garçon. Tu prends tes désirs pour des réalités. Oui, la France veut la paix, mais les autres pays y tiennent-ils autant qu'elle? Ces pays marcheront-ils du même pas que celui de la Révolution? Prendront-ils sans arrière-pensée la main amie que nous leur tendons? Ne sens-tu pas que les peuples voisins, pacifiques aujourd'hui, peuvent devenir, du jour au lendemain, rivaux et hostiles, s'il naît un malentendu [4] ou s'il survient un violent conflit [5] d'intérêts?

---

1. *Patriotes chauvins*, fanatiques, irréfléchis et maladroits. — 2. *Susceptibles*, qui se fâchent vite. — 3. *Avides*, qui désirent ardemment et ne sont jamais contents. — 4. *Malentendu*, difficulté qui vient de ce qu'on s'est mal compris. — 5. *Conflit*, choc.

— Oh! grand-père, vous voyez tout en noir.

— Non, Robert. Mais je suis plus expérimenté que toi, par suite plus prudent. Offrons la paix au monde, sincèrement et sans nous lasser. Mais que le monde sache bien que nous avons des droits, que nous entendons les faire respecter, que nous avons pour cela une puissance suffisante et que nous sommes résolus à ne rien céder à la violence. Plus nous serons forts, plus nos offres de paix seront prises au sérieux.

— La conclusion de tout ceci, dit la cousine Bernard, c'est qu'on n'est jamais bien sûr de pouvoir éviter la guerre maudite.

— Certainement, ma fille, répondit le vieillard, même avec la meilleure volonté du monde. Gardons nos espérances, propageons[1] les idées pacifiques hors de nos frontières, soyons justes et bons dans nos rapports avec tous les peuples. Mais ne commettons pas la folie[2] de réduire nos forces militaires tant que les autres nations conserveront les leurs. »

XIX. — Respect de la loi.

48. *Mon voisin Jean-Pierre.*

« Moi, disait Jean-Pierre, je ne suis pas un méchant homme, mais je désire que nos députés me laissent tranquille. Ils m'ennuient avec toutes leurs lois.

— Oh! oh! Jean-Pierre, ces lois vous gênent donc bien?

— Oui, elles me gênent. Comment se fait-il que je ne puisse pêcher et chasser en tout temps et à mon aise? Pourquoi me contraindre à museler mon chien qui n'est

---

1. *Propageons*, répandons. — 2. *Folie* : ce serait en effet une folie et comme un suicide.

ni méchant ni malade ? Pourquoi m'obliger à envoyer mon enfant à l'école ? Pourquoi..... mais je n'en finirais pas. Faites ce que vous voulez, et laissez-moi faire ce que je veux.

— A mon tour, Jean-Pierre ! Pourquoi vous plaignez-vous au commissaire de police quand des gamins viennent, la nuit, faire du tapage sous vos fenêtres et vous empêcher de dormir ? Ils ne s'occupent pas de vous, laissez les donc s'amuser dans la rue.

— Ce n'est pas la même chose.

— Je vous demande pardon, c'est absolument la même chose. Les meilleures lois sont toujours gênantes pour quelques-uns, en même temps qu'elles profitent à tous les autres. Et quand nos députés font une loi, ils savent bien qu'elle ne contentera pas tout le monde. Ils ne souhaitent qu'une chose, c'est qu'elle satisfasse *le plus grand nombre*. Vous ne comprenez pas, Jean-Pierre ?

— Hum ! pas trop.

— Voilà où je veux en venir : sur dix lois, il y en a peut-être deux ou trois qui blessent[1] vos intérêts personnels, mais il y en a sept ou huit qui les favorisent.

— Vous croyez ?

— J'en suis sûr. Il en est de même pour moi, il en est de même pour tous. En définitive[2], chacun gagne aux lois beaucoup plus qu'il n'y perd.

Et puis, les lois mêmes qui vous blessent d'un côté vous sont avantageuses de l'autre.

— Je voudrais bien que vous me prouviez cela.

— Ce n'est pas difficile. Vous aimez la chasse et la pêche, dites-vous. Mais si chacun avait le droit de pêcher et de chasser en tout temps, comme vous le désirez, il n'y aurait bientôt plus ni gibier ni poisson. A quoi vous serviraient alors votre fusil et vos filets ?

---

1. *Blessent* : des intérêts sont blessés quand on y porte atteinte ; le mot est pris au sens figuré. — 2. *En définitive*, tout compte fait, et comme dernier résultat.

— C'est vrai.

— Vous ne voudriez pas museler votre chien ; mais si les chiens n'étaient pas muselés au moment des fortes chaleurs, vous pourriez être mordu et devenir enragé.

Vous repoussez l'obligation scolaire ; mais sans obligation scolaire beaucoup d'enfants peuvent rester ignorants, mal élevés et dangereux, peut-être, pour votre sécurité [1], Jean-Pierre.

— C'est possible !

— Ces lois dont vous n'apercevez d'abord que les inconvénients, ce sont elles qui, *toutes ensemble*, vous apportent la paix, l'ordre, la liberté [2], et un peu aussi le bien-être dont vous jouissez ; ce sont elles qui font de la France une nation riche, prospère et respectée.

— Eh bien ! soit, j'en conviens. Mais avouez qu'il y a bien quelques lois injustes auxquelles j'aurais raison de ne pas obéir.

— Il faut obéir à toutes les lois, partout et toujours, même quand elles sont injustes.

— Pourquoi donc, s'il vous plaît ?

— Pourquoi ? parce qu'il est difficile de distinguer, entre les lois, celles qui sont justes et celles qui ne le sont pas ; parce que la même loi est trouvée juste par les uns, injuste par les autres ; parce que vous, Jean-Pierre, suivant vos intérêts et sans vous en douter, vous approuvez aujourd'hui ce qui demain vous déplaira. Si chacun ne respectait que les lois qui lui *paraissent justes*, voyez-vous ce qui arriverait ?

— Oui, je crois bien qu'il en résulterait du désordre.

— Il n'y aurait plus de gouvernement possible. Il n'y aurait plus de société. On retournerait à l'état sauvage [3].

C'est donc une nécessité pour tous de respecter la loi tant qu'elle est la loi.

---

1. *Sécurité*, état de celui qui n'a rien à craindre. — 2. *Liberté* : elle ne peut exister dans la société que par les lois. — 3. *État sauvage*, de ceux qui ne sont pas civilisés.

— C'est bien dur, si elle commande vraiment une injustice.

— Rassurez-vous, Jean-Pierre, les lois iniques[1] sont rares. Et puis, elles sont faites par les députés. Et c'est nous qui choisissons les députés tous les quatre ans.

Dans une république, il est assez facile de changer les lois injustes : on n'a qu'à changer les *législateurs*.

Quand une loi est profitable à la France, je ne me plains pas trop si elle gêne mes habitudes ou blesse mes intérêts. Un bon citoyen ne doit pas craindre de souffrir pour le bien de la France.

Voy. *Résumé*, page 286.

49. *Socrate. John Hampden.*

1. — Le principe qui doit dominer[2] la vie sociale c'est l'ordre, c'est-à-dire la *soumission volontaire à la loi*.

Le respect de la loi est notre sauvegarde contre la barbarie des ancêtres qui sommeille[3] en nous tous; dès qu'il disparaît, comme en temps de troubles, plus de civilisation : l'ignorance, la haine, l'envie se déchaînent; la brute reparaît dans l'homme.

..... Respectons donc la loi, comme les Hollandais respectent les digues qui les défendent contre la mer.

---

1. *Inique*, qui n'est pas juste, qui manque d'équité. — 2. *Dominer* : l'ordre avant tout; c'est le premier besoin; chacun à sa place, chacun dans son droit; et, pour cela, nécessité de l'obéissance aux lois. — 3 *Sommeille*, n'est qu'endormie et se réveillerait si l'ordre n'existait pas; c'est la civilisation qui a fait de la brute un homme.

Mon Voisin Jean-Pierre. — QUESTIONNAIRE : 1. *De quoi se plaignait Jean-Pierre ?* — 2. *Que lui fut-il répondu ?* — 3. *Quand les députés font une loi, à quoi songent-ils ?* — 4. *Si une loi blesse vos intérêts personnels ou vous gêne dans vos habitudes, sera-t-elle pour cela mauvaise ?* — 5. *A quoi reconnaîtrez-vous qu'une loi est mauvaise ?* — 6. *Chacun de nous profite-t-il de l'ensemble des lois ?* — 7. *Pourquoi donc faut-il obéir aux lois ?* — 8. *Faut-il obéir aux lois, même si elles semblent injustes ?* — 9. *Pourquoi ?*

Ne laissons personne y ouvrir une brèche, car seule la loi défend nos sociétés policées contre la sauvagerie.

..... Sous un régime de liberté, tant que la loi n'a pas été abrogée[1] ou modifiée, essayer de s'y soustraire c'est, dans la mesure de ses moyens, être un ennemi social : c'est revenir à l'état de barbarie. Ainsi, récemment, pour protester contre une loi qui leur déplaisait, des personnes ont préconisé[2] la résistance à main armée et le refus de l'impôt légalement voté : c'était un appel à l'anarchie[3] et un retour à une ère[4] de violences individuelles..... Quelque gênante que soit la loi, nous devons la respecter.

A tous ceux qui veulent bien vivre il faut rappeler l'exemple et les paroles de Socrate[5]. Il avait été condamné à boire la ciguë pour avoir enseigné la justice à ses compatriotes. Cependant ses disciples s'étaient occupés de le sauver. Ils avaient corrompu le geôlier et préparé l'évasion. L'un d'eux, Criton, se rendit à la prison et pressa le sage d'échapper à une mort injuste .... Socrate l'écouta avec douceur, puis il dit :

« Lorsque nous serons au moment de nous enfuir, si les lois de la république venaient se présenter devant nous et nous disaient : « Socrate, que vas-tu faire ? Exécuter l'entreprise que tu prépares, est-ce autre chose que de ruiner entièrement, autant qu'il est en toi, les lois et la république ? Penses-tu qu'un État puisse subsister[6] quand les arrêts des juges y sont méprisés et foulés aux pieds par les particuliers ?

..... N'est-ce pas à nous que tu dois la vie ? N'est-ce pas nous qui avons présidé[7] à ton éducation ? Pourquoi nous faire alors ce que tu ne ferais pas à un père, à une mère ? Ignores-tu donc que *la patrie est digne de plus de*

---

1. *Abrogée*, annulée, abolie. — 2. *Préconisé*, conseillé, recommandé. — 3. *Anarchie*, absence de chef, chacun fait ce qu'il veut. — 4. *Ère*, période, par exemple celle des guerres civiles. — 5. *Socrate*, philosophe grec, qui vivait il y a environ 2 300 ans. — 6. *Subsister*, vivre après. — 7. *Présidé*, eu la direction, pris le soin.

respect et de vénération [1] qu'un père, qu'une mère? qu'il faut honorer sa patrie, lui obéir et lui céder en tout?

Si elle veut que tu sois battu de verges et enchaîné, si elle veut que tu ailles à la guerre pour y verser ton sang, il faut partir sans hésiter, car c'est là ton devoir; à l'armée, devant les juges, partout il faut obéir aux ordres de la patrie. Meurs donc, puisque nous t'avons ordonné de mourir. »

Ainsi, bien que la condamnation de Socrate fût injuste, du moment qu'elle avait été prononcée au nom des lois, Socrate voulut y obéir, même au prix de sa vie.

2. — ..... Pour assurer le règne des lois, l'honnête homme ne doit pas se borner à leur obéir, il doit exiger que les autres les respectent, et même les observent à son égard. Sommes-nous lésés [2] par un particulier ou une administration publique, trop souvent nous nous taisons par indifférence [3] ou paresse, par crainte de nous faire des ennemis. C'est là une faiblesse.

Nous devons revendiquer notre droit.

En défendant notre droit, ne défendons-nous pas le droit de tous? Il y a quelques années, un voyageur, circulant entre Paris et Lyon, s'amusait à vérifier le prix de son billet. Il s'aperçut que la compagnie lui faisait tort d'environ cinq centimes. Il réclama en vain, fit un procès et finit par gagner sa cause. En combattant pour sa bourse, il avait combattu pour toutes les bourses.

Cette revendication d'un droit individuel est parfois un acte d'héroïsme qui sauve la liberté de tous. L'histoire de John Hampden en est une preuve. C'était sous le roi Charles Ier [4]. Le pouvoir royal était en lutte contre le Parlement, défenseur des libertés individuelles. Une taxe [5], arbitrairement [6] imposée par le souverain,

---

1. *Vénération*, sentiment de respect et d'amour. — 2. *Lésés*, atteints. — 3. *Indifférence*, parce que cela nous touche peu. — 4. *Charles Ier*, roi d'Angleterre, mort sur l'échafaud en 1648. — 5. *Taxe*, impôt. — 6. *Arbitrairement*, par le caprice du roi, sans qu'une loi l'ait établie.

sous le prétexte d'armer une flotte, excita les mécontentements.

John Hampden, ancien membre du Parlement, qui vivait alors retiré dans sa famille, aimé et estimé de tous, refusa de payer. On craignait sa popularité; aussi ne lui réclamait-on qu'une faible somme. Mais il voulait, par son refus, provoquer un procès qui mettrait en lumière les droits de la nation [1].

Il perdit son procès, mais les droits avaient été proclamés et l'autorité royale avait été ébranlée [2]. Trois ans plus tard commençait la lutte que devait terminer la défaite de Charles Ier, victime de la première révolution d'Angleterre. Hampden y périt avant la victoire. Lorsqu'on l'ensevelit on trouva, suspendue à son cou, cette inscription :

Point ne combats mon roi,
De mon pays défends la loi.

D'après PAYOT, *Cours de Morale* (A. Colin, édit.)
et P.-F. PÉCAUT, *Morale sociale* (Garnier frères).

XX. — L'Impôt.

50. *La Fraude de M. Laurencin.*

« Ainsi, monsieur Laurencin, dit le notaire, l'héritage de votre oncle s'élève à la somme de cent quatre mille francs. Les droits de succession [3]..... .

— Ne calculons pas, monsieur Daubray, les droits de succession sur la totalité de l'héritage. Je ne veux déclarer à l'administration de l'Enregistrement [4] que cin-

---

1. *Droits de la nation*, vis-à-vis du roi. — 2. *Ébranlée*, rendue moins solide et moins forte. — 3. *Les droits de succession*, ce que l'on paye à l'État quand on fait un héritage; on paye tant pour cent francs. — 4. *Enregistrement*, administration qui enregistre et garde la trace des actes de l'état civil (ventes héritages, mariages, etc.).

quante mille francs. Sauf vous et moi, personne ne connaît au juste la fortune de mon oncle. N'en dites rien, et je gagnerai ainsi plusieurs centaines de francs.

— Monsieur Laurencin, je ne puis me prêter à cette fraude [1].....

— Comment! une fraude? Mais tout le monde en fait autant.

— Permettez : il n'est pas vrai, d'abord, que tout le monde en fasse autant. Et puis, cela serait-il vrai, que je protesterais [2] quand même. C'est en agissant comme vous me le proposez qu'on ruine l'État.

— Vous me faites rire, monsieur Daubray! L'État n'a pas besoin de mon argent. Il est bien assez riche.

— Mais c'est une erreur! Quand l'État reçoit tout ce qui lui est dû, il n'a que juste ce qu'il faut pour payer ses dettes. Songez donc qu'il dépense par an plus de trois milliards. Il entretient une police et une armée, il construit des routes et des ports, il bâtit des écoles et paye des maîtres.....

— Oui, je sais, il fait beaucoup de choses, beaucoup trop.

— Comment, beaucoup trop! Dans la République française, l'État c'est vous, c'est nous, c'est tout le monde [3]. Ce qui est fait l'est du consentement de tous. Ne vous plaignez pas.

— Eh! je ne me plaindrais pas s'il ne fallait payer de lourds impôts.

— Oui, je vous entends, vous accepteriez très volontiers les bienfaits de l'État, mais sans participer à ses charges [4]. Malheureusement, la chose n'est pas possible. Tout s'achète en ce monde. Vous voulez de l'ordre? payez. Vous désirez la paix? payez. Vous souhaitez plus de bien-être, plus de liberté, plus d'instruction pour

---

1. *Fraude*, action de tromper pour faire un profit. — 2. *Je protesterais*, je m'élèverais contre. — 3. *Tout le monde*, tous ceux qui votent et nomment les députés. — 4. *Charges*, ce qui doit être fait par l'État.

vous et vos enfants? payez. C'est l'État qui vous procure tous ces biens : payez donc à l'État ce qu'il vous demande en retour.

— C'est égal, je ne puis me décider à donner ainsi plusieurs centaines de francs quand je pourrais si aisément les garder pour moi.

— Mais, monsieur Laurencin, d'autres seront obligés de les donner à votre place. Tenez, voulez-vous savoir toute ma pensée? Vous allez faire là une vilaine action. C'est un vol que vous allez commettre, tout simplement. Eh! oui, parbleu, il y a des gens qui fraudent l'État! Mais ce sont des voleurs, des gens malhonnêtes qui n'obéissent qu'à la crainte[1] des gendarmes. Vous voulez en être? Soit! moi, je vous quitte, et je refuse de vous serrer la main. Adieu.

— Monsieur Daubray, je vous en prie, restez. Je ne suis pas un malhonnête homme, Dieu merci! Et je suis tout confus d'avoir mérité une telle leçon. Je payerai à l'État tout ce que je lui dois, aujourd'hui et toujours.

— A la bonne heure! »

Voy. Résumé, p. 286.

XXI. — Le Vote.

51. *L'Indifférence de Philippe.*

« Vous allez voter, Philippe?

— Ma foi non! j'aime mieux aller me promener à la campagne. Qu'on choisisse Pierre ou Paul comme dé-

---

1. *Crainte* : les honnêtes gens n'obéissent pas à la crainte; ils font leur devoir selon leur conscience.

L'Impôt. — QUESTIONNAIRE : 1. *Dites ce que voulait faire M. Laurencin.* — 2. *Que lui a dit le notaire?* — 3. *Est-il vrai que l'État soit assez riche?* 4. *Est-il vrai que si vous fraudez l'État, ce sont les autres Français qui payent à votre place?* — 5. *Frauder l'État, est-ce un vol?* — 6. *Que pensez-vous de M. Laurencin?* — 7. *Que pensez-vous de M. Daubray?* — 8. *Quelle résolution prenez-vous pour l'avenir?*

puté, cela m'est égal. Je ne connais pas même le nom des candidats.

— Et pourquoi cette indifférence ?

— Parce que mes petites affaires ne vont pas mal, que je n'ai besoin de rien et que je ne demande rien à personne.

— Ah ! vous n'avez besoin de rien ! Alors, il vous importe[1] peu que nous ayons la paix ou la guerre ?...

— Je ne dis pas cela.

— Qu'il y ait ou non l'ordre et la sécurité dans la rue ?...

— Ce n'est pas ma pensée.

— Que vos impôts soient augmentés ou diminués ?...

— Mais non.

— Que l'on construise ou que l'on ne construise pas des routes et des chemins de fer, que la justice soit bien ou mal rendue, que votre liberté soit bien ou mal respectée, que vos enfants reçoivent à l'école de bonnes ou de mauvaises leçons ?...

— Mille fois non, cela ne m'est pas indifférent.

— Eh bien ! toutes ces graves questions, et bien d'autres non moins importantes, peuvent être traitées demain, et résolues[2] à votre profit ou à votre perte, par les députés qu'on élit aujourd'hui. Si les gens honnêtes et sages comme vous s'abstiennent[3] de voter, d'autres moins sages ou moins honnêtes feront triompher leur candidat, et vous en souffrirez dans vos intérêts.

— C'est possible.

— Et puis, quand même vous n'en devriez pas souffrir, la France, à coup sûr, ne peut qu'y perdre. Si ses affaires ne sont pas en bonnes mains, elle deviendra moins riche, moins puissante, moins juste, moins bien-

---

— 1. *Il vous importe peu*, c'est pour vous une chose peu importante. — 2. *Questions résolues*, qui ont eu leur solution. — 3. *S'abstiennent de*, ne font pas l'action de...

LECTURE ET MORALE (C. M.)

faisante et moins respectée. Est-ce que cela ne blesserait pas votre fierté ¹?

— Vous avez raison.

— Quand je pense que nos pères et nos grands-pères ont tant désiré ce droit de vote qui assure au peuple la toute-puissance, qu'ils ont fait des révolutions ², qu'ils ont versé leur sang pour le conquérir, je ne puis comprendre que leurs fils et leurs petits-fils en fassent aujourd'hui si peu de cas.

— Que voulez-vous, dit Philippe un peu honteux, on ne réfléchit pas à ces choses-là... Allons voter ! Pour qui votez-vous?

— Moi, je vote pour M. Chavel. J'ai de bons renseignements sur son caractère, son intelligence et sa capacité. Il ferait un député honnête, laborieux et éclairé. Je l'ai entendu dans une réunion publique : il n'est pas éloquent — et c'est dommage — mais il a la parole facile et claire. J'ai lu attentivement sa profession de foi ³ : elle me convient. D'abord, il n'y promet rien d'extraordinaire, et c'est une bonne note. Je n'aime pas les candidats qui vous disent : « Nommez-moi député, et toutes vos misères vont disparaître ! »

— Ni moi non plus, dit Philippe.

— Et puis ses idées sont les miennes. Ce que je n'approuve pas, il le rejette, et ce que je désire, il le demande. Nous sommes donc d'accord, et voilà pourquoi je le choisis pour me représenter.

— Combien a-t-il de concurrents?

— Il en a deux. L'un, M. Millot, est un ami de mon beau-frère. Je l'ai souvent rencontré et il m'est très sympathique ⁴. Il m'a demandé ma voix. Je lui ai répondu :

---

1. *Fierté* : chaque Français est fier de ce que la France fait de juste et de beau. — 2. *Révolution*, transformations obtenues par la force. Rapprocher : évolutions. — 3. *Profession de foi*, déclaration des principes auxquels on croit. — 4. *Sympathique :* j'ai pour lui de la sympathie, c'est-à-dire une tendance à l'aimer.

« Vous me plaisez beaucoup, mais votre programme[1] ne
« me plaît pas. Je le regrette, je ne voterai pas pour vous. »

L'autre, c'est M. Loydet. Celui-là m'a fait de belles
promesses pour acheter l'influence que j'ai dans mon
quartier. Je l'ai remercié poliment. Puis il m'a fait des
menaces pour m'intimider[2]. J'en ai ri, bien entendu.

Je veux voter selon ma conscience.

Je vous engage à faire de même. »

Voy. *Résumé*, p. 286.

52. *Souvenir de la nuit du 4.*

Il s'agit de la nuit du 4 décembre 1851, de la nuit qui assura le succès du coup d'État[3] par lequel un ambitieux sans scrupules[4], le prince Louis-Napoléon Bonaparte, s'empara du pouvoir en tuant la République.

On avait acheté les soldats avec de l'argent, on les avait enivrés avec de l'eau-de-vie, puis on les avait jetés sur ceux qui défendaient la loi, la République, la liberté. La liberté fut vaincue, ses défenseurs furent massacrés, un gouvernement despotique[5] se constitua : ce fut le second Empire, qui conduisit la France à Sedan, c'est-à-dire à la ruine et à la honte.

C'est un épisode[6] de cette nuit sanglante que Victor Hugo nous raconte dans la pièce suivante :

L'enfant avait reçu deux balles dans la tête.
Le logis était propre, humble, paisible, honnête ;

---

1. *Programme*, ici ensemble de mesures proposées. — 2. *Intimider*, rendre timide et craintif. — 3. *Coup d'État*, coup de force contre la loi pour s'emparer du pouvoir. — 4. *Scrupules*, inquiétudes de la conscience, qui a peur de commettre des fautes. — 5. *Despotique*, qui exerce un pouvoir absolu et brutal. — 6. *Épisode*, fait de détail.

L'Indifférence de Philippe. — QUESTIONNAIRE : 1. *Pourquoi Philippe n'allait-il pas voter ?* — 2. *Est-il un seul Français à qui le résultat d'un vote puisse être indifférent ?* — 3. *Qu'a-t-on répondu à Philippe ?* — 4. *Philippe fut-il convaincu ?* — 5. *Énumérez les trois raisons qui l'ont convaincu.* — 6. *Auriez-vous voté pour M. Chavel ? Pourquoi ?* — 7. *Si M. Millot eût été votre ami, ne lui eussiez-vous pas donné votre voix ?* — 8. *Que pensez-vous de la conduite du troisième concurrent, M. Loydet ? Aurait-il eu votre suffrage ?* — 9. *Pour qui doit-on voter ?*

On voyait un rameau bénit sur un portrait.
Une vieille grand'mère était là qui pleurait.
Nous le déshabillions en silence. Sa bouche
Pâle s'ouvrait ; la mort noyait [1] son œil farouche ;
Ses bras pendants semblaient demander des appuis [2].
Il avait dans sa poche une toupie en buis.
On pouvait mettre un doigt dans les trous de ses plaies.
Avez-vous vu saigner la mûre dans les haies ?
Son crâne était ouvert comme un bois qui se fend.
L'aïeule regarda déshabiller l'enfant,
Disant : — Comme il est blanc ! approchez donc la lampe !
Dieu ! ses pauvres cheveux sont collés sur sa tempe ! —
Et quand ce fut fini, le prit sur ses genoux.
La nuit était lugubre [3] ; on entendait des coups
De fusil dans la rue où l'on en tuait d'autres.
— Il faut ensevelir l'enfant, dirent les nôtres.
Et l'on prit un drap blanc dans l'armoire en noyer.
L'aïeule cependant l'approchait du foyer,
Comme pour réchauffer ses membres déjà roides.
Hélas ! ce que la Mort touche de ses mains froides
Ne se réchauffe plus aux foyers d'ici-bas [4] !
Elle pencha la tête et lui tira ses bas,
Et dans ses vieilles mains prit les pieds du cadavre.
— Est-ce que ce n'est pas une chose qui navre [5] !
Cria-t-elle ; monsieur, il n'avait pas huit ans !
Ses maîtres, il allait en classe, étaient contents.
Monsieur, quand il fallait que je fisse une lettre,
C'est lui qui l'écrivait. Est-ce qu'on va se mettre
A tuer les enfants, maintenant ? Ah ! mon Dieu !
On est [6] donc des brigands ? Je vous demande un peu :
Il jouait ce matin, là, devant la fenêtre !
Dire qu'ils m'ont tué ce pauvre petit être !
Il passait dans la rue, ils ont tiré dessus.
Monsieur, il était bon et doux comme un Jésus.
Moi, je suis vieille, il est tout simple que je parte ;
Cela n'aurait rien fait à monsieur Bonaparte

---

1. *Noyait*, rendait terne comme s'il eût été dans l'eau. — 2. *Appuis*, parce qu'ils étaient sans force. — 3. *Lugubre*, mortellement triste. — 4. *D'ici-bas*, rien sur la terre ne peut réchauffer un cadavre, c'est-à-dire lui rendre la vie. — 5. *Qui navre*, qui cause de la désolation. — 6. *On est donc des brigands ?* *On* est mis pour : le monde, les gens.

De me tuer au lieu de tuer mon enfant ! —
Elle s'interrompit, les sanglots l'étouffant.
Puis elle dit, et tous pleuraient près de l'aïeule :
— Que vais-je devenir à présent toute seule ?
Expliquez-moi cela, vous autres, aujourd'hui.
Hélas ! je n'avais plus de sa mère que lui.
Pourquoi l'a-t-on tué ? Je veux qu'on me l'explique.
L'enfant n'a pas crié : Vive la République. —
Nous nous taisions, debout et graves, chapeau bas,
Tremblant[1] devant ce deuil qu'on ne console pas.

V. HUGO, Les Châtiments.

« Méditez bien cette page, mes amis, apprenez-la par cœur, pour vous rappeler à quel prix un ambitieux achète le pouvoir, la richesse, les flatteries des courtisans ; et quand vous serez hommes, défendez bien la République si elle était menacée de nouveau. »

Maurice BOUCHOR.

XXII. — La Devise républicaine :

Liberté, Égalité, Fraternité.

53. *Liberté.*

1. Je suis citoyen[2] français.

Je suis libre.

Je suis libre dans ma pensée, dans ma parole, dans mes démarches, dans tous mes actes.

Je suis libre dans mon travail.

Je suis libre d'acquérir des biens et de les transmettre.

Cette liberté m'est garantie[3] par nos lois.

Personne ne peut me la ravir impunément.

---

1. *Tremblant,* de douleur, d'émotion profonde. — 2. *Citoyen,* homme de la cité ; qui, par son vote, prend part au gouvernement de la cité, du pays — 3. *Garantie,* assurée, mise à l'abri du danger.

2. Mais ma liberté n'est pas illimitée : elle ne peut pas l'être.

Elle va jusque là où commence la liberté des autres.

Dès que je me heurte aux droits de mes voisins, je m'arrête et je m'incline [1].

3. Telle qu'elle est, ma liberté m'est chère. C'est pour moi le premier des biens. Sans elle la vie n'aurait plus de prix à mes yeux.

Nos aïeux, privés de liberté, n'étaient que des *sujets* [2] soumis au bon plaisir d'un maître.

Grâce à la liberté, je suis un *citoyen*, et je me gouverne moi-même.

54. Égalité.

1. Je suis citoyen français.

Je suis l'égal de tous les Français, *devant la loi*.

Je ne suis ni riche ni puissant ; mais la loi me traite comme les riches et les puissants.

Comme eux, je vais déposer dans l'urne mon bulletin de vote.

Comme eux, si j'en suis capable, je puis m'élever aux premières places de la République.

Comme eux, je puis me réclamer [3] de la justice des tribunaux.

Comme eux, je ne paye l'impôt qu'en proportion de ma fortune.

Comme eux, enfin, je participe à la charge et à l'honneur [4] de défendre mon pays, et j'ai, moi aussi, ainsi que tout soldat français, « mon bâton de maréchal dans ma giberne ».

Je suis heureux de cette égalité *civile et politique* [5].

---

1. *Je m'incline*, je respecte ces droits, je n'y touche pas. — 2. *Sujets*, qui sont soumis à un maître, comme en Russie. — 3. *Me réclamer*, demander aide et protection. — 4. *Honneur*, défendre son pays n'est pas seulement une charge, c'est un honneur qui n'est point accordé aux criminels, par exemple. — 5. *Égalité civile et politique*, qui est créée par les lois.

Combien je plains nos pères d'avoir dû souffrir, pendant des siècles, les inégalités révoltantes d'un régime [1] d'abus [2], de faveurs et de privilèges [3] !

2. Au reste, l'égalité n'existe que *devant la loi*, et elle ne saurait exister ailleurs.

La force, la santé, l'intelligence, le courage, sont inégalement distribués aux hommes. Je le sais, et je m'y résigne. Se révolter contre la nature serait aussi ridicule [4] qu'inutile.

La *richesse*, il est vrai, est trop inégalement répartie dans la société. On voit des gens qui regorgent de superfluités et d'autres qui manquent du nécessaire.

Que l'indigence aille à l'homme paresseux et débauché, on ne saurait s'en scandaliser [5]. Mais que l'homme laborieux et honnête ne soit pas toujours sûr d'avoir du pain, c'est contre quoi la conscience française proteste. Notre société démocratique et républicaine doit s'efforcer de rendre plus équitable la distribution des richesses et du bien-être.

La *puissance* et les *honneurs* sont aussi partagés d'une manière inégale. Mais la justice le veut ainsi. Il faut que chacun soit traité selon son mérite.

Que les meilleurs et les plus dignes [6] soient en haut, les médiocres et les incapables en bas, non seulement il faut le souffrir [7], mais le désirer. Ici, l'égalité serait à la fois une impossibilité et une suprême injustice.

55. *Fraternité*.

Il est une chose à laquelle je ne me résigne pas : c'est de voir souffrir mes semblables.

---

1. *Régime*, organisation, gouvernement. — 2. *Abus*, qui sort de la mesure, qui n'est pas juste. — 3. *Privilèges*, ce qui n'est accordé qu'à quelques-uns. — 4. *Ridicule*, qui prête à rire, dont on peut se moquer. — 5. *Se scandaliser*, se choquer, s'offenser. — 6. *Les plus dignes*, ceux qui ont le plus de capacité et de mérite. — 7. *Le souffrir*, l'accepter parce qu'on ne peut faire autrement.

Que leurs misères soient méritées ou non, je n'y puis rester indifférent. Mes semblables sont mes *frères*.

Sont-ils bons et honnêtes? Je les aime pour leurs qualités et je leur souhaite d'être heureux.

Sont-ils méchants et coupables? Je les blâme, mais je les plains aussi. Je souffre de les voir vaincus, abattus et misérables. Mon cœur est saisi de pitié et je leur tends une main fraternelle, en les conviant à se relever et à devenir meilleurs.

Il n'y a rien sur la terre de plus beau que notre devise[1] républicaine :

LIBERTÉ, ÉGALITÉ, FRATERNITÉ!

Souhaitons, mes chers amis, qu'elle inspire toutes nos actions, qu'elle fasse par nous la France prospère et que, par la France, elle règne sur le monde.

---

56. *La Marseillaise.*

La *Marseillaise* fut composée en 1792, pendant la période révolutionnaire, par un officier français nommé Rouget de l'Isle. Depuis, elle est devenue notre chant national. Écoutez ce qu'en dit un historien de la Révolution, Edgar Quinet :

« Un chant sortit de toutes les bouches; on eût pu croire que la nation entière l'avait composé; car au même moment il éclata en Alsace, en Provence et dans les plus misérables chaumières.

C'était d'abord un élan de confiance magnanime[2], un mouvement serein, la tranquille assurance[3] du héros qui prend ses armes et s'avance; l'horizon lumineux[4] de gloire s'ouvre devant lui :

Allons, enfants de la patrie,
Le jour de gloire est arrivé.

---

1. *Devise*, maxime qui dirige la conduite. — 2. *Magnanime*, qui révèle une grande âme. — 3. *Assurance*, la certitude de la victoire. — 4. *Lumineux* : on compare ici la gloire à une vive lumière qui envelopperait le héros.

La Marseillaise; par Rude.
(Bas-relief à l'Arc de triomphe de l'Étoile, à Paris.)

Soudainement le cœur se gonfle de colère à la pensée de la tyrannie. Un premier cri d'alarme, répété deux fois, signale de loin l'ennemi :

> Contre nous de la tyrannie
> L'étendard sanglant est levé;
> Entendez-vous dans nos campagnes
> Mugir ces féroces soldats?

Tout se tait; on écoute et au loin on croit entendre, on entend sur un ton brisé les pas des envahisseurs dans l'ombre; ils viennent par des chemins cachés, sourds; le cliquetis des armes les annonce en pleine nuit; et, par-dessus ce bruit souterrain[1], vous discernez la plainte, le gémissement des villes prisonnières. L'incendie rougit les ténèbres :

> Ils viennent jusque dans nos bras
> Égorger nos fils, nos compagnes.

Un grand silence succède, pendant lequel résonnent les pas confus d'un peuple qui se lève; puis ce cri imprévu, gigantesque, qui perce les nues : « Aux armes! » Ce cri de la France, prolongé d'échos en échos, immense, surhumain, remplit la terre[2]!.....

> Aux armes, citoyens! formez vos bataillons!

Et, encore une fois, le vaste silence de la terre et du ciel! et comme un commandement militaire à un peuple de soldats! Alors, la marche cadencée[3], la danse guerrière d'une nation dont tous les pas sont comptés. A la fin, comme un coup de tonnerre, tout se précipite[4] :

> Marchons; qu'un sang impur abreuve nos sillons.

La victoire a éclaté en même temps que la bataille. »

Edgar QUINET. (Hachette, édit.)

---

1. *Souterrain* : il semble être souterrain parce qu'il est sourd et confus. — 2. *Remplit la terre*, est entendu de tous les peuples. — 3. *Cadencée*, la marche d'une armée disciplinée et prête aux combats. — 4. *Se précipite*, se jette en avant, dans un élan, comme on court à l'ennemi.

DEVOIRS ENVERS SOI-MÊME

XXIII. — Le Suicide.

57. *Le Suicide de Genouillet.*

Ils étaient six, dans cette malheureuse famille des Genouillet : le père, manœuvre ; la mère, modiste, et quatre enfants en bas âge.

Genouillet était sans travail depuis un mois.

Sa femme venait de tomber malade : une grosse fièvre l'empêchait de sortir. C'était le jour de Noël et leur misérable logis était sous les toits. Les enfants grelottaient devant le petit poêle sans feu.

« Maman, j'ai froid, dit le plus jeune en pleurant.

— J'ai faim, reprit un autre.

— Genouillet, je t'en prie, murmura la pauvre mère dont ces cris fendaient l'âme, donne-leur du pain.

— Il n'y en a pas ici. Et je n'ai plus un sou. Ah ! malheur ! est-ce possible ? J'en deviendrai fou. »

Genouillet quitta brusquement la mansarde glacée et courut, au hasard, dans les rues de la ville. Qui sait ? une occasion se présenterait peut-être de gagner un morceau de pain.

L'occasion ne se présenta pas.

Une belle miche dorée se montrait à la devanture d'un boulanger. Il s'arrêta et avança la main pour la voler.

Mère ! tableau de M. Jules ADLER.

Mais sa fierté se révolta. Il s'enfuit, tout honteux [1]. Il n'eut même pas l'idée de demander l'aumône.

Le soir, il se retrouva en face de sa maison, épuisé par la fatigue et par la faim, découragé, désespéré.

« Monter là haut, les mains vides, quand ma femme et mes enfants n'ont pas mangé depuis deux jours !... »

---

1. *Honteux,* d'avoir pu songer un instant à voler.

Il se mit à sangloter. Il pleura longtemps, appuyé contre un mur, dans la rue déserte. Puis, tout à coup, il releva la tête et partit en courant. Cinq minutes après, il se jetait dans la rivière.

Effrayée de sa longue absence, sa femme avait fait avertir la police. On vint chez elle, on découvrit son extrême dénuement, et des secours lui furent immédiatement apportés.

Trois jours après, elle apprit la mort de son mari, dont le cadavre avait été retrouvé. Ce fut pour elle un coup terrible. Elle fut épouvantée de sa détresse [1].

« Mon Dieu ! s'écria-t-elle, me voici toute seule, abandonnée, sans ressources, sans espoir ! Qu'allons-nous devenir ? Souffrir n'est rien. Mais voir souffrir ces chers innocents [2] ! »

Un instant elle eut la pensée d'en finir, elle aussi, par la mort. Mais son cœur [3] protesta. Cela lui parut *indigne d'elle !*

Elle embrassa longuement ses enfants, les mouilla de ses larmes et se dit à elle-même :

« Votre père vous aimait, puisqu'il s'est donné la mort pour éviter le spectacle de vos souffrances ; moi, je vous aimerai davantage en consacrant ma vie à vous épargner l'abandon et la faim. Je lutterai sans relâche ; je vous serai fidèle jusqu'au bout. Je vous aiderai de mon travail et vous envelopperai [4] de ma tendresse. S'il faut mourir, eh bien ! nous mourrons ensemble. Je ne vous quitte pas. *C'est bien là mon devoir.* »

Voy. *Résumé*, page 287.

---

1. *Détresse,* besoin extrême qui cause de l'angoisse (*Dénuement,* manque complet du nécessaire). — 2. *Innocents,* qui n'ont jamais fait le mal et ne devraient pas souffrir, en toute justice. — 3. *Son cœur,* son amour. — 4. *Les envelopperai,* leur ferai, de ma tendresse, comme un abri et une défense.

Le Suicide de Genouillet. — QUESTIONNAIRE : 1. *Racontez ce qu'a fait Genouillet.* — 2. *Racontez ce qu'a fait sa femme.* — 3. *Qui des deux a le mieux agi ?* — 4. *Qui a montré le plus de cœur ?* — 5. *Qui a montré le plus de courage ?* — 6. *Quel est votre sentiment à l'égard de Genouillet ?*

58. *Adjuration*[1].

« Apprends qu'une mort telle que tu la médites est honteuse et furtive[2]. C'est un vol fait au genre humain. Avant de le quitter, rends-lui ce qu'il a fait pour toi.

— Mais je ne tiens à rien. Je suis inutile au monde !

— Ignores-tu que tu ne saurais faire un pas sur la terre sans y trouver quelque devoir à remplir ? et que tout homme est utile à l'humanité par cela seul qu'il existe ?

Écoute-moi, jeune insensé[3] ; tu m'es cher, j'ai pitié de tes erreurs. S'il te reste au fond du cœur le moindre sentiment de vertu[4], viens que je t'apprenne à aimer la vie. Chaque fois que tu seras tenté d'en sortir, dis en toi-même : « Que je fasse encore une bonne action avant de mourir. »

Puis, va chercher quelque indigent à secourir, quelque infortuné à consoler, quelque opprimé[5] à défendre... Si cette considération[6] te retient aujourd'hui, elle te retiendra encore demain, après-demain, toute ta vie.

Si elle ne te retient pas, meurs : tu n'es qu'un méchant[7] ! »

J.-J. Rousseau.

XXIV. — La Vigueur physique.

59. *Eugène Marot.*

Eugène Marot était fort studieux. Son maître vantait ses progrès et lui prédisait un bel avenir.

« A une condition pourtant, disait-il, c'est que sa santé se maintienne. Il est si chétif, ce pauvre garçon ! Je crains que son ardeur[8] ne le tue. On ne peut l'arracher à ses livres. »

---

1. *Adjuration*, prière pressante. — 2. *Furtive*, faite en cachette, à la dérobée. — 3. *Insensé*, qui a perdu le sens, la raison. — 4. *Vertu*, l'habitude du bien, l'amour du bien. — 5. *Opprimé*, qui subit un esclavage. — 6. *Considération*, motif, raison. — 7. *Méchant*, parce que seul le méchant pense qu'il n'a pas de bien à faire. — 8. *Ardeur*, zèle, grande activité.

DEVOIRS ENVERS SOI-MÊME

Et le fait est qu'avec sa poitrine effacée[1], son dos légèrement voûté, sa mine pâlotte, ses pommettes saillantes et ses joues amaigries, Eugène avait l'air d'un petit vieux.

« Mange donc ! lui disait sa mère inquiète.
— Je n'ai plus faim.
— Jouez donc ! lui répétait chaque jour l'instituteur.
— Je suis las. Et le jeu m'ennuie. »

Et il retournait à ses livres.

Pendant les récréations, au lieu de s'amuser avec ses camarades, il lisait.

Le jeudi et le dimanche, au lieu de faire des courses en plein air, il lisait.

Il lisait toujours. Sa cervelle travaillait sans cesse, mais ses muscles restaient sans exercice et sans vigueur. Or, il entendit un jour une parole qui le gêna et le fit réfléchir. Un homme le montrant du doigt, dans la rue, disait à son voisin :

« Voyez-moi cet avorton[2] et comparez-le au jeune poulain qui vient de passer : n'est-ce pas humiliant pour la race humaine? Ce gamin-là peut être intelligent et bon ; mais ne serait-il pas meilleur, s'il était en même temps plus fort et plus beau? »

Ce pauvre Eugène pressa le pas. Il était blessé. Mais il était confus[3] plus encore. Il sentit qu'il méritait cette injure et que, malgré son ardeur au travail, il ne faisait pas tout son devoir.

Il en rêva toute la journée, et, pour la première fois depuis longtemps, il se montra distrait à l'école.

Quelque temps après, un terrible incendie dévora[4] plusieurs maisons de son quartier. Il vit là un spectacle extraordinaire. Un homme, suspendu à une corde, arra-

---

1. *Poitrine effacée*, qui n'a pas de relief, qui n'a pas de volume, qui ne permet pas une respiration suffisante. — 2. *Avorton*, né avant terme, mal fait. Ici, expression de mépris. — 3. *Confus*, troublé, honteux. — 4. *Dévora*, sens figuré, consuma, fit disparaître.

chait aux flammes deux enfants et leur mère. La foule l'acclamait. Eugène s'approcha pour le voir de près.

« C'est M. Blanchard, disait-on autour de lui ; il est professeur de gymnastique.

— Regardez cet homme, Eugène, et saluez un brave. »

Eugène tressaillit[1] et, se retournant, se trouva en face de l'instituteur.

« Eh bien ! mon ami, n'êtes-vous pas d'avis qu'un corps robuste et de bons muscles peuvent avoir quelque utilité? Avec toute votre volonté, qu'eussiez-vous fait à la place de M. Blanchard ?

L'instituteur s'éloigna. Eugène prit alors une résolution énergique. « Je veux être fort ! » se dit-il.

Le lendemain, à son lever, il se mit à l'œuvre. Malgré la fraîcheur du matin, il jeta de l'eau froide sur sa tête, son cou, sa poitrine et ses bras. Il se frotta vigoureusement avec sa serviette pour activer[2] la circulation du sang.

Avant le déjeuner, il fit une course en plein air. Dans la journée, il joua avec entrain et gaieté, au grand étonnement de ses camarades : « Tiens ! Eugène qui s'amuse ; qu'est-ce qu'il a donc ? »

Pour la première fois de sa vie, il s'approcha sans crainte et sans ennui des agrès de gymnastique : « Voilà, dit-il en riant, mes instruments de torture. Ils ne sont peut-être pas si redoutables qu'ils en ont l'air. »

A table, il mangea avec courage et presque avec appétit. Sa mère en fut ravie. Il dormit, la nuit, d'un profond sommeil.

Les jours suivants, il fit de même, malgré sa fatigue et les petits embarras que lui valut d'abord cette vie nouvelle, malgré surtout le regret de ses livres délaissés pendant les récréations et les jours de congé.

---

1. *Tressaillit*, de surprise. — 2. *Activer la circulation*, la rendre plus rapide, plus puissante.

Voilà deux ans qu'Eugène suit ce régime. Il est toujours à l'école. Voyez, dans la cour, ce grand garçon droit, élancé, agile et vigoureux, qui joue à saut-de-mouton. C'est lui.

Sa poitrine s'est développée, ses muscles se sont fortifiés, son sang s'est enrichi, ses joues se sont remplies et les voici devenues vermeilles comme des cerises mûres. Entendez sa voix sonore et son rire éclatant. C'est un plaisir de l'avoir pour compagnon.

Il est fort, il est beau, il est bon. Et son intelligence ne s'en porte pas plus mal, au contraire.

Je vous souhaite de lui ressembler, mes amis.

Voy. Résumé, page 287.

XXV. — La Propreté.

60. *Berthe Longuet.*

Berthe Longuet a toujours les mains sales. Un anneau de crasse entoure ses poignets ; une couche de crasse s'étend sur ses doigts ; une matière grasse et noire borde ses ongles. Son visage paraît terne[1] et sans fraîcheur. Les replis et les profondeurs de ses oreilles sont remplis de vilaines choses. Quant à son cou, j'aime mieux n'en rien dire. Elle a onze ans et c'est une grande fille ; mais quoi ! cette enfant-là n'a jamais pu souffrir la belle eau fraîche et claire.

« Va donc te laver les mains, lui dit sa mère.

---

1. *Terne*, sans éclat ; la santé fait un visage frais et brillant.

Eugène Marot. — QUESTIONNAIRE : 1. *Dites ce qu'était Eugène Marot.* — 2. *Que lui manquait-il ?* — 3. *Comment en vint-il à réfléchir sur son état ?* — 4. *Quelles furent ses réflexions ?* — 5. *Comment modifia-t-il sa conduite ?* — 6. *Que pensez-vous d'Eugène Marot ?* — 7. *Quels sont vos devoirs envers votre corps ?*

— Mais, maman, je les ai lavées, ce matin, en sortant du lit.

— Qu'est-ce que cela fait? La règle, ce n'est pas de se laver tous les matins ; c'est de se laver chaque fois qu'on est sale. Allons, va! »

Berthe se rend à la cuvette, comme elle irait à la torture et se mouille à peine le bout des doigts.

Son grand frère Eugène, qui a dix-huit ans, aime beaucoup la propreté. L'autre jour, Berthe lui passant à table un morceau de pain : « Non, dit-il, je n'en veux pas. Tu l'as touché, je ne le mangerais pas avec plaisir. »

L'observation était cruelle. Berthe en fut très humiliée et se mit à pleurer. « Tu es un méchant frère.

— A qui la faute? Lave tes mains, et je serai plus aimable. »

Sa maîtresse, qui est pourtant douce et affectueuse, n'a jamais voulu l'embrasser. C'est à peine si, du bout des lèvres, elle effleure[1] son front dans les grandes circonstances, et elle s'en éloigne vivement comme d'un objet qu'on n'approche qu'avec déplaisir. Berthe s'en aperçoit et en souffre. Il lui serait si facile de s'éviter cette souffrance et cette honte!

Bien qu'elle soit gaie et bonne fille, ses compagnes la fuient. Dès qu'elle vient s'asseoir sur un banc, le vide se fait peu à peu autour d'elle.

« Pourquoi partez-vous?

— Tiens! lui dit un jour une fillette hardie et peu charitable, ce n'est déjà pas si amusant d'être à côté de toi. Tu es toute crasseuse. Et puis tu sens mauvais. Lave-toi et tu seras mieux accueillie. »

Lave-toi! voilà l'éternel refrain[2] qu'on lui chante aux oreilles. Si j'étais sa maîtresse, je lui dirais :

« Ma petite, prenez garde! votre malpropreté est répu-

---

1. *Effleurer*, toucher à peine. — 2. *Refrain*, partie d'un chant qui revient après chaque couplet; ce qui est répété fréquemment.

gnante[1]. On s'écarte de vous aujourd'hui, on s'en écartera davantage plus tard si vous ne vous corrigez.

« Ainsi vous serez malheureuse par votre faute. Et, ce qui est plus grave, vous serez fort désagréable aux autres. Vous gênerez dans leur délicatesse[2] ceux qui devront subir votre voisinage, vous leur infligerez une réelle souffrance.

« Vous n'avez donc pas de honte! Oh! la belle chose qu'une intelligence, qu'un cœur, qu'une volonté — ce qu'il y a de plus précieux[3] au monde — dans un corps sale et négligé! Quand on a le grand honneur, mademoiselle, d'être une personne humaine, il faut savoir se respecter. *Être malpropre, c'est se manquer de respect à soi-même.* »

Voy. *Résumé*, page 287.

61. Épictète.

Un philosophe[4] ancien, Épictète, recommandait en ces termes la propreté :

« Quoi! l'ouvrier qui travaille nettoie ses outils; toi-même, quand tu veux manger, tu laves ton plat de bois, à moins d'être complètement sale et malpropre, et tu ne laverais pas ton propre corps! « Pourquoi le ferais-je? » dis-tu. D'abord pour te conduire en homme, par dignité[5] personnelle; puis, pour ne pas rebuter[6], par ta malpropreté, ceux qui se trouvent avec toi. »

MÉZIÈRES.

---

1. *Répugnante*, qui inspire du dégoût, de l'éloignement. — 2. *Délicatesse*, ce qu'il y a de fin dans la sensibilité, ce qui est facilement blessé. — 3. *Précieux*, qui a du prix. La raison et la liberté, voilà ce qui a le plus de prix dans le monde. — 4. *Philosophe*, homme sage et savant qui réfléchit sur le monde, sur l'homme, sa conduite et sa destinée. — 5. *Dignité*, qualité de ce qui a du prix, du mérite, de ce qui est respectable. — 6. *Rebuter*, décourager, éloigner par le dégoût.

Berthe Longuet. — QUESTIONNAIRE : 1. *Faites le portrait de Berthe Longuet.* — 2. *Racontez ses mésaventures.* — 3. *Son grand défaut, c'était donc?* — 4. *Pour quelles raisons la malpropreté est-elle un défaut? première raison?... deuxième?... troisième?* — 5. *La malpropreté favorise-t-elle la santé?*

XXVI. — La Ville et la Campagne.

62. *Où le soleil se vend.*

C'est une maison basse en une rue étroite.
Des murs sales et lourds [1], en face, à gauche, à droite,
Pressent [2] ce logis sombre et lamentable à voir;
Une épaisse vapeur [3] monte du pavé noir;
Des haillons mal séchés, que le brouillard pénètre,
Pendent, hideux [4] encor, de fenêtre en fenêtre;
Un fétide [5] ruisseau traîne au prochain égout
Des débris que les chiens flairent avec dégoût [6];
Pas de fleurs, pas d'oiseaux — rien de gai n'y peut vivre. —
Les cris de quelque femme ou les pas d'un homme ivre,
C'est tout ce qu'on entend. — Maintenant, regardez :
Au milieu de ces murs ventrus et lézardés [7]
Surplombe [8] une fenêtre, ouvrant sur une chambre
Étouffante en juillet, glaciale en décembre;
Tout est sordide [9], impur, dans ce morne taudis [10];
Qui peut donc l'habiter? Sans doute des bandits?

C'est une vieille femme avec sa jeune fille;
Toutes deux achevant quelque travail d'aiguille,
Se rapprochant du jour qui lentement décroît,
Causent, le dos courbé, près du vitrage froid.
« Louise, mon enfant, te voilà toute rouge,
Le sang te monte aux yeux; oh! ce bouge! ce bouge [11]!
Dire, ma pauvre enfant, qu'il a fallu quitter
Notre joli village et qu'il faut habiter
Cet horrible Paris et cette rue immonde [12]
Où le soleil se vend [13] si cher au pauvre monde!
Comme il était gentil notre petit enclos!
— Oui, mère, et la rivière avec les grands bouleaux!

---

1. *Murs lourds*, ventrus, sans élégance, qu'on dirait près de tomber. — 2. *Pressent*, enveloppent étroitement. — 3. *Vapeur*, c'est le brouillard. — 4. *Hideux*, d'une laideur repoussante. — 5. *Fétide*, qui sent mauvais. — 6. *Dégoût*, ce que les chiens flairent avec dégoût doit être répugnant pour les hommes. — 7. *Murs lézardés*, fendus, crevassés. — 8. *Surplombe*, la fenêtre s'avance hors du mur, hors du fil à plomb. — 9. *Sordide*, sale, dégoûtant. — 10. *Taudis*, logis misérable. — 11. *Bouge*, logis malpropre. — 12. *Rue immonde*, sale, impure. — 13. *Le soleil se vend*, le soleil dont tous les hommes devraient jouir librement, on ne l'a dans les maisons des grandes villes que si l'on paye un loyer élevé.

— Si nous avions, du moins, un peu d'air et d'espace,
Si nous pouvions de l'œil suivre l'oiseau qui passe,
Voir la Seine couler, voir frémir, sous le vent,
Du moindre peuplier le panache [1] mouvant!
Mais il faut travailler, sans espoir [2], sans relâche,
Dans cette ombre malsaine, et mourir à la tâche! »
Les deux femmes ainsi se désolaient tout bas.

Un matin, tout à coup, un bruit de voix, de pas,
De chariots pesants vint frapper leur oreille;
En face, une maison, à leur maison pareille,
Se remplit d'ouvriers, et bientôt on les voit,
L'un l'autre s'entr'aidant, monter au haut du toit;
Les ardoises déjà pleuvent dans la ruelle,
Le pic [3] pesant défait l'œuvre de la truelle,
Tout tremble, les plafonds s'effondrent sous le choc
Des poutres, des moellons qui tombent d'un seul bloc,
Et les murs jusqu'au sol croulent l'un après l'autre.
« Grand'mère, dit l'enfant, quel bonheur est le nôtre!
Ces vilaines maisons n'y sont plus, viens donc voir.
La Seine entre les quais brille comme un miroir,
Les parapets du pont luisent comme des marbres,
Et là-bas, tiens, vois-tu, là-bas, ce sont des arbres [4] !
— De vrais arbres, ma fille! Et de l'air, que c'est doux!
— Et le soleil qui vient travailler avec nous. »
Mais un homme parait sur le seuil de la porte.

« Ah! mesdames, bonjour! dit-il d'une voix forte;
Le quartier s'embellit, comme vous le voyez,
Et me voilà contraint d'augmenter mes loyers.
— Hélas! en travaillant dimanches et semaine,
A payer deux cents francs nous avions tant de peine!
— Eh bien! ma bonne dame, arrangeons tout ceci :
J'ai dans la rue aux Ours, qui n'est pas loin d'ici,
Une maison encore. Est-ce un palais? J'avoue
Que non et que j'ai peur quand le vent la secoue.

---

1. *Panache*, partie supérieure de l'arbre, ressemble au panache d'un casque.
— 2. *Espoir* : on travaille sans espoir quand on sait qu'on ne pourra jamais sortir de la misère. — 3. *Le pic* démolit, la *truelle* construit. — 4. *Arbres, air, soleil*, tout ce qui est si nécessaire et si bon : c'est un grand malheur que de pauvres gens en soient privés.

Il y reste une chambre en bas, sur une cour;
C'est noir, mais en levant la tête on voit le jour [1] !
Quant au loyer, je sais votre embarras extrême :
Ce sera deux cents francs, parce que je vous aime [2] !
C'est dit, vous acceptez, n'est-ce pas? — Il le faut;
Au revoir donc, monsieur. — Mesdames, à bientôt! »
Les deux femmes, longtemps muettes, interdites [3],
L'écoutaient s'éloigner : « Oh! nous sommes maudites [4] !
Cria la mère enfin; plus d'espoir désormais!
La misère est un mal qui ne guérit jamais! »

Mais, de nouveau, des pas sur le palier sonore
Retentissent...

C'est un vieillard ami qui vient sauver ces pauvres femmes. Il leur conseille de quitter la ville au plus tôt et de retourner dans leur village.

La misère, à Paris, pour l'âme hasardeuse [5],
Ce n'est pas seulement la pauvreté hideuse,
La détresse, le pain qui manque quelquefois,
L'absence du soleil et de l'air et des bois :
Ces souffrances du corps, longtemps on les surmonte;
Mais souvent la misère à Paris, c'est la honte [6] !
Vous me comprenez bien, madame, n'est-ce pas?
Et je vous vois frémir! Retournez donc là-bas!
La pauvreté n'est pas la misère au village :
On a les fleurs, les prés, les oiseaux, le feuillage;
Les pauvres savent bien s'y consoler entre eux;
Le riche est seulement un ami plus heureux;
Le bien-être entre tous forcément [7] se partage;
Puis la nature est là, ce commun héritage [8];
Le bon air du pays rend le labeur léger [9];
Le seul homme vraiment pauvre, c'est l'étranger [10] !

---

1. *Jour*, parole d'ironie grossière. — 2. *Je vous aime*, autre parole d'ironie. — 3. *Interdites*, étonnées et troublées. — 4. *Maudites*, accablées par le sort, très malheureuses. — 5. *L'âme hasardeuse*, qui cherche aventure, qui n'est pas assez prudente. — 6. *La honte*, c'est-à-dire la mauvaise conduite. — 7. *Forcément*, par la force des choses les pauvres ont une part des biens de la terre. — 8. *Héritage*, l'air, la verdure, le soleil, la liberté..., voilà le commun héritage. — 9. *Léger* : on supporte facilement le travail dans l'air pur de la campagne. — 10. *L'étranger*, celui qui passe, qui n'est pas connu, à qui on ne s'intéresse pas.

Retournez donc là-bas, au village, à la ferme;
Le bail en est payé jusques au prochain terme
Par quelqu'un que je sais... puis, un brave garçon,
Pauvre, mais courageux, à votre Louison
Pense depuis longtemps; c'est très juste à son âge,
Et je crois qu'elle aussi... Mettez-les en ménage.
Ainsi c'est convenu, n'est-ce pas? Bon espoir!
Partirez-vous demain, madame?
— Non, ce soir!

Henri de BORNIER, *Poésies complètes*. (Dentu édit.)

---

63. *Les Habitations à bon marché.*

J'ai souvent vu des fenêtres qui étaient faites pour n'être jamais ouvertes, des fenêtres sans châssis mobile, où les petits carreaux de verre étaient scellés directement dans le mur, si bien que la masure qu'elles éclairaient ne s'aérait que par la porte... quand la porte était ouverte, c'est-à-dire quand il ne faisait ni trop chaud ni trop froid, et jamais pendant la nuit.

Et pourtant l'air était pur au dehors, embaumé de toutes les bonnes senteurs des champs, et la vive lumière du jour, dont s'enivre[1] l'alouette au matin, ne demandait qu'à entrer pour apporter son rayon de joie à ces sombres intérieurs! Qu'importe au rude travailleur des champs? Las de son dur labeur, il est bien partout pour dormir. Qu'importe si l'on repose mal, si l'on étouffe en son gîte étroit, qu'importe si les fenêtres sont closes à jamais? Il en coûte moins pour se chauffer en hiver, et l'on n'a pas à payer au gouvernement l'air et la lumière qu'il taxe[2] par l'odieux[3] impôt des portes et fenêtres!...

Pauvres gens, que vous payez cher votre misère et votre ignorance! Que j'en ai vu passer de convois sur le sentier qui descend au cimetière, à mi-chemin du creux de la falaise! Sur la pente rapide ils semblaient se hâter, les pauvres morts, et ils avaient raison, car les morts vont vite dans ces maisons

---

1. *S'enivre*: l'alouette est tout étourdie et joyeuse de la vive lumière du jour.
2. *Il taxe*, fait payer un impôt. — 3. *Odieux*, parce qu'il est une source d'injustices. Souvent les pauvres qui ont une nombreuse famille payent plus que les riches sans enfants.

où tous les vivants se touchent et respirent le même air[1], et dans les temps d'épidémie le fossoyeur ne chôme[2] pas.

Que faire pour réagir[3] contre de telles pratiques ? J'ai commencé par prêcher d'exemple en transformant les vieux bâtiments d'habitation de la ferme. J'ai fait élargir les fenêtres, et j'en ai fait percer de nouvelles là où les ouvertures étaient insuffisantes. Quelques cloisons abattues ou déplacées ont assuré une distribution plus commode des pièces.

Sur les murs, plus de papiers peints : un simple badigeonnage à la chaux fréquemment renouvelé. Aux fenêtres, plus de ces tentures; aux lits, plus de ces immenses rideaux qui privent d'air les dormeurs et les malades, et qui retiennent en leurs plis les poussières et les germes[4] pernicieux. Proscrites les « couates[5] de plume », d'un nettoyage difficile et dispendieux, qui donnent au corps une chaleur moite[6] et malsaine, proscrites et remplacées par des sommiers métalliques, aux ressorts visibles, d'accès commode au linge qui déloge la poussière; proscrits les tapis et les parquets : partout de simples carreaux en briques vernissées[7]. Tout est sacrifié à la propreté et à l'hygiène, rien n'est donné au luxe[8], et cependant rien ne manque chez moi de ce qui est nécessaire au bien-être. On se sent à la campagne dans ma maison, et néanmoins elle a toutes les commodités d'une maison de la ville.

Les bonheurs partagés sont les meilleurs, n'est-ce pas? Ces joies exquises[9] du foyer modeste et sain que pare de grâce une ménagère active et souriante, pourquoi n'essayerais-je pas de les procurer à quelques-uns à qui elles ont été refusées jusqu'ici ? N'est digne d'être heureux que l'homme qui se fait pardonner son bonheur en travaillant à celui des autres. Oui, mais le moyen ? J'ai pu, par mon exemple, convertir quelques propriétaires, les amener à modifier l'aménagement[10] de leurs maisons, à comprendre que les hommes, comme les plantes, vivent d'air et de lumière. Mais ceux qui sont trop pauvres pour posséder une maison, comment leur venir en aide ?

---

1. *Air*, qui est ainsi emprisonné. — 2. *Chôme*, ne reste pas sans travail. — 3. *Réagir*, agir en sens contraire. — 4. *Germes pernicieux*, microbes qui engendrent les maladies. — 5. *Couate* pour *couette*, lit de plume. — 6. *Moite*, légèrement humide par la sueur. — 7. *Vernissées*, recouvertes d'un vernis, d'un enduit brillant. — 8. *Luxe* : pour la beauté, l'éclat. — 9. *Exquises*, choisies, très douces. — 10. *Aménagement*, disposition des pièces, des portes, des fenêtres, des meubles d'une maison.

DEVOIRS ENVERS SOI-MÊME

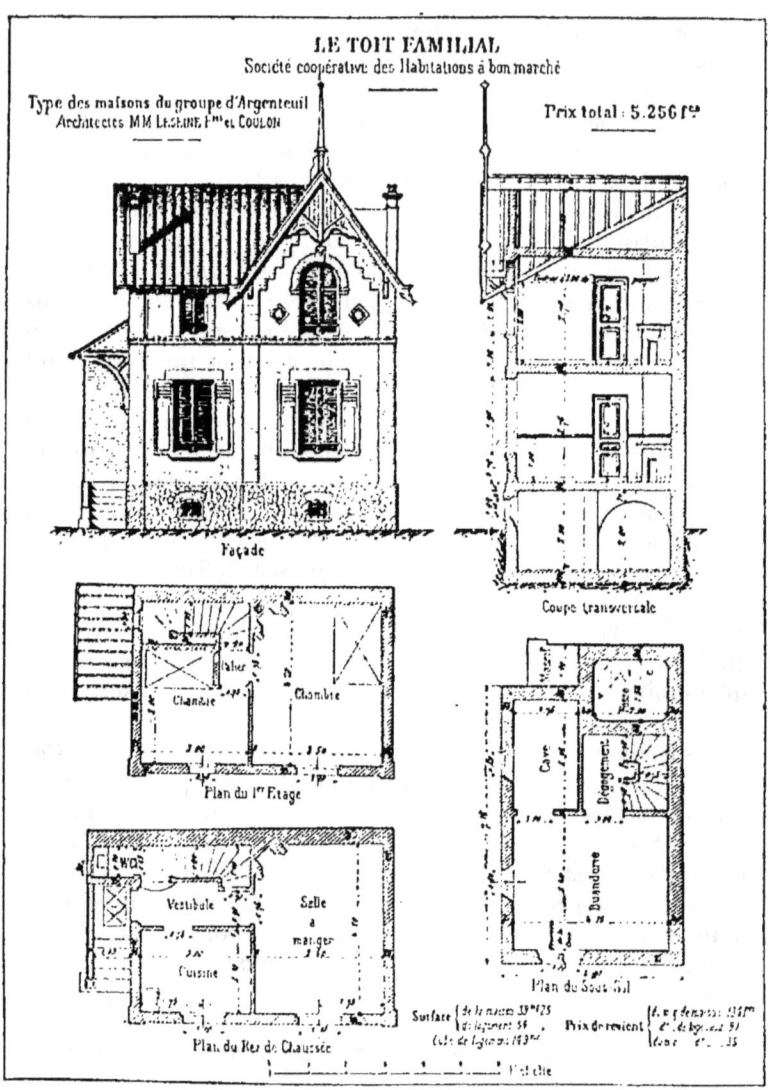

Type de maison d'une société d'Argenteuil.

Beaucoup de sociétés se sont créées pour la construction de maisons à bon marché. Leur but est de procurer à celui qui ne possède que son salaire journalier une maison saine et agréable moyennant un loyer modique, et, de plus, la possibilité d'en devenir propriétaire au bout d'une vingtaine d'années, en majorant le prix du loyer d'une somme n'excédant pas ses moyens.

J'ai longuement réfléchi, et tout à coup l'un des souvenirs marquants de mon enfance m'est revenu à l'esprit. Je me suis rappelé le soir où mon père m'annonça qu'il avait décidé d'acheter une des maisons ouvrières construites par la Société des habitations à bon marché, et la joie que j'éprouvai à cette nouvelle, comme si c'eût été moi-même qui allais être propriétaire, qui allais m'installer chez moi.

Je me suis frappé le front, en homme qui a trouvé. Ce que les Sociétés des habitations ouvrières à bon marché font, dans les villes ou leur banlieue [1], au profit de l'ouvrier de l'usine ou de la mine, pourquoi ne pas le faire pour l'ouvrier des champs qui vit, lui aussi, au jour le jour, de son salaire? Pourquoi ne pas lui constituer un foyer, pourquoi ne pas lui procurer une demeure saine et riante par le simple payement d'une annuité [2] qu'il prélèvera sur son salaire pendant quinze ou vingt ans, comme il prélève sur son salaire le montant du loyer de son misérable taudis?

Édouard PETIT et LAMY, *Jean Lavenir*. (Picard, édit.)

XXVII. — La Sobriété [3].

64. *Monsieur Bourgoin.*

« Comment se fait-il, monsieur Bourgoin, qu'ayant de la fortune et un bon estomac, vous n'ayez pas une table mieux servie? Ce n'est pas l'avarice qui vous retient; vous savez être généreux à l'occasion.

— Ma nourriture simple et frugale [4] me suffit, puisque je me porte bien.

— Sans doute, mais...

— Mais quoi? Est-ce que je manque de santé? est-ce que je manque de vigueur? Voyez donc ma belle mine. J'ai les dents intactes et l'estomac solide. Dieu merci!

---

1. *Banlieue*, territoire qui entoure une grande ville. — 2. *Annuité*, somme qu'on paye, chaque année, pour éteindre une dette. — 3. *Sobriété*, modération dans le boire et le manger. — 4. *Frugalité*, qualité de celui qui se contente de mets simples et peu coûteux.

mon appétit est excellent, et je mange avec plaisir les mets qu'on me présente. Que puis-je désirer de plus ?

— Vous avez beau dire, monsieur Bourgoin, c'est bon, un gibier fin [1], un fruit rare et bien mûr, un vin vieux de bordeaux ou de bourgogne !

— Je ne dis pas le contraire. Mais ceux qui se nourrissent chaque jour de ces bonnes choses, savez-vous ce qui leur arrive ?

— Que voulez-vous qui leur arrive ?

— Eh bien, ils en prennent trop, ils s'en fatiguent, ils s'en dégoûtent et les trouvent à la longue moins désirables que vous et moi notre soupe au lard. J'en ai connu, j'en connais encore de ces gourmets [2] à la bouche difficile [3]. Ah ! misère ! quelles grimaces lorsqu'ils se mettent à table. Ceci est trop dur, cela est trop vert, telle chose n'est pas cuite, telle autre l'est trop. Rien n'est à point. Et les choses fines et bien apprêtées qui vous feraient venir l'eau à la bouche, ils les dédaignent et les repoussent.

— Vous vous moquez ?

— Je ne me moque point. Et ce n'est pas tout. Leur estomac fatigué se montre toujours plus exigeant, quand il ne refuse pas tout service. Alors, mon ami, surviennent les dyspepsies [4], les gastralgies, les rhumatismes [5], la goutte, la gravelle [6] et autres maladies qui ruinent leur tempérament, abrègent leur vie et leur font subir des souffrances cruelles. Comme vous voyez, c'est une belle existence.

— C'est là le sort de ces riches bourgeois ?...

— C'est le sort de tous ceux — bourgeois ou non — qui manquent de sobriété et de frugalité. Et voilà pour-

---

1. *Gibier fin*, d'une chair tendre et agréable au goût. — 2. *Gourmet*, qui aime et recherche la bonne chère. — 3. *Bouche difficile*, qui ne se contente pas des mets ordinaires. — 4. *Dyspepsies, gastralgies*, maladies de l'estomac. — 5. *Rhumatismes, goutte*, douleurs dans les muscles et les articulations. — 6. *Gravelle*, maladie de la vessie.

quoi ma table est si modeste. Je mange les légumes et les fruits de mon jardin, le laitage de mes vaches, les œufs de mes poules, et je bois la piquette de mes vignes. Je m'en trouve bien. Et que m'importe le prix de ma nourriture ! Est-elle fine ? Est-elle délicate ? Est-elle rare ? Je ne m'en soucie pas. Je suis content de la prendre telle qu'elle est.

— Au fait, c'est l'essentiel [1].

— Et puis, voyez-vous, ce que j'économise ainsi par ma sobriété, je puis en faire part aux pauvres gens. N'est-ce pas un grand malheur que les uns n'aient pas le nécessaire quand d'autres regorgent de mets coûteux et inutiles ?

Dire qu'il y a des maisons où l'on manque de pain !

Dire qu'il y a des mères qui voient leurs enfants affamés leur tendre la main et qui ne trouvent au logis rien à leur donner pour apaiser leur faim ! Un honnête homme ne peut se figurer ce spectacle sans frémir.

— Ah ! là, monsieur Bourgoin, vous avez bien raison !

— Et enfin, mon ami, nous ne sommes pas créés pour le plaisir de manger et de boire. Nous avons mieux à faire, ici-bas, n'est-il pas vrai ?

Alimentons assez notre corps pour qu'il se porte bien, et mettons nos pensées et nos soins [2] à des choses plus hautes [3] et plus dignes de nous. Il faut manger pour vivre, et non vivre pour manger. »

Voy. *Résumé*, page 287.

---

1. *L'essentiel*, ce qui est le plus important. — 2. *Nos soins*, nos soucis, nos précautions. — 3. *Choses plus hautes*, qui dépassent en valeur les petits intérêts quotidiens, tels que les plaisirs de la table.

Monsieur Bourgoin. — QUESTIONNAIRE : 1. Quel était le régime de M. Bourgoin ? — 2. Que mangeait-il ? Que buvait-il ? — 3. Pour quelles raisons était-il sobre ? première raison ?... deuxième ?... troisième ?... — 4. Êtes-vous de l'avis de M. Bourgoin ? — 5. Expliquez la dernière phrase du récit : « Il faut manger pour vivre, et non vivre pour manger. »

XXVIII. — L'Alcoolisme.

65. Le Chemin de la folie.

Le vice[1] le plus redoutable aujourd'hui, c'est l'alcoolisme. Pris en petite quantité, mais régulièrement, l'alcool est un terrible poison pour le cerveau[2]. Chose grave[3], beaucoup de gens sont alcooliques sans s'en douter ! L'employé, l'ouvrier qui chaque jour boit un ou deux petits verres d'alcool devient alcoolique. Est alcoolique celui qui prend chaque jour une absinthe, un vermout, un bitter ou un « apéritif » quelconque. Ces « apéritifs » contiennent des essences[4] qui sont des poisons redoutables.

L'alcoolisme constitue un danger national...

Si tu es en ville, promène-toi dans une rue ouvrière un samedi soir : dénombre les bouges, les « assommoirs » où des brutes humaines[5] vocifèrent[6], réforment le monde en paroles et finissent par se battre, et multiplie cette vision d'enfer[7] par des milliers de visions analogues que te donneraient des centaines d'autres rues.

Le dimanche, promène-toi devant les cafés et compte les messieurs « bien mis » qui boivent l'absinthe, font provision de violence, de brutalité, de déraison[8] pour le logis. Tu pourras même apercevoir des enfants à qui les parents stupides[9] font goûter le poison. Songe à tous les cafés semblables où des centaines de mille de Français s'efforcent de nous faire une nation de déséquilibrés[10],

---

1. *Vice*, habitude mauvaise. — 2. *Cerveau* : sous l'influence de l'alcool, la matière cérébrale fonctionne mal. — 3. *Grave*, car celui qui s'empoisonne sans le savoir est plus en danger que celui qui le fait sans l'ignorer. — 4. *Essences*, huiles aromatiques obtenues par distillation. — 5. *Brutes humaines*, hommes sans raison. — 6. *Vocifèrent*, crient fort. — 7. *Vision d'enfer* : c'est ainsi qu'on se représente les criminels dans l'enfer. — 8. *Déraison*, folie, manque de sens. — 9. *Stupides*, sans intelligence. — 10. *Déséquilibrés*, qui ont perdu leur équilibre moral, chez qui la volonté est impuissante contre les passions.

de fous, d'épileptiques, et, inquiet de l'avenir, persuade à tes amis de jeter « apéritifs » ou « digestifs » dont ils s'empoisonnent eux-mêmes et fais le serment que, quand tu seras chef de famille, jamais, jamais tu ne toucheras aux alcools, car ils menacent de jeter une partie de la nation dans les hôpitaux d'aliénés et ils multiplient les actes insensés et les crimes !

Pense surtout à la foule de braves gens qui sont alcooliques sans le savoir : on ne les a jamais vus ivres, mais ils s'intoxiquent[1] à petits coups, chaque jour, buvant trop de vin à leur repas et ajoutant à cette ration d'alcool des liqueurs...

Ce qui fait de l'alcool un poison infiniment dangereux, c'est que les débuts sont agréables... : on prend, en joyeuse compagnie, une première absinthe ; une ivresse se produit qui surexcite[2] d'abord le cerveau, puis le paralyse en partie ; on n'éprouve plus de sensations désagréables ; on voit tout « en rose ».

Le lendemain, on recommence ; on finit bientôt par éprouver le besoin de cette ivresse passagère ; ce jour-là, on est perdu si on ne réagit pas avec vigueur. La compagnie mauvaise t'entraînera et l'habitude deviendra de plus en plus exigeante : viennent des chagrins, des contrariétés, les reproches d'un patron, d'un chef — moins encore, une fatigue — vite, on a recours à la boisson paralysante qui donne l'illusion[3] de la force et qui endort les préoccupations[4] ! Peu à peu, on devient un alcoolique, puis un ivrogne[5]. On ne se l'avoue pas à soi-même, bien entendu, mais on est un ivrogne quand même...

Sois défiant, car terrible est la puissance de l'habitude[6].

---

1. *S'intoxiquent*, s'empoisonnent. — 2. *Surexcite et paralyse*, donne un surcroît d'activité, puis diminue l'énergie. — 3. *Illusion de la force*, semblant de force. — 4. *Préoccupations*, inquiétudes de l'esprit. — 5. *L'ivrogne* se met en état d'ivresse. Ne pas confondre avec *l'alcoolique*, qui peut s'empoisonner peu à peu sans être jamais ivre. — 6. *L'habitude*, acquise par la répétition, se perd difficilement et peut devenir très exigeante.

Que ce soit chez toi un principe absolu [1] de ne boire ni alcool, ni liqueur, ni apéritif.

Tiens-t'en au bon vin de France et sache en user modérément.

J. PAYOT, *Cours de morale*. (A. Colin, édit.)

XXIX. — L'Ivrognerie.

66. Le Charron Douchard.

Louis Douchard est charron. Il a trente-cinq ans. Il est marié et père de deux fillettes bien gentilles. C'est un bon ouvrier, dur à la fatigue. Toute la semaine il travaille sans relâche, avec beaucoup d'entrain et de belle humeur. Le dimanche, il se repose.

« Je t'en supplie, lui dit sa femme, ne va pas au cabaret.

— Où veux-tu que j'aille? C'est là que sont les camarades. Allons, donne-moi de l'argent.

— Alors, tu vas revenir ivre, ce soir, comme tous les dimanches depuis deux mois.

— Mais non ! sois tranquille, je me surveillerai. »

Le voilà parti. Il entre au cabaret. Le soir, à neuf heures, il en sort. Hélas! ce n'est plus un homme, ce n'est pas même une bête [2]. C'est une créature sans nom, vile [3], laide, souillée. Il tombe dans la boue, il se relève, retombe encore et se traîne — spectacle lamentable — jusqu'à sa maison. Sa femme l'entend venir :

« Vite, mes enfants, allez dans votre chambre et couchez-vous. »

Elle les y conduit elle-même à la hâte, craignant

---

1. *Absolu*, qui commande impérieusement. — 2. *Bête* : car la bête, conduite par l'instinct, ne s'écarte pas de sa loi. — 3. *Vile*, tombée très bas, misérable.

qu'elles ne perdent le respect de leur père en voyant cette brute dégradée[1] qui est là, sur le seuil.

Pauvre mère ! pauvre femme ! elle embrasse ses deux filles, toutes gracieuses et souriantes ; elle borde avec amour leur petit lit ; elle pousse un profond soupir :

« Bonsoir, mignonnes.

— Bonsoir, maman ! »

Et elle se trouve en présence de cet être abject[2] qui est son mari. Elle jette un regard de mépris[3] et de pitié[4] sur cette face stupide, ces yeux hébétés[5], ces lèvres pendantes, ces vêtements salis et déchirés. Tout à coup, elle éclate en pleurs et en plaintes amères[6] :

« Moi qui adorais cet homme intelligent et bon ! Moi qui le servais avec amour, heureuse et fière d'être sa compagne : voici qu'il ne m'inspire plus que du dégoût ! J'ai envie de le fuir, de me sauver bien loin avec mes enfants. Est-il possible que nous en soyons venus là ! »

Ah ! si Douchard pouvait comprendre ce désespoir ! s'il entendait ces sanglots et ces cris étouffés[7], s'il sentait toute l'horreur qu'il inspire à cette femme douce et dévouée ! Mais il ne comprend pas et ne sent rien.

« A boire, j'ai soif ! » balbutie-t-il.

Il veut saisir, dans le placard, une bouteille de vin. Sa femme s'y oppose.

« Non, je t'en prie, ne bois plus ; couche-toi.

— Donne ! dit-il.

— Non ! »

Il lève la main sur elle, le misérable.

---

1. *Dégradée*, qui est au-dessous de ce qu'elle doit être. — 2. *Abject*, jeté hors de l'humanité. — 3. *Mépris*, à cause de son abjection. — 4. *Pitié*, à cause du grand malheur qu'est la déchéance d'un ivrogne. — 5. *Hébétés*, rendus stupides, sans intelligence. — 6. *Amères*, qui réclament contre l'injustice du sort. — 7. *Cris étouffés*, retenus pour qu'on ne les entende pas.

Les deux enfants, éveillés dans leur lit, entendent des jurons, des coups sourds et des gémissements. Elles se blottissent l'une contre l'autre, saisies d'effroi, et se mettent à pleurer. Le lendemain, Douchard n'a conservé aucun souvenir de ces brutalités. Il les apprend, il s'en

Jour de paye; tableau de M. Victor MAREC.

désole, car il a du cœur, s'en repent et promet de se corriger. Mais déjà la fatale habitude est prise. Le dimanche suivant, il recommence à boire.

Le Charron Douchard. — QUESTIONNAIRE : 1. *Faites le portrait du charron Douchard.* — 2. *Quel vice avait-il ?* — 3. *Quels étaient les effets de ce vice, sur lui-même ? sur sa femme et ses enfants ?* — 4. *Que pensez-vous de l'ivrognerie ?* — 5. *Quelles résolutions prenez-vous pour votre compte ?*

67. *La Robe* (fragment).

Dans l'étroite mansarde où glisse[1] un jour douteux[2],
La femme et le mari se querellaient tous deux.
Il avait, le matin, dormi, cuvant[3] l'ivresse,
Et s'éveillait, brutal, mécontent, sans caresse,
Le regard terne encore et le geste alourdi[4],
Quand l'honnête ouvrier se repose, à midi.
Il avait faim ; sa femme avait oublié l'heure ;
Tout n'était que désordre[5] aussi dans sa demeure ;
Car le coupable, usant d'un stupide détour[6],
S'empresse d'accuser pour s'absoudre[7] à son tour !
« Qu'as-tu fait ! D'où viens-tu ? Réponds-moi ! Je soupçonne
Une femme qui sort et toujours m'abandonne.
— J'ai cherché du travail ; car tandis que tu bois,
Il faut du pain pour vivre, et s'il gèle, du bois !
— Je fais ce que je veux. — Donc je ferai de même !
— J'aime ce qui me plaît. — Moi, j'aimerai qui m'aime !
— Misérable !... » Et soudain, des injures, des cris,
Tout ce que la misère inspire aux cœurs aigris[8],
Avec des mots affreux mille blessures vives...

« Va-t'en donc ! dit la femme ayant assez souffert ;
Garde ta liberté ; moi je reprends la mienne.
C'est assez travailler pour toi. Quoi qu'il advienne,
J'ai mes doigts, j'ai mes yeux : je saurai me nourrir.
Va boire ! tes amis t'attendent ; va courir
Au cabaret ! Le soir, dors où le vin[9] te porte !
Je ne t'ouvrirai plus, ivrogne, cette porte ! »

Avant de se séparer, ils partagent ce qui reste dans leur mansarde. Au fond d'une armoire, ils retrouvent une robe de fillette. Le souvenir d'une enfant qu'ils ont chérie et qui est morte leur fait monter les larmes aux yeux : ils se réconcilient. Sera-ce pour longtemps ? Hélas !

D'après Eugène MANUEL, *Poèmes populaires.*
(Calmann Lévy, édit.)

---

1. *Glisse*, par d'étroites ouvertures. — 2. *Jour douteux*, entre le jour et la nuit. — 3. *Cuvant*, laissant se dissiper les effets de l'ivresse. — 4. *Geste alourdi*, parce qu'il n'avait pas encore recouvré la parfaite liberté de ses membres. — 5. *Désordre* : c'est lui qui avait oublié l'heure et apporté le désordre. — 6. *Détour*, ruse, feinte. — 7. *S'absoudre*, se justifier, se pardonner. — 8. *Inspire* : la misère aigrit les cœurs et cette aigreur fait naître les querelles. — 9. *Le vin* : c'est bien le vin qui conduit l'ivrogne, puisque l'ivrogne a perdu la raison.

XXX. — Le Travail.

68. *Le Menuisier Brissot.*

« Bonjour, mon cher Brissot, je suis toujours heureux de vous voir, la varlope en main devant votre

Un menuisier; reproduction d'une photographie.

établi, en si bonne santé et de si belle humeur.

— Bonjour, monsieur Grandville, vous voici donc pour quelques jours dans notre beau pays. Vous allez y prendre un repos bien gagné, car je sais que vos affaires vous donnent bien des soucis et beaucoup de fatigue.

— Oui, je ne manque pas de travail. Mon usine compte maintenant trois cents ouvriers. Pour diriger ces gaillards-là et faire prospérer une si grosse entreprise, il faut, comme on dit, « ouvrir l'œil ». Mais vous, mon brave Brissot, il semble bien que vous ne chômiez[1] guère.

— Dieu merci, j'ai assez d'ouvrage pour mon apprenti et pour moi. Je ne me plains pas.

— Vous êtes donc content de votre sort?

— Certes, j'aimerais bien quelques rentes afin d'être plus sûr du lendemain, car si je venais à disparaître je ne sais trop comment ma femme s'arrangerait avec ses trois enfants. Mais en travaillant je gagne ma vie, je nourris ma famille et je puis faire quelques économies.

— Allons, je vois que pour vous le travail n'est pas un esclavage...

— Ça, non. Et ma cervelle ne peut comprendre qu'on ait jamais pu le considérer comme un châtiment[2]. »

M. Grandville remua, du bout de sa canne, les copeaux de l'atelier et resta un instant silencieux comme un homme qui réfléchit. Puis il dit :

« Le travail était bien dur dans les anciens temps. C'était une charge accablante, meurtrière[3], qu'on rejetait sur les esclaves. Pendant de longs siècles le travail manuel n'a été qu'une douloureuse servitude[4]. De là, sans doute, l'idée qu'il était une punition et que l'homme le plus heureux était celui qui avait le plus de loisir.

« Vous figurez-vous, Brissot, la misérable condition[5] des hommes qui n'avaient, pour couper ou pour fendre, ni couteau, ni hache, ni scie ; pour construire, ni treuil, ni levier, ni plan incliné ; pour transporter, ni chariot, ni brouette ; pour moudre, ni moulin à eau, ni moulin à vent? Aujourd'hui l'effort de l'ouvrier est bien allégé par les machines qui le remplacent et les outils perfectionnés dont il se sert.

---

1. *Chômer*, rester inoccupé. — 2. *Châtiment* : le travail a été considéré comme un châtiment de Dieu. — 3. *Charge meurtrière*, qui tue. — 4. *Servitude* : le travail était si pénible que l'homme s'y sentait comme enchaîné. — 5. *Condition*, état, situation.

— Je n'avais pas songé à cela, monsieur Grandville. Mais je vois bien que vous dites la vérité, puisqu'il y a encore aujourd'hui des métiers dégoûtants et dangereux.

— Il n'y en a pas beaucoup, fort heureusement, et dans un temps prochain le progrès des machines les aura, sans doute, tous supprimés.

— Je puis dire que dans ce village, s'il y a des jours, en été, où les ouvriers des champs, surmenés[1] par l'effort colossal[2] de la moisson, soupirent après le repos, chacun cependant aime le travail et en comprend la nécessité. « On ne peut pas rester sans rien faire, » répètent les paysans. Et ils ne souffrent guère autour d'eux les fainéants et les « propres à rien ».

« Quant à moi, c'est lorsque je me suis levé de bon matin, lorsque j'ai fait une longue journée de travail, que je suis le plus content. En mangeant ma soupe, le soir, je me sens les membres las, mais j'ai le cœur si gai que cela se voit sur mon visage et que ma femme, heureuse, me dit : « Ç'a donc bien marché, aujourd'hui ! »

« Le travail, Monsieur Grandville, c'est ma santé. Le jour où mes bras ne pousseront plus la varlope, je ne mangerai plus avec le même appétit et je n'aurai plus la même vigueur.

« Et c'est aussi mon indépendance[3] et ma fierté. Grâce à lui, j'assure moi-même mon existence et celle de ma famille. Je puis lever la tête devant qui que ce soit, puisque je ne dois rien à personne.

69. *Le Menuisier Brissot* (suite).

— Ajoutez, Brissot, que c'est le travail qui vous a préservé du jeu, de la débauche, de la boisson, vices auxquels les oisifs n'échappent guère. Je voyais, la semaine

---

1. *Ouvriers surmenés*, qui ont trop de travail. — 2. *Colossal*, énorme, très grand. — 3. *Indépendance*, vis-à-vis des autres hommes.

dernière, dans une rue de Lyon, une demi-douzaine d'ouvriers maçons qui sortaient d'un cabaret à cinq heures de l'après-midi. Les pauvres diables[1] ! Quelle mine ! quel regard ! quelle démarche ! Au fond, quel esclavage !

« Et ne comptez-vous pour rien la joie qu'on éprouve quand on a terminé un bon et beau travail ? « On se mire dans son ouvrage », disent les bonnes gens. Quand j'ai bien étudié une affaire nouvelle et que j'en suis maître[2], quand vous avez créé, vous, un meuble propre et soigné, nous nous frottons les mains et notre cœur se dilate[3] de plaisir, n'est-il pas vrai, Brissot ?

— C'est si vrai, monsieur Grandville, que quand mon apprenti me dit parfois : « Cela, patron, c'est « troussé » ! il me semble que je serais payé de mes peines même si le meuble me restait pour compte[4].

— Mon ami, nous sommes faits pour nous entendre, dit M. Grandville. Moi qui suis devenu riche et qui pourrais vivre aisément de mes revenus, je n'éprouve de solide et de durable satisfaction que dans le travail. Et j'espère bien mourir sur la brèche[5], c'est-à-dire dans mon usine, auprès de mon fils qui me succédera et qui, lui aussi, ne sera pas un fainéant.

« Et savez-vous encore, Brissot, ce qui m'a rendu le travail tout particulièrement cher ? C'est qu'il a développé mon intelligence, c'est qu'il m'a donné une volonté forte, patiente, hardie, en un mot qu'il a fait de moi un homme[6]. Je suis sûr qu'il vous a rendu les mêmes services.

« Et puis, il m'a fait supporter plus aisément les grands malheurs qui m'ont frappé...

— Je sais, dit Brissot, vos deuils si cruels.

---

1. *Les pauvres diables...*, les malheureux ! — 2. *Maître* d'une affaire, la bien connaître, être sûr de sa réussite. — 3. *Cœur se dilate*, se gonfle, prend plus de place. — 4. *Pour compte*, sans être vendu. — 5. *Sur la brèche*, au combat, terme militaire. Ici, en plein travail. — 6. *Un homme* : bien trempé.

— Quand mes deux filles m'ont été si soudainement enlevées, que serais-je devenu si je n'avais été l'homme le plus occupé du monde ?... Au revoir, Brissot, je vais respirer un peu le grand air de la plaine. »

Et M. Grandville, tout en marchant dans les sillons, songeait qu'à travers des siècles d'efforts, de chutes[1], de relèvements, de dures souffrances, c'était par le travail opiniâtre que l'homme était sorti peu à peu de sa barbarie primitive, qu'il avait créé la civilisation dont il profite aujourd'hui, et que de la brute[2] misérable et féroce des cavernes il avait fait ce qu'il y a de plus précieux dans l'univers, un être de raison, de justice et de bonté.

Voy. Résumé, p. 288.

70. *Gloire au travail !*

Gloire au travail ! — Gloire à l'homme champêtre,
　Gloire à celui qui féconde[3] le sol !
　Picard, Breton, Limousin, Cévenol,
Gloire à celui qui mène les bœufs paître !
　Gloire à l'homme champêtre !

---

1. *De chutes*, de retours à la barbarie. — 2. *La brute*, la bête sans raison et sans bonté, par opposition à l'homme raisonnable, juste et bon. — 3. *Féconde le sol*, le rend fertile. Comment ?

Le Menuisier Brissot. — QUESTIONNAIRE : 1. *Dites ce qu'étaient Brissot et M. Grandville.* — 2. *Brissot était-il content ?* — 3. *Eût-il désiré quelques rentes ? Pourquoi ?* — 4. *Pourquoi le travail est-il parfois considéré comme un châtiment ?* — 5. *Y a-t-il encore des métiers pénibles ?* — 6. *Qu'est-ce qui les fera disparaître ?* — 7. *Le travail, c'est la santé : pourquoi ?* — 8. *C'est l'indépendance : pourquoi ?* — 9. *De quoi préserve le travail ?* — 10. *Pourquoi le travail est-il une consolation ?* — 11. *Sans travail, y aurait-il eu le progrès ?*

Gloire au travail! — Gloire au marin hardi
Dont flotte au loin la voile aventureuse [1],
  Qui va bravant tempête, mer houleuse,
  Glaces du Nord, feux ardents du Midi.
    Gloire au marin hardi!

Gloire au travail! — Gloire à l'homme de peine,
  Coupeur de bois ou marteleur de fer,
  Dont retentit le couplet mâle [2] et fier :
Dans son corps sain habite une âme saine.
    Gloire à l'homme de peine!

Gloire au travail! — Gloire aux vaillants lutteurs
  Dont rien n'abat la confiance altière [3],
  Qui, corps à corps, étreignant la matière
Du saint combat sortent morts ou vainqueurs.
    Gloire aux vaillants lutteurs!

BESSON.

71. *Travaillons !*

Mes enfants, il faut qu'on travaille!
Il faut tous, dans le droit [4] chemin,
Faire un métier, vaille que vaille,
Ou de l'esprit, ou de la main.....

La fleur travaille sur la branche;
Le lis, dans toute sa splendeur [5]
Travaille à sa tunique blanche,
L'oranger à sa douce odeur.....

Voyez cet oiseau qui voltige
Vers ces brebis, sur ces buissons...
N'a-t-il rien qu'un joyeux vertige [6]?
Ne songe-t-il qu'à ses chansons?...

---

1. *Voile aventureuse*, la voile du marin qui se hasarde au milieu des dangers. — 2. *Couplet mâle*, qui annonce la force. — 3. *Confiance altière*, orgueilleuse parce qu'elle repose sur la puissance. — 4. *Droit chemin*, chemin de l'honnête homme. — 5. *Splendeur*, beauté éclatante. — 6. *Vertige joyeux*, agitation produite par la joie et sans but.

Ce bon cheval qui vous ramène
Sur les sentiers grimpants des bois,
Croyez-vous qu'il n'ait point de peine
A vous porter quatre à la fois ?.....

Entendez crier la charrue
Tout près de vous, là, dans ce champ ;
Voici l'attelage qui sue
Et qui fume au soleil couchant. . . . .

Si, dans un coin, seul, en silence,
Penchant la tête et fermant l'œil,
Pendant que l'on rit, que l'on danse,
Je m'étends sur mon vieux fauteuil,

A me voir sans parler ou lire,
Sans plus faire un geste, un effort,
Vous direz avec un sourire :
« Voilà le père qui s'endort!

— Non, je ne dors pas, je voyage
Avec vous, en maints lieux divers ;
Et pour vous prêcher le courage,
Chers petits, je vous fais ces vers.

V. DE LAPRADE, *Le Livre d'un père.*
(Hetzel, édit.)

XXXI. — L'Épargne :

Jeu, dettes, économie, avarice.

72. *Louis Roche et ses fils.*

Il y avait, dans un village de la Touraine, un riche propriétaire, nommé Louis Roche, qui exploitait[1] lui-même son beau domaine. Quoiqu'il fût jeune et très vigoureux, il n'avait voulu, par un sentiment d'orgueil

---

1. *Exploitait,* tirait profit de..., faisait valoir...

mal compris, prendre aucune part aux travaux de culture. Il eût cru déchoir¹ en labourant la terre. Il prétendait diriger de haut et de loin son entreprise agricole ; et ses charretiers, ses bergers, ses moissonneurs échappaient presque entièrement à « l'œil du maître² ».

Comme il se créait ainsi des loisirs, Louis Roche, pour éviter l'ennui et « tuer le temps », ne manquait aucun des marchés des villes voisines. Plusieurs fois par semaine on le voyait partir dans une élégante et légère carriole, insouciant, heureux de vivre, enlevant d'un coup de fouet sa nerveuse jument noire.

Dans ces marchés, il fit de mauvaises rencontres et se mit à jouer. Il joua d'abord timidement et la chance lui fut favorable. Puis il s'enhardit, joua de plus grosses sommes, gagna et perdit tour à tour, et bientôt, comme pris de vertige³, se trouva sans résistance contre la terrible passion qui l'envahissait.

Le jeu, c'est un engrenage qui vous saisit le bout du doigt et bientôt vous broie la main ; le bras y passe, puis le corps tout entier. Une fois qu'on s'est laissé prendre, il est à peu près impossible de se dégager de l'effroyable étreinte⁴.

Louis Roche perdit en six ans ses bonnes terres, son bétail, ses attelages, sa maison. Il fit des dettes et ne s'arrêta que le jour où il ne trouva plus de prêteur. Sa femme, faible et frivole, n'avait pas su le retenir sur la route de l'abîme.

Il se trouva donc à la merci⁵ de ses créanciers, qui voulurent bien, sur sa prière, ne pas le chasser immédiatement de sa demeure et mettre sa famille dans la rue. Il traîna ainsi sa misérable vie pendant dix mortelles⁶

---

1. *Déchoir*, s'abaisser, perdre de sa valeur. — 2. *L'œil du maître*, allusion à une fable de La Fontaine. — 3. *Vertige*, étourdissement qui entraîne la chute. — 4. *Étreinte* : le jeu vous broie comme le ferait une machine. — 5. *A la merci*, sans défense. — 6. *Mortelles années*, malheureuses et longues jusqu'à donner la mort.

années, mangeant le pain d'une sœur aînée qui avait eu pitié de lui, vieilli, ravagé [1], voûté, négligé dans ses vêtements salis, dans sa barbe broussailleuse, dans ses cheveux que les privations et les soucis avaient prématurément [2] blanchis. Il eut à supporter, chaque jour, des regards insolents ou dédaigneux ; il fut tutoyé vilainement par des gens tarés [3] ; tout ce qu'il y avait de mauvais sujets dans le village le déshonora d'une avilissante [4] familiarité. Il n'y eut jamais, dans les temps d'esclavage, d'être plus faible, plus dépendant, plus humilié que ce débiteur ruiné par sa faute.

La mort vint enfin le délivrer de cette misère et de cette honte. Sa femme le suivit de près.

Ses deux fils, recueillis par leur tante depuis la catastrophe, étaient arrivés à l'âge d'homme. Ils étaient tous deux d'une excellente nature qu'avaient mûrie [5] de bonne heure les tristesses de leur adolescence. Ils s'étaient juré d'acquitter les dettes de leur père et de réhabiliter [6] le nom qu'ils portaient. Chacun d'eux avait à rembourser environ dix mille francs.

L'aîné, Jules, devenu employé de commerce à Paris, se maria avec une jeune couturière qui lui apporta, en dot, sa belle mine, son bon cœur et son amour du travail. Le cadet, Léon, également employé de commerce à Paris, crut mieux faire en prenant pour femme une veuve un peu plus âgée que lui, mais pourvue de quelques milliers de francs de rente.

Jules et sa femme Catherine eurent quatre enfants. Ce fut pour eux une très lourde charge. Mais ils avaient l'un et l'autre beaucoup d'ordre et d'économie. « Ne pas

---

1. *Homme ravagé*, qui n'a plus de vigueur. — 2. *Prématurément*, avant l'heure ordinaire. — 3. *Tarés*, qui ont des vices, des taches, déshonorés. — 4. *Familiarité avilissante*, qui salit, qui enlève l'estime des honnêtes gens. — 5. *Nature mûrie* : la tristesse mûrit l'homme, c'est-à-dire qu'elle le rend sérieux avant l'âge où on l'est d'ordinaire — 6. *Réhabiliter*, faire rendre l'estime.

faire de dépenses inutiles. N'acheter que les choses nécessaires et les faire durer le plus longtemps possible » : telle était leur consigne [1]. Jules rapportait intégralement [2] à sa femme le produit de son travail. Ni café, ni tabac, ni fantaisies [3] coûteuses. Une seule exception dans l'année : l'achat d'un beau bouquet pour la fête de Catherine.

Catherine, de son côté, était une ménagère active et intelligente. Pour élever ses enfants, elle avait dû quitter son métier de couturière ; mais ses doigts agiles faisaient merveille pour bâtir, à peu de frais, les vêtements propres et coquets de ses deux filles et de ses deux garçons.

— Jules, disait-elle à son mari, sont-ils bien, ces vêtements ?

— Très bien. Tu as des doigts de fée.

— Tu trouves ? Je suis contente. Mais je t'ai ruiné : vingt francs les quatre !

Quand le jeune ménage se promenait, le soir, devant les beaux magasins des boulevards, Catherine était souvent tentée par ce qui s'étalait sous ses yeux.

— Que ceci est ravissant, disait-elle, et ferait bien dans notre salle à manger !

Si Jules lui proposait de l'acheter, vite elle fuyait, entraînant son mari : — « Penses-tu ? Ce serait de la folie. Plus tard nous verrons. D'abord le nécessaire ».

Aux yeux de son mari comme aux siens, le nécessaire c'était d'acquitter les dettes de la famille. Après six ans de sagesse et d'épargne, les dix mille francs furent prêts. Jules courut à son village natal, remit aux créanciers de son père ce qui leur était dû et revint chez lui en toute hâte. Il se jeta dans les bras de Catherine :

---

1. *Consigne*, règle à suivre. — 2. *Intégralement*, sans en rien enlever. — 3. *Fantaisies*, ce qu'on n'achète que par caprice et sans nécessité.

La Mère laborieuse; tableau de CHARDIN.

« Que je suis heureux ! s'écria-t-il, et que je te remercie de m'avoir si bien aidé à faire mon devoir d'honnête homme ! Maintenant, c'est pour nos enfants, c'est pour nous, Catherine, que nous allons travailler, et ce n'est pas trop tôt. »

73. *Louis Roche et ses fils* (suite).

Pendant ces six années, Léon avait beaucoup souffert. Il avait découvert avec effroi chez sa femme, Charlotte, une passion des plus laides et des plus malfaisantes, l'avarice. Charlotte était sèche [1], dure, impitoyable : on eût dit qu'elle avait une pierre à la place du cœur.

Comme ils étaient sans enfants, il leur eût été facile de vivre dans l'abondance et de se payer quelques douceurs. Ils eussent pu se procurer la plus précieuse des satisfactions [2], celle d'aider les malheureux et de conquérir ainsi ces touchantes sympathies [3] qui font la joie des gens charitables. Ils auraient aisément gagné, par quelques jolies surprises [4], l'affection reconnaissante des enfants de Jules et de Catherine.

Or, leur ménage vivait presque dans l'indigence. Charlotte devenait farouche quand elle devait faire une dépense nouvelle. Elle liardait sur tout, sur la table, sur les vêtements, sur les maigres plaisirs du dimanche. Léon, qui était la bonté même, n'avait pas le courage de se fâcher. D'ailleurs, il lui eût fallu se fâcher tous les jours et à propos de tout.

Il souffrait donc en silence et supportait, sans broncher [5], les reproches que Charlotte lui faisait parfois sur ses menus frais, sur ce qu'elle appelait sa prodigalité !

Il avait un jeune chien, une jolie bête qu'il tenait de son frère et qu'il aimait beaucoup. C'était une bouche de plus à nourrir. Aussi Charlotte détestait ce vilain animal et le laissait mourir de faim. Un jour, Léon révolté osa donner au pauvre chien amaigri son propre repas. Ce fut un beau tapage. Sa femme le crut fou et lui prédit qu'il

---

1. *Sèche*, sans affection. — 2. *Satisfactions*, plaisirs, contentement. — 3. *Sympathies touchantes*, amitiés qui émeuvent agréablement. — 4. *Surprises*, objets qu'on reçoit d'une façon inattendue. — 5. *Sans broncher*, sans remuer, sans s'émouvoir.

les mettrait dans la mendicité. Léon ne céda pas et résolut enfin de faire cesser cette odieuse ladrerie[1].

Mais on ne bride pas plus une passion déchaînée qu'on n'endigue un torrent dans les hautes montagnes. Charlotte feignit d'obéir à son mari, mais elle n'en fit qu'à sa tête.

Ce qui attristait surtout cet excellent Léon, que sa bonté rendait trop faible, c'était la pensée de sa dette non encore acquittée. Dès le début de son mariage, il avait prié Charlotte de prélever sur sa dot les dix mille francs qu'il voulait remettre aux créanciers de son père. Charlotte avait bondi comme une louve à qui l'on arrache ses petits. Léon n'avait pas insisté.

Quand il eut amassé, par son travail, la somme qu'il lui fallait et qu'il eut appris que son frère s'était libéré[2], il annonça à sa femme qu'à son tour il allait faire son devoir. Charlotte pâlit subitement, tomba sur une chaise et resta plusieurs minutes sans mouvement et sans voix. Il semblait qu'on lui eût tordu les entrailles. Puis, elle se redressa furieuse : « Non, cria-t-elle, je ne te laisserai pas nous mettre ainsi sur la paille. Les dettes de ton père, est-ce que cela nous regarde ?... » Elle continua longtemps, déversant à flots les injures, les menaces et les supplications. Cette fois, Léon fut courageux : il se boucha les oreilles, et le lendemain, laissant se lamenter l'avarice de sa femme, il s'acquitta honnêtement envers les créanciers de son père.

Voy. Résumé, page 288.

---

1. <i>Ladrerie</i>, extrême avarice. — 2. <i>Libéré</i>, rendu libre vis-à-vis de ses créanciers.

Louis Roche. — QUESTIONNAIRE : 1. <i>Pourquoi Louis Roche ne travaillait-il pas ?</i> — 2. <i>A sa place, eussiez-vous travaillé ?</i> — 3. <i>Pour éviter l'ennui, que fit-il ?</i> — 4. <i>Qu'arrive-t-il aux joueurs ?</i> — 5. <i>Que devint Louis Roche ruiné ?</i> — 6. <i>Quelle résolution prirent ses deux fils ?</i> — 7. <i>Qu'en pensez-vous ?</i> — 8. <i>Quelles qualités avait la femme de Jules ?</i> — 9. <i>Dites ce qu'elle faisait.</i> — 10. <i>Quels défauts avait la femme de Léon ?</i> — 11. <i>Dites ce qu'elle faisait.</i> — 12. <i>Comment se termine cette histoire ?</i>

74. *La Poule aux œufs d'or.*

L'avarice perd tout en voulant tout gagner.
Je ne veux, pour le témoigner,
Que celui [1] dont la poule, à ce que dit la Fable [2],
Pondait tous les jours un œuf d'or.
Il crut que dans son corps elle avait un trésor;
Il la tua, l'ouvrit, et la trouva semblable
A celles dont les œufs ne lui rapportaient rien,
S'étant lui-même ôté le plus beau de son bien.

Belle leçon pour les gens chiches [3] !
Pendant ces derniers temps, combien en a-t-on vus,
Qui du soir au matin sont pauvres devenus
Pour vouloir trop tôt être riches!

La Fontaine.

---

1. *Celui*, l'homme. — 2. *Fable*, récit inventé. — 3. *Chiche*, qui vit petitement et ne dépense rien.

75. *Avarice.*

Frédéric II, traversant au galop un champ de bataille, vit tomber de cheval son neveu et héritier, qu'il crut mort. Il s'écria aussitôt, sans interrompre sa course : — « Ah! voilà le prince royal tué; qu'on prenne soin de son cheval et de sa bride! »

76. *Les Deux Bougies.*

Un fils disait à son père, qui était devenu fort riche : « Comment, mon père, avez-vous fait pour acquérir une si grande fortune? Pour moi, j'ai peine à atteindre le bout de l'année avec tous les revenus du bien que vous m'avez donné en mariage. — Rien n'est plus facile, lui répondit le père en éteignant une des deux bougies qui les éclairaient, c'est de se contenter du nécessaire, et de ne brûler qu'une bougie quand on n'a pas besoin d'en brûler deux. »

Th. BARRAU, *Morale pratique*. (Hachette, édit.)

77. *Mutualité. Une petite Cavé* [1].

Un livret de mutualiste est remis à tous les enfants qui s'engagent à payer à la mutualité scolaire une cotisation de 0 fr. 10 par semaine. Cette cotisation est versée, généralement le lundi matin, entre les mains de l'instituteur. En échange, deux grands avantages sont accordés aux membres de la Mutualité scolaire : une indemnité leur est payée quand ils sont malades, et une rente [2] leur est assurée quand ils approchent de la vieillesse. Quand j'ai eu la rougeole l'année dernière, je me rappelle que mon père a reçu pour moi, de notre mutualité, une indemnité [3] de 0 fr. 50 par jour de maladie, et ma maladie a duré quinze jours, c'est-à-dire que mon père a reçu 7 fr. 50, tandis que pendant ces deux semaines il n'avait versé pour moi que 0 fr. 20.

---

1. *Cavé*, homme de bien qui s'est fait l'apôtre de la Mutualité scolaire. — 2. *Rente*, revenu annuel. — 3. *Indemnité*, somme donnée.

« Fort bien, mon petit ami Jean, me dit M. Baron. Voilà qui est net et précis [1]. Mais si, au lieu d'une maladie courte et bénigne [2], vous aviez eu une de ces maladies longues et coûteuses qui tiennent les enfants éloignés de l'école pendant plusieurs mois, est-ce que l'avantage n'aurait pas été encore plus grand pour votre père ?

— Assurément, monsieur, puisque l'indemnité eût été beaucoup plus forte, et cela au moment même où mon père en aurait eu le plus besoin. Pendant deux mois j'aurais touché 0 fr. 50 par journée de maladie, et pendant un mois encore, 0 fr. 25.

— Parfait. Mais qu'est donc cette rente qu'on assure dès l'enfance pour la vieillesse ?

— Voici, monsieur : 0 fr. 10 par semaine, cela fait pour les 52 semaines de l'année 5 fr. 20. La Mutualité scolaire garde une partie variable de cette somme, 1 fr. 20 environ, pour la distribuer aux sociétaires en cas de maladie. Les autres 4 francs sont versés à deux institutions qui fonctionnent sous la surveillance et sous la responsabilité [3] du gouvernement, la *Caisse nationale de retraites* et la *Caisse des Dépôts et consignations*, et rien qu'avec ces 4 francs versés chaque année à ces caisses au nom du sociétaire mutualiste, l'enfant entré, comme moi, à trois ans dans la Société se sera assuré à dix-huit ans — pour la toucher à l'âge de cinquante-cinq ans — une rente de 52 francs.

— Voilà qui est parfait. Mais n'a-t-on pas la faculté [4] de continuer les versements, passé l'âge de dix-huit ans ?

— Si, Monsieur, et dans ce cas, si l'on continue, comme on doit le faire, à une société de secours mutuels d'adultes [5] les versements jusqu'à l'âge de cinquante-cinq ans, on s'assure pour cet âge une rente de 87 francs environ.

— Vous entendez bien, mes enfants, reprit M. Baron en levant en l'air mon livret et en le montrant à mes camarades, une promesse de 87 francs de rente pour l'âge de cinquante-cinq ans, une indemnité certaine en cas de maladie, voilà ce que contient ce livret du camarade Jean Lavenir. Et tout cela en échange de 0 fr. 10, deux petits sous, par semaine !

---

1. *Précis*, bien arrêté. — 2. *Bénigne*, qui ne fait pas beaucoup de mal. — 3. *Sous la responsabilité* : si ces caisses ne payaient plus, c'est le gouvernement qui devrait payer à leur place. — 4. *Faculté*, pouvoir. — 5. *Adultes*, ceux qui ont dépassé vingt ans.

Pensez-vous que l'ami Jean ait fait une mauvaise affaire en devenant membre de la Mutualité scolaire ?

Mais il dépend de lui, et de lui seul, d'augmenter la rente promise : pour cela il n'aura qu'à augmenter ses versements quand ses moyens le lui permettront. A tout âge, aujourd'hui, demain, dans dix ans, ce qu'il versera en supplément[1] de la modeste pièce de dix centimes accroîtra, dans une proportion équivalente[2] à ses versements et au temps pendant lequel ils auront eu lieu, la pension de retraite dont il jouira à cinquante-cinq ans. Les petits ruisseaux, dit-on, font les grandes rivières.

— Voyez ce qu'il arriverait si tous les écoliers de France étaient dès maintenant nantis[3] de leur livret de mutualiste, et si, après avoir acquitté leur cotisation à l'école, ils accroissaient plus tard leurs versements par un prélèvement fait sur leur superflu : dans cinquante ans on ne verrait plus dans les rues ces mendiants, souvent vigoureux et bien portants, qui tendent la main sans vergogne[4], trouvant plus commode de vivre de la charité que de leur travail ; on ne verrait plus dans les hospices ces vieillards que leur imprévoyance a conduits à une misère sans dignité[5] et que la société est obligée de recueillir et d'entretenir à grands frais ; les cabarets seraient déserts et les prisons se videraient peu à peu. Chacun serait meilleur, chacun aurait le cœur[6] au travail et l'esprit en repos, chacun se suffirait à lui-même, aurait cet inappréciable[7] bonheur de ne dépendre que de lui-même, de n'être à charge à personne.....

Et voici le meilleur de la chose : le jour où vous serez tous mutualistes, les bien portants payeront pour les malades et ne s'en plaindront pas, d'abord parce qu'ils auront la meilleure part, ensuite parce qu'ils ne pourront faire un meilleur emploi de leur argent. Par là rien ne sera perdu de ce que vous aurez semé : ce que vous ne récolterez pas profitera aux autres. Ainsi vous apprendrez la solidarité[8] qui lie les hommes entre eux, qui les oblige[9] tous, jeunes et vieux, riches et

---

1. *En supplément*, en plus. — 2. *Équivalente* : la pension sera d'autant plus élevée qu'on aura plus versé, et versé pendant plus de temps. — 3. *Nantis*, pourvus. — 4. *Vergogne*, honte. — 5. *Misère sans dignité*, parce qu'elle les met dans la dépendance des autres hommes et les oblige à s'humilier. — 6. *Le cœur au travail* : travaillerait avec courage et joie. — 7. *Inappréciable*, dont le prix ne peut s'évaluer, parce qu'il est très élevé. — 8. *Solidarité*, mutuelle dépendance. — 9. *Les oblige*, leur donne des devoirs.

pauvres, les uns envers les autres ; vous l'apprendrez comme il faut l'apprendre, non dans les livres, mais en la pratiquant, et vous vous rendrez compte qu'un homme n'est utile à l'humanité, qu'il ne remplit pleinement [1] sa destinée d'homme que quand, par delà ses intérêts propres, il voit et sert les intérêts des autres, leur donne au moins autant qu'il reçoit d'eux. »

Édouard PETIT et LAMY, *Jean Lavenir*. (Picard, édit.)

XXXII. — L'Ordre.

78. *Les Mésaventures de Joseph Blinger.*

Il était sept heures et demie du matin. Louise Blinger et son frère Joseph achevaient leur déjeuner et devaient se rendre ensemble à l'école. Louise prit sur une étagère ses livres et ses cahiers qu'elle avait soigneusement rangés la veille au soir.

Prête et déjà dans la cour :

« Allons, viens ! dit-elle à son frère, nous avons juste le temps d'arriver.

— Me voilà ! me voilà ! »

Deux minutes s'écoulèrent. Joseph chercha dans tous les coins, déplaça les tables, bouscula [2] les chaises, se mit à plat ventre pour regarder sous les meubles.

« Mais viens donc ! répéta Louise impatientée.

— J'arrive ! j'arrive ! »

Trois autres minutes se passèrent. Joseph apparut enfin sur le seuil, rouge, essoufflé, piteux [3]....

« J'ai perdu mon cahier !

---

1. *Pleinement :* on remplit pleinement sa destinée d'homme quand on est homme complet, juste et bon. — 2. *Bouscula les chaises*, les dérangea brusquement et avec violence. — 3. *Piteux*, digne de pitié.

— Oh! alors, je m'en vais. Je ne veux plus être en retard et punie à cause de toi. Tu laisses toujours tes affaires en désordre, malgré nos recommandations. Aujourd'hui tu en supporteras tout seul les conséquences. »

Et Louise, d'un pied leste, se rendit à l'école.

Joseph chercha encore pendant un quart d'heure. Il courut de la salle à manger à la cuisine, et de la cuisine à sa chambre à coucher. Il alla même jusqu'au fond du jardin en explorant les allées et les charmilles. Il ne trouva rien. Les larmes lui vinrent aux yeux. Découragé, il se disposait à partir, quand tout à coup, se frappant le front, il s'écria :

« Ah! mon Dieu! que je suis bête! »

En deux bonds, il fut sous le hangar et retrouva ce maudit cahier sur une brouette où il l'avait déposé, la veille, pour jouer aux billes. Quel soupir de soulagement! Il s'élança dans la rue, brûla le pavé[1] et, tout en sueur, entra dans la salle de classe... à huit heures sept minutes.

« Encore en retard! lui dit son maître, d'un ton sévère. Vous êtes insupportable, mon ami. Vous nous dérangez tous et vous perdez vous-même une partie de la leçon. Vous serez en retenue jusqu'à midi! »

Joseph baissa la tête et ne répondit rien. C'est ce qu'il avait de mieux à faire.

Le maître reprit :

« C'est sans doute votre manque d'ordre qui vous a mis en retard? Combien de fois vous ai-je dit que ce défaut vous coûterait cher dans la vie! »

Puis, se tournant vers toute la classe : « Ce soir, ajouta-t-il, je vous expliquerai ce que c'est que l'ordre et pourquoi nous devons rester dans l'ordre. »

Le soir, le maître, ayant placé Joseph Blinger bien en

---

1. *Brûla le pavé*, courut très vite.

face de la chaire, parla en ces termes aux grands élèves :
« Avoir de l'ordre, mes enfants, c'est mettre chaque chose à sa place. Car chaque chose a une place qui lui convient mieux que toute autre.

« La place du vin n'est évidemment pas au grenier. Celle du foin n'est pas à la cave. Il vous paraîtrait absurde[1] de mettre cette pendule dans un placard fermé et d'accrocher ma montre au plafond.

« C'est la raison qui nous renseigne là-dessus. Voyez comme elle est contente, lorsque vous entrez dans une maison où la ménagère a mis de l'ordre et de la propreté !

« Quand les choses sont à leur place, elles se conservent mieux, nous les avons plus facilement sous la main, elles peuvent avoir toute leur utilité.

« Avez-vous déjà songé à l'ordre admirable qui règne dans l'immense univers? Le soleil est en marche, les planètes le suivent en gravitant[2] autour de lui, la lune tourne autour de la terre, les milliers d'étoiles, qui sont autant de soleils, parcourent aussi leur route sans fin[3] : et tout se passe avec une si parfaite régularité[4] que les astronomes connaissent le ciel presque aussi bien que vous connaissez cette salle de classe. Cet ordre-là, c'est la nature qui l'a créé. La nature a marqué à l'homme sa place dans l'univers. Et la raison demande que nous sachions y rester.

« Pensez-vous qu'un ivrogne y reste quand il tombe dans le ruisseau et se met au-dessous de la bête? Pensez-vous que l'avare y reste quand il subit le stupide esclavage[5] de l'argent? Pensez-vous que l'homme ingrat y reste quand il fait du mal à qui lui a fait du bien ? Et

---

1. *Absurde*, contraire au bon sens, à la raison. — 2. *Graviter*, tourner par l'effet de l'attraction. — 3. *Route sans fin* : qui peut dire, en effet, quand s'arrêtera le mouvement des étoiles? et quelle est la limite de l'univers? — 4. *Régularité*, d'après des lois fixes qui produisent toujours les mêmes effets. — 5. *Esclavage de l'argent* : c'est, en effet, l'argent qui est le maître de l'avare.

l'enfant, y reste-t-il quand il désobéit à ses parents, ou qu'il se conduit à l'école comme dans la rue ?

« Réfléchissez à cela, mes chers amis. »

Voy. *Résumé*, page 288.

---

79. La Montre.

Une montre à moi ! Quelle affaire [1] !
Mon père m'offre ce cadeau
Pour m'encourager à bien faire.
Elle marche seule, c'est beau.

Une montre vraie ! Elle brille.
En argent ? Qu'importe [2], ma foi !
Pourvu qu'avec sa double aiguille
Elle marque l'heure pour moi ?

Tic, tac ! — Je la mets à l'oreille :
Elle bat comme un petit cœur ;
Elle vit. C'est une merveille [3].
Elle est à moi seul, quel bonheur !

Quelle heure est-il ? — Six heures ! Diable [4] !
Le soleil est déjà levé...
Mon livre est ouvert sur ma table...
Mon devoir n'est pas achevé !

Finissons ! La besogne faite,
C'est drôle comme on est content !...
Sept heures... — Ma copie est prête ;
Et ma montre va : ça s'entend.

---

1. *Quelle affaire !* quel événement heureux ! — 2. *Qu'importe !* cela n'a pas d'importance. — 3. *Merveille*, chose très précieuse et très rare : un objet qui vit ! — 4. *Diable !* exprime l'inquiétude.

Joseph Blinger. — QUESTIONNAIRE : 1. *Racontez la mésaventure de Joseph Blinger.* — 2. *Pourquoi était-il en retard ?* — 3. *S'il avait eu de l'ordre, aurait-il été en retard ?* — 4. *Supposez qu'un commerçant n'ait pas d'ordre, que lui arrivera-t-il ?* — 5. *Qu'est-ce qu'avoir de l'ordre ?* — 6. *Donnez des exemples : vin, pendule, montre, carte murale...* — 7. *Quels sont les avantages de l'ordre ?* — 8. *Qu'est-ce que l'ordre de l'univers ?* — 9. *L'homme a-t-il une place dans l'univers ?* — 10. *Montrez qu'il n'y reste pas quand il est ivrogne, avare, ingrat, etc.*

« Mademoiselle, êtes-vous folle [1]!
Huit heures déjà! — J'ai raison!
— Il faut donc partir pour l'école...
Viens, ma montre! — Oui, mon garçon! »

Et tous deux arrivent ensemble,
A l'heure juste, sans retard!
« Je suis le premier, il me semble...
Remercions-la d'un regard [2]! »

Alors, parlant comme un bon livre,
Avec ses ressorts palpitants [3],
La montre a dit : « Fils, pour bien vivre,
Il faut savoir régler son temps »

Jean AICARD, *Le Livre des petits.*
(Flammarion, édit.)

80. L'Épingle.

Lorsque M. Laffitte vint à Paris, en 1788, toute son ambition [4] se bornait à obtenir une petite place dans une maison de banque [5]. Il se présenta chez M. Perregaux, riche banquier. Le jeune provincial, pauvre et modeste, timide et troublé, fut introduit dans le cabinet du banquier, et présenta sa requête. « Impossible de vous admettre chez moi, du moins pour le moment, lui répond M. Perregaux : mes bureaux sont au complet. Plus tard, si j'ai besoin de quelqu'un, je verrai; mais, en attendant, je vous conseille de chercher ailleurs, car je ne pense pas avoir de longtemps une place vacante. »

Ainsi éconduit [6], le jeune solliciteur salue et se retire. En traversant la cour, triste et le front penché, il aperçoit à terre une épingle, la ramasse et l'attache sur le parement de son habit. Il était loin de se douter que cette action toute machinale devait décider de son avenir.

---

1. *Folle!* dialogue supposé entre l'enfant et sa montre. Le temps a passé si vite que la montre semble folle en marquant huit heures. — 2. *Regard :* pour remercier et aussi parce qu'il a de la joie à la voir. — 3. *Palpitants,* en mouvement. — 4. *Ambition,* désir d'arriver à une situation meilleure. — 5. *Banque,* qui fait le commerce de l'argent. — 6. *Éconduit,* congédié.

Debout devant la fenêtre de son cabinet, M. Perregaux avait suivi des yeux la retraite du jeune homme; le banquier était de ces observateurs qui savent le prix des petites choses et qui jugent le caractère des hommes sur ces détails futiles[1] en apparence et sans portée pour le vulgaire. Il avait vu ramasser l'épingle, et ce trait[2] lui fit plaisir. Dans ce simple mouvement, il y avait pour lui la révélation d'un caractère[3] : c'était une garantie d'ordre et d'économie.

Le soir même, le jeune Laffitte reçut un billet de M. Perregaux, qui lui disait : « Vous avez une place dans mes bureaux; vous pouvez venir l'occuper dès demain. »

Jacques LAFFITTE.

Le banquier ne s'était pas trompé : le jeune homme à l'épingle possédait toutes les qualités requises[4], et même quelques-unes de plus. Le jeune commis devint bientôt caissier, puis associé, puis maître de la première maison de banque de Paris, puis député et homme d'État très influent, et enfin président du conseil des ministres.

Ce que M. Perregaux n'avait pas prévu sans doute, c'est que la main qui ramassait une épingle était une main généreuse jusqu'à la prodigalité, quand il s'agissait de faire du bien; une main toujours ouverte, toujours prête à répandre l'or pour secourir d'honorables infortunes. Jamais la richesse ne fut mieux placée, jamais homme n'en fit un plus noble usage.

Th. BARRAU, *Morale pratique.*

---

81. *L'Amour des arbres.*

Depuis mon arrivée à Estivareilles, j'avais aimé la campagne comme un enfant de la ville qui est transplanté[5] aux champs. Je l'avais aimée pour la joie d'y vivre, de courir à travers les chemins fleuris, de me griser du grand air pur et des senteurs embaumées.

---

1. *Futiles*, de peu d'importance. — 2. *Trait*, fait. — 3. *Caractère*, ce qui distingue un homme, énergie qui met l'homme en relief. — 4. *Requises*, nécessaires, demandées. — 5. *Transplanté*, enlevé d'un endroit et planté dans un autre.

Du jour où je fus petit domestique, je n'eus plus le loisir de m'arrêter aux fleurs des champs, au babil des oiseaux, aux sources fraîches qui invitent à la halte. J'aimai la campagne autrement. Quand on travaille la terre, on est amené à ressentir pour elle une affection réfléchie [1], où il entre de la reconnaissance. N'est-elle pas la mère commune, la vraie mère nourricière des hommes ? Je sentis alors pour la première fois qu'entre la terre et l'homme qui l'arrose de ses sueurs il s'établit un lien très fort. Je compris que la profession agricole ait été longtemps considérée comme auguste [2] et sacrée. Comment le travail qui nourrit les hommes, qui fait sortir du sol remué et fécondé la moisson blonde, n'eût-il pas été le travail par excellence dans les temps primitifs où l'homme devait se procurer par sa seule industrie [3] tout ce qui était nécessaire à ses besoins ?

Vivant ainsi près des choses de la campagne, en contact avec elles, associé [4] à leur vie, j'appris à les voir, elles aussi, d'un autre œil. Enfant étourdi, je les avais d'abord aimées pour moi-même, de cette affection égoïste [5] qui rapporte tout à soi : les fruits par gourmandise, les arbres pour leur ombrage, les fleurs pour le plaisir de les voir, de les respirer, de les cueillir. Que de fois, m'écartant du sentier, j'étais allé, au travers des blés dorés, sans souci de fouler les épis, cueillir les coquelicots et les bleuets !...

Je me sentais maintenant en vie commune avec les bêtes et les plantes qui m'entouraient. Je les aimais pour elles-mêmes et non plus pour moi. J'avais comme un tendre respect [6] pour les plantes qui nous sont utiles ou pour celles qui sont la joie de nos yeux. Pour rien au monde je n'aurais couru à travers les blés mûrissants, dont la lente venue nous avait causé tant de travail et d'inquiétude, au risque d'écraser leurs tiges précieuses où tenait l'espoir de la récolte, notre pain de l'année prochaine. Je savais trop bien que

> Le blé germant, là-haut, dans la roche brisée
> Y boit plus de sueurs [7] cent fois que de rosée !

---

1. *Réfléchie*, affection fortifiée par la connaissance des bienfaits de la terre. — 2. *Auguste*, particulièrement respectable. — 3. *Sa seule industrie*, sa seule invention, son seul travail. — 4. *Associé*, vivant en société avec quelqu'un, ayant avec lui des intérêts communs. — 5. *Affection égoïste*, comme celle du chat, qui n'aime que dans la mesure où il profite. — 6. *Tendre respect* : j'aimais et je respectais les plantes pour elles-mêmes. — 7. *Sueurs* : le blé doit plus au travail de l'homme qu'à la nature même.

Le Chêne « de Rollon » restauré.

Ce chêne, qui se trouve dans la forêt de Roumare, près de Rouen, est celui aux branches duquel, suivant une légende, le premier duc de Normandie suspendit pendant trois ans ses bracelets d'or sans qu'on y touchât. Il a pu être préservé de la destruction, grâce à une restauration intelligente. Cette restauration consiste à nettoyer les excavations du tronc et à les remplir de matériaux agglomérés par du ciment, de façon à éviter le séjour des eaux de pluie, qui pourrissent le bois.

Je me serais fait conscience [1] de couper inutilement les fleurs pour le plaisir d'effeuiller leur corolle ou de les respirer un instant : elles me paraissaient bien plus jolies à leur place, dans les prés ou dans les champs, sur le bord des ruisseaux ou des roches, parmi les trèfles ou les fougères, là où le vent avait semé leurs graines errantes.

Quant aux vieux arbres, j'avais comme une amitié pour eux. Ils sont si beaux, les grands arbres, dans leur vieillesse ! Ils sont la parure de la terre qui, sans eux, serait dépouillée et nue. Quand vous regardez un vieux chêne plus que centenaire, comme celui qui étend ses bras encore bien verts et vigoureux au-dessus de la colline, ne songez-vous pas que ce chêne a abrité, rafraîchi de son ombre plusieurs générations de travailleurs, et ne trouvez-vous pas, comme moi, qu'il y a dans ce vieil arbre quelque chose de vénérable, cette espèce de majesté [2] que confère [3] aux plantes comme aux hommes le grand âge quand il s'unit à la force et à la beauté ? Et puis, vivant ou mort, qu'il nous prodigue ses fruits ou nous prête son ombrage, qu'il donne à l'artisan ses meubles, son berceau au nouveau-né, à l'aïeul son cercueil, l'arbre n'est-il pas notre bienfaiteur, notre compagnon de tous les jours ?

J'ai ouï dire qu'en Angleterre, en Amérique, et aussi chez nous, dans le Jura, dans le Doubs, on a institué dans ces dernières années la *Fête des arbres*. Une fois par an, en la bonne saison, tous les gens du village, riches et pauvres, paysans et bourgeois, châtelaines et filles de la campagne, s'assemblent et s'en vont en joyeuse procession au lieu choisi d'avance. Là, chacun creuse son trou au bon endroit et y plante son arbre. Que dites-vous de cette Fête des arbres ? Quel tableau pouvez-vous imaginer plus riant et plus frais, plus plein de lumière et de joie, que celui des habitants du village se réunissant pour fraterniser en une œuvre charmante et utile, plantant des arbres pour les générations à venir, rendant l'ombre et les nids à la terre où ils dormiront un jour ?

Voilà, en effet, mes enfants, comment la bonne volonté éclairée [4] de l'homme répare le mal fait à la terre et à lui-

---

1. *Conscience* : j'aurais eu des regrets, comme d'une faute que condamne la conscience. — 2. *Majesté*, grandeur qui impose le respect. — 3. *Que confère*, que donne. — 4. *Éclairée* : la bonne volonté ne suffit pas ; il faut qu'elle soit mise au service d'idées justes.

même par son ignorance. L'herbe des pentes gazonnées avait été arrachée par la dent vorace des moutons; la forêt était morte, dévastée par les coupes sombres [1] du propriétaire avide et imprévoyant; la solitude avait remplacé la vie, le roc et les cailloux la verdure, et la voix sauvage du torrent dévastateur le murmure du ruisseau coulant entre ses rives fleuries. Et voici que les arbres revivent, que le reboisement rend au sol dénudé le manteau et la parure qui cachent sa triste et stérile nudité; voici que la montagne se revêt de gazons et de forêts formant comme un tapis spongieux qui absorbe l'eau des pluies et des neiges; voici que le torrent s'apaise, que là où il grondait le ruisseau chante de nouveau sous les berceaux de clématite [2] et de chèvrefeuille, parmi les mousses chevelues et pendantes qu'il incline dans la caresse de ses eaux.

N'avais-je pas raison de vous dire que les arbres sont nos amis, qu'il faut les aimer, les protéger, les respecter?

Édouard PETIT et LAMY, *Jean Lavenir*. (Picard, édit.)

XXXIII. — Le Mensonge.

82. *Le Mensonge de Paul.*

En l'absence de ses parents, Paul brisa, par maladresse, une jolie carafe de cristal. Il s'éloigna vivement, quitta la maison et ne rentra, le soir, qu'avec son frère Émile.

« Qui a brisé cette carafe? interrogea le père mécontent.

— Je ne sais pas, dit Émile.

— Je ne sais pas, répéta Paul dont le cœur battait avec violence [3].

— C'est pourtant l'un de vous deux, reprit le père d'une voix plus sévère. Est-ce toi, Paul? »

---

1. *Coupes sombres*, coupes considérables qui entament beaucoup la forêt. — 2. *Clématite*, plante grimpante. — 3. *Violence*, parce qu'il mentait et qu'il avait peur.

Directement interpellé[1], Paul avait l'aveu sur les lèvres. Un sanglot lui monta à la gorge; ses yeux se remplirent de larmes; il allait dire : « Pardon ! je suis coupable ! » mais la peur le retint et il s'écria : « Non, non, ce n'est pas moi. »

Le père crut à son innocence. Et comme Émile l'avait déjà plusieurs fois trompé :

« C'est donc toi, le menteur ! » lui dit-il.

Émile se défendit, implora[2], supplia, mais en vain. Dans ses cris et ses pleurs le père ne vit qu'une vilaine comédie[3].

« Sors d'ici, petit lâche ! va-t'en et couche-toi sans souper. »

Paul étouffait[4]... Il fit pourtant bonne contenance pendant le repas, puis il alla se coucher auprès de son frère.

Émile pleurait toujours. Son oreiller était trempé de larmes. Paul n'eut pas la force de prononcer une parole. Il voulut dormir, mais le sommeil le fuit. Il entendait les soupirs de son frère et sentait le frisson de ce corps que secouaient les sanglots. Quelle torture[5] ! tant de souffrance causée par son mensonge ! Il n'y tint plus. Brusquement il se lève, se jette sur son frère et l'embrasse étroitement :

« Émile, je t'en supplie, ne pleure plus. C'est moi, le menteur. J'ai nié lâchement, par crainte. Demain, j'avouerai tout. Je me repens bien de ma faute. Dors, repose-toi... »

Les deux frères s'endormirent en paix. Le lendemain, Paul confessa son mensonge. Émile était là : le père très ému lui prit les deux mains, les serra tendrement et lui dit :

« Mon enfant, pardonne-moi. Tu as bien souffert, je

---

1. *Interpellé*, sommé de répondre. — 2. *Implora*, demanda humblement et avec instance. — 3. *Comédie*, où l'on fait semblant de crier et de pleurer. — 4 *Étouffait*, de honte. — 5. *Torture*, vive souffrance, causée par le remords.

je vois sur ton visage pâli. Et moi, je regrette beaucoup de t'avoir puni injustement. »

Émile se jeta au cou de son père :

« Et toi, père, lui dit-il, pardonne à ce pauvre Paul. Il a été bien malheureux, lui aussi. »

Alors, le père se tournant vers Paul :

« Ton repentir a racheté ta faute. Va, j'oublierai. Mais souviens-toi ! »   Voy. *Résumé*, page 288.

83. *Le Menteur.*

Guillot criait : « Au loup ! » un jour, par passe-temps [1].
   Un tel cri mit l'alarme aux champs ;
   Tous les bergers du voisinage
Coururent au secours ; Guillot se moqua d'eux ;
   Ils s'en retournèrent honteux,
   Pestant contre son badinage [2] ;
   Mais rira bien qui rira le dernier.
Deux jours après, un loup avide de carnage,
   Un véritable loup-cervier [3],
Malgré notre berger et son chien, faisait rage
   Et se ruait sur le troupeau.
« Au loup ! s'écria-t-il, au loup ! » Tout le hameau
Rit à son tour. « A d'autres [4], je vous prie,
Répondit-on, l'on ne nous y prend plus. »
Guillot le goguenard [5] fit des cris superflus [6] :
   On crut que c'était fourberie.

    Menteur n'est jamais écouté,
    Même en disant la vérité.
RICHER.

1. *Passe-temps*, occupation qui n'a d'autre but que « de faire passer le temps ». — 2. *Badinage*, ce qui est fait pour jouer et pour rire. — 3. *Loup-cervier*, nom vulgaire du lynx, plus sauvage, plus féroce que le loup. — 4. *A d'autres*, adressez-vous à d'autres. — 5. *Goguenard*, railleur, mauvais plaisant. — 6. *Superflus*, sans effet et par suite inutiles.

Le Mensonge de Paul. — QUESTIONNAIRE : 1. *Pourquoi Paul a-t-il menti ?* — 2. *Qu'est-ce qu'il aurait dû faire ?* — 3. *Quelles furent les conséquences de ce mensonge ?* — 4. *En général, pourquoi ment-on ?* — 5. *Celui qui ment a-t-il du courage ?* — 6. *Donnez la définition du mensonge.*

84. Un Mensonge ingénu.

Le mensonge est affreux. Honte à celui qui ment!
— A moins que ce ne soit pour excuser son frère. —
Marcel un jour mentit, par extraordinaire,
Et ce fut un mensonge adorable [1] et charmant.
Le méchant Valentin, dans un transport de rage,
Se jette sur Marcel et le mord au visage.
Marcel crie : « Au secours! » Le père accourt et dit :
« Qu'as-tu?
    — Moi, rien du tout! » fait Marcel interdit [2],
En essuyant le sang qui rayait sa figure.
« Ce sang n'est pas venu tout seul, je me figure.
D'où te vient cette marque à l'oreille?
    — De rien!
— De rien? c'est merveilleux! Mais je vois un vaurien
Qui saura m'expliquer, je crois, cette merveille [3].
— C'est moi-même, papa! J'ai mordu mon oreille!
— Cher enfant, dit le père en l'embrassant, c'est fort;
Tu devais pour cela faire un étrange [4] effort,
Car tu n'as pas la bouche aussi grande que l'âme [5]! »
Il partit, mais l'auteur de la morsure infâme [6]
En face de Marcel sentit son cœur alors
Mordu par une dent terrible : le Remords!

                L. RATISBONNE,
    Comédie enfantine. (Ch. Delagrave, édit.)

85. Généreuse franchise.

Charles VII se trouva presque dépouillé de tous ses États au commencement de son règne, et il ne lui restait aucune ville importante, à l'exception d'Orléans et de Bourges. Cependant il se livrait au plaisir et ne songeait qu'à donner des fêtes. Un jour qu'il dansait dans un ballet qu'il avait imaginé lui-même, un brave chevalier, La Hire, entre dans la salle. Le roi lui dit : « Eh bien! La Hire, que pensez-vous de cette fête? Ne trouvez-vous pas que nous nous divertissons bien?

---

1. *Adorable*, digne d'être beaucoup aimé. — 2. *Interdit*, troublé. — 3. *Merveille*, miracle, qui ne s'explique pas. — 4. *Étrange*, contraire à l'ordre, au bon sens. — 5. *Âme* : une âme grande est une âme courageuse et généreuse. — 6. *Infâme*, qui mérite qu'on s'indigne.

— Oui, sire, répondit le chevalier ; il faut convenir qu'on ne saurait perdre un royaume plus gaiement. »

Cette réponse si franche fit rougir le jeune roi. Dès ce moment il s'occupa davantage de ses devoirs et moins de ses plaisirs.

---

86. *Quand tu mens.*

Quand tu mens, tu dérobes volontairement la vérité à tes semblables, et tu fais une blessure à leur intelligence ; tu risques de nuire à leur bourse, à leur réputation, à leur tranquillité, à leur bonheur. Tu commets donc une *injustice*.

Quand tu mens, tu es un mauvais citoyen, tu es un homme de désordre et un ennemi de la société. La société n'est possible qu'autant que nous avons confiance les uns dans les autres. Tu crois fermement que ton père et ta mère te donneront des aliments sains et non des mets corrompus. Tu crois que l'épicier ne te trompera pas sur la nature de sa marchandise. Tu crois que le pharmacien ne te donnera pas l'arsenic qui tue à la place du remède qui sauve. Tu crois que le facteur ne mettra pas dans sa poche la lettre que tu viens de jeter dans la boîte. Tu crois que le mécanicien ne fera pas dérailler exprès le train dans lequel tu vas monter. C'est cette confiance mutuelle qui nous permet de vivre en société. Sans elle, nous nous regarderions de travers, comme des loups, et retournerions à l'état sauvage. Or, le mensonge est le poison de la confiance. C'est par lui qu'elle s'affaiblit, et, s'il prenait dans le monde une place trop grande, c'est par lui qu'elle mourrait. Songes-y bien.

Quand tu mens, tu es la première victime de ton mensonge. Ton regard devient trouble et ta parole hésitante. Ton visage te dénonce comme un menteur. On ne te croit plus, même quand tu dis la vérité. Or, un homme qu'on ne croit plus sur sa parole est bien faible et bien malheureux.

Quand tu mens, tu es un pauvre garçon peureux et fuyard. Tu fuis misérablement devant un reproche, un blâme, une punition, la perte d'un plaisir ou d'une somme d'argent. Tu fuis devant une petite ou une grande souffrance que tes fautes, le plus souvent, t'ont méritée.

N'as-tu jamais vu un grand et robuste gaillard pâlir et reculer devant les injures et les menaces d'un mauvais garnement plus méchant, mais moins fort que lui? C'est un spectacle ridicule et piteux. Ce grand gaillard n'est qu'un trembleur. Pour éviter quelques coups de poing, il se mettrait à plat ventre devant son insulteur. Ceux qui le voient dans cette posture humiliante haussent les épaules et disent avec dédain : « C'est un lâche! »

Or, c'est là précisément l'attitude du menteur.

Le menteur, lui aussi, n'ose pas se présenter, net et droit, et déclarer courageusement : Me voilà! frappe! je ne reculerai pas! J'accepte toutes les conséquences de mes actes, même si elles doivent être douloureuses, selon le bon vieux proverbe français qui dit : « Le vin est tiré, il faut le boire! »

XXXIV. — L'Hypocrisie.

87. *Julie Delorme.*

Si vous eussiez vu Julie Delorme en classe, sous les yeux de sa maîtresse, vous vous seriez écrié :

« Quelle bonne élève! Comme elle est attentive! »

Elle avait l'air d'une petite sainte.

Mais dès que l'institutrice tournait le dos c'était un changement complet. Julie riait, bavardait, tournait la tête, taquinait ses camarades et leur faisait des grimaces.

« Qui est-ce donc qui parle? Est-ce vous, Julie?

— Oh! non, mademoiselle! »

Il fallait entendre ce : « Oh! non! » La maîtresse s'y laissait prendre : elle dirigeait cette classe depuis deux mois à peine et ne connaissait pas bien ses élèves. Julie Delorme avait deux visages : *c'était une hypocrite*[1]. Au début, ses camarades s'en amusèrent : elle était si drôle!

---

1. *Hypocrite*, qui est mauvais et veut paraître bon.

Petites filles à l'école; tableau de Norbert Gœneutte.

Mais quand elles se furent aperçues de sa fausseté, elles éprouvèrent à son égard une instinctive [1] méfiance et souvent, en récréation, refusèrent de jouer avec elle.

Un jour, elle s'empara d'un carnet de notes qui se trouvait sur l'estrade. Le soir même, la maîtresse réclama l'objet disparu et fit une enquête [2]. Julie, craignant que sa faute ne fût découverte, glissa le carnet dans le pupitre d'une voisine, Louise Ragot. Cette petite manœuvre fut aperçue par une autre élève qui n'en dit rien, d'abord.

Après bien des recherches, l'institutrice mit la main sur le carnet. Qui fut stupéfaite [3]? Ce fut Louise Ragot.

---

1. *Instinctive,* qui se produit d'elle-même, sans qu'on ait réfléchi. — 2. *Enquête,* recherche. — 3. *Stupéfaite,* pleine d'étonnement.

« Comment, c'est vous, Louise ! Vous n'êtes pas honteuse ! »

Louise nia, pleura, se défendit comme elle put : elle fut punie quand même.

Julie Delorme se taisait.

Mais une voix tout à coup s'éleva :

« Mademoiselle, Louise n'est pas coupable. C'est Julie Delorme qui a volé le carnet. Je l'ai vue tout à l'heure le glisser dans ce pupitre. Elle aurait dû se dénoncer elle-même. Elle ne l'a pas fait : je la dénonce. »

Vous croyez peut-être que Julie se troubla ? Pas le moins du monde. Comme d'ordinaire, elle joua devant sa maîtresse la comédie[1] de la sagesse et de l'innocence. Et elle la joua si bien, que sa maîtresse, comme d'ordinaire, la crut sur parole.

L'hypocrite triomphait. Ah ! la petite perfide[2] ! comme elle était déjà dangereuse !

Mais après la classe elle eut affaire à ses compagnes révoltées de tant de fausseté. Celles-ci l'entourèrent dans la cour.

« La coupable, dit l'une d'elles, c'est bien toi, Julie Delorme. Tu vas tout avouer, et tout de suite. Va, menteuse ! Va, hypocrite !

— Hypocrite ! » répétèrent toutes les voix.

Julie, toute pâle, restait muette et ne bougeait pas.

« Mais va donc, lâche ! »

Les lèvres serrées, le regard méchant, Julie se tut encore. Alors, elles l'entraînèrent et l'amenèrent de force devant la maîtresse.

« Mademoiselle, mademoiselle, Louise Ragot est innocente. C'est bien Julie Delorme qui a volé le carnet. Il faut que justice soit faite ! »

Elles démasquèrent[3] alors l'hypocrisie de leur cama-

---

1. *Comédie :* un comédien peut jouer le rôle d'un sage sans l'être lui-même. — 2. *Perfide*, qui trompe la confiance. — 3. *Démasquèrent*, car l'hypocrite a comme un masque de bonté.

rade et prouvèrent sans peine que cette Julie, en apparence si sage, était en réalité la plus mauvaise élève de l'école.

Julie eut beau protester [1], l'institutrice était enfin convaincue. Elle se leva, indignée et toute frémissante [2] :

« Allez, méchante fille ! vous ne m'inspirez plus que du dégoût. Allez ! il n'y a rien de plus vil [3] et de plus méprisable que votre conduite. Et moi qui vous estimais et qui vous aimais ! Vous aviez volé mon estime et mon affection. Vous vous êtes moquée de ma bonté et de ma tendresse. Oh ! l'horreur ! Écartez-vous, mes enfants, écartez-vous. Qu'elle s'en aille ! »

D'un mouvement instinctif, les élèves se reculèrent et, dans le grand silence qui s'était fait, Julie Delorme l'hypocrite, la tête baissée, le front dans les mains, quitta l'école.   Voy. *Résumé*, page 289.

---

88. *Le Chat, la Belette et le petit Lapin.*

Une belette s'était emparée du logis d'un jeune lapin. Celui-ci protesta, cria, discuta, de telle sorte que dame Belette proposa de recourir à un arbitre [4] :

. . . .
    « Or bien, sans crier davantage,
Rapportons-nous, dit-elle, à Raminagrobis. »
C'était un chat vivant comme un dévot ermite,
    Un chat faisant la chattemite [5],
Un saint homme [6] de chat, bien fourré, gros et gras,
    Arbitre expert [7] sur tous les cas.

---

1. *Protester*, se défendre. — 2. *Frémissante*, de dégoût, de colère. — 3. *Vil*, bas, laid. — 4. *Arbitre*, qui juge un différend entre deux personnes. — 5. *Chattemite*, personne méchante qui, pour mieux tromper, prend un air de douceur. — 6. *Homme* : façon plaisante de dire que le chat semblait plein d'innocence. — 7. *Expert*, compétent, habile.

Julie Delorme. — QUESTIONNAIRE : 1. *Faites le portrait de Julie Delorme.* — 2. *Pourquoi peut-on dire qu'elle avait deux visages ?* — 3. *Racontez sa mauvaise action.* — 4. *Faites connaître l'attitude de ses camarades à son égard.* — 5. *Pourquoi cette attitude ?* — 6. *Rappelez les reproches de sa maîtresse.* — 7. *Définition de l'hypocrisie.* — 8. *Pourquoi de tous les vices l'hypocrisie est-il le plus odieux ?*

Jean Lapin pour juge l'agrée.
Les voilà tous deux arrivés
Devant sa majesté [1] fourrée.
Grippeminaud leur dit : « Mes enfants, approchez,
Approchez ; je suis sourd, les ans en sont la cause. »
L'un et l'autre approcha, ne craignant nulle chose.
Aussitôt qu'à portée il vit les contestants,
 Grippeminaud, le bon apôtre [2],
Jetant des deux côtés la griffe en même temps,
Mit les plaideurs d'accord [3], en croquant l'un et l'autre.

La Fontaine.

89. Aveu sincère.

La duchesse de Longueville, n'ayant pu obtenir une faveur qu'elle avait demandée à Louis XIV, en fut si vivement piquée [4] qu'il lui échappa contre lui des paroles très déplacées. Une seule personne les avait entendues, mais cette personne fut indiscrète. La chose fut rapportée au roi, qui en parla au prince de Condé, frère de la duchesse. Le prince répondit que ce rapport devait être faux. « J'en croirai votre sœur elle-même, répliqua le roi, si elle le dément. » Le prince va voir sa sœur, qui ne lui cache rien ; en vain il tâche, pendant toute une soirée, de lui persuader qu'en cette occasion la sincérité serait trop dangereuse, qu'en la déclarant innocente il avait cru dire la vérité, qu'elle ne devait pas lui donner tort, et qu'elle ferait même plus de plaisir au roi en niant sa faute qu'en l'avouant [5]. « Voulez-vous, lui dit-elle, que je répare cette faute par une plus grande ? Celui qui m'a dénoncée a grand tort ; mais, après tout, il ne m'est pas permis de le faire passer pour un calomniateur, puisque en effet il ne l'est pas. » Elle alla trouver le roi et avoua tout. Louis XIV non seulement lui pardonna de bon cœur, mais lui accorda quelques grâces [6] auxquelles elle ne s'attendait pas.

Th. Barrau, *Morale pratique*.

---

1. *Majesté* : le chat jouait le rôle d'un prince grave et respectable. — 2. *Faire le bon apôtre*, par ironie, contrefaire l'homme de bien. — 3. *D'accord* : quand ils furent croqués, la querelle était terminée. — 4. *Piquée*, blessée, dépitée. — 5. *L'avouant*, car on pouvait craindre que le roi, connaissant la faute, ne fût dans un grand embarras. — 6. *Grâces*, faveurs.

Louis XIV enfant; bronze par Simon GUILLAIN.
(Musée du Louvre.) — Phot. Giraudon.

XXXV. — Le Respect du nom.

90. Joseph Trélut.

Joseph Trélut, ayant volé cent mille francs dans une maison de banque, fut condamné à deux ans de prison.

Quand j'ai rencontré son père, le pauvre homme faisait pitié. Il s'est mis à pleurer devant moi :

« Qu'il soit puni, lui, le coupable, il l'a bien mérité. Mais sa mère, mais ses frères et ses sœurs, mais moi son père, nous voilà tous flétris[1] par son crime. Nous devons baisser la tête et nous éloigner des honnêtes gens.

— Oh! monsieur Trélut, chacun vous connaît et vous estime.

— Bah! tous les Trélut sont solidaires[2] aux yeux du monde et nous ne sommes plus guère, pour tous, qu'une famille de voleurs. Dans cinquante ans, dans cent ans, s'il y a des Trélut, ils payeront encore pour le crime de leur aîné. *La tache du nom les salira*[3]. »

Il s'en alla, courbé, brisé, vieilli de dix ans : la faute du fils allait tuer le père.

C'est une épouvantable injustice que de faire retomber sur des innocents la honte du coupable. Mais cette injustice, hélas! est le plus souvent inévitable. Dieu nous garde d'en souffrir et surtout d'en faire souffrir les autres!

---

91. Dampierre.

Dampierre, indignement calomnié, avait traduit le calomniateur en cour d'assises.

« Messieurs, dit-il aux jurés, je n'ai pas de fortune. Je ne possède que mon nom. Mon père, ouvrier tisseur,

---

1. *Flétris*, déshonorés. — 2. *Solidaires*, intimement liés, ressemblants ; par suite, jugés avec la même sévérité. — 3. *Salira*, aux yeux du monde.

l'avait bien porté. Il me l'a transmis sans tache et ce me fut un précieux héritage. Grâce à ce nom, très humble mais très respecté, les honnêtes gens m'accueillirent sans défiance et crurent en ma probité[1]. Je n'eus qu'à travailler pour me faire la situation que j'occupe aujourd'hui. Et c'est ce nom qu'on a voulu couvrir de honte. Une odieuse calomnie m'enlèvera-t-elle ma seule richesse et mon seul orgueil[2]? Au nom de la justice, punissez celui qui a tenté de me flétrir. Proclamez que mon honneur reste sans tache. Sinon, qu'irais-je dire à mes enfants? « Je vous lègue un « nom souillé[3]. Vous le traînerez toute votre existence « comme une marque d'infamie[4]. Il vous fermera toutes « les portes. A peine serez-vous estimé de vos plus pro- « ches connaissances. Quant à la foule qui ne vous con- « naît pas, qui ne pourra et ne voudra pas vous connaître, « c'est sur votre nom qu'elle vous jugera. La foule dira : « Il s'appelle Dampierre; il est d'une race de malhonnêtes « gens. »

Les jurés furent émus de ce langage. Le calomniateur fut condamné à deux mois de prison et à cinq mille francs d'amende. Voy. *Résumé*, page 289.

---

92. *Don Ruy Gomez.*

Le duc Ruy Gomez a donné l'hospitalité à un fugitif. Le roi d'Espagne, Don Carlos, exige que le fugitif lui soit livré sur-le-champ. L'honneur défend au duc de commettre une telle

---

1. *Ma probité*, mes sentiments de justice et d'honnêteté. — 2. *Orgueil :* ici, c'est le nom sans tache qui donne de l'orgueil. — 3. *Nom souillé*, par une faute supposée. — 4. *Infamie*, action ou réputation criminelle.

Joseph Trélut. — **Dampierre.** — QUESTIONNAIRE : 1. *Dites ce qu'a fait Joseph Trélut.* — 2. *Qui est-ce qui a été déshonoré par son crime?* — 3. *De quoi se plaignait son père?* — 4. *Avait-il raison de se plaindre? Pourquoi?* — 5. *Qu'a fait Dampierre?* — 6. *De quoi se plaignait-il aux jurés?* — 7. *Pourquoi les jurés ont-ils condamné le calomniateur?* — 8. *Qu'eussiez-vous fait à leur place?* — 9. *Que faut-il entendre par le respect du nom?*

trahison ¹. Il brave les menaces du roi et lui montre les portraits de ses aïeux, dont il rappelle en même temps les exploits. Arrivant à l'avant-dernier portrait, il ajoute :

. . . .
. . . . . . Ce vieillard, cette tête sacrée,
C'est mon père. Il fut grand, quoiqu'il vînt le dernier.
Les Maures de Grenade ² avaient fait prisonnier
Le comte Alvar Giron, son ami. Mais mon père
Prit pour l'aller chercher six cents hommes de guerre ;
Il fit tailler en pierre un comte Alvar Giron
Qu'à sa suite il traîna, jurant, par son patron,
De ne point reculer que le comte de pierre
Ne tournât front ³ lui-même et n'allât en arrière.
Il combattit, puis vint au comte et le sauva.

LE ROI.

Mon prisonnier !...

LE DUC.

C'était un Gomez de Sylva.
Voilà donc ce qu'on dit quand dans cette demeure
On voit tous ces héros...

LE ROI.

Mon prisonnier, sur l'heure !...

LE DUC, *montrant son portrait.*

Ce portrait, c'est le mien. — Roi Don Carlos, merci !
Car vous voulez qu'on dise en le voyant ici :
« Ce dernier, digne fils d'une race si haute,
Fut un traître, et vendit la tête de son hôte ! »

LE ROI.

Duc, ton château me gêne, et je le mettrai bas !

LE DUC.

Car vous me le paîriez ⁴, Altesse, n'est-ce pas ?

---

1. *Trahison*, qui consiste à livrer celui qui s'est fié à votre loyauté. — 2. *Grenade*, ville du sud de l'Espagne, ancienne capitale d'un royaume arabe. — 3. *Front* : comme il s'agissait d'un homme de pierre, il ne pouvait tourner front lui-même. Le comte Alvar Giron avait donc juré ainsi de ne jamais reculer. — 4. *Paîriez*, pour que ce fût bien un marché honteux et que mon infamie en fût plus grande.

LE ROI.

Duc, j'en ferai raser les tours, pour tant d'audace [1],
Et je ferai semer du chanvre sur la place.

LE DUC.

Mieux voir croître du chanvre où ma tour s'éleva
Qu'une tache ronger [2] le vieux nom de Silva ! »

V. HUGO, *Hernani*.

XXXVI. — La Modestie.

93. *La Modestie de Jules Breton.*

Lorsque, au péril de sa vie, Jules Breton eut sauvé le jeune Trublin qu'une voiture allait écraser, il rentra chez ses parents et jusqu'au dîner s'amusa tranquillement avec sa jeune sœur.

De son acte de courage il ne dit pas un mot.

Pendant le repas, sa mère lui vit, au front, une légère blessure.

« Qu'as-tu donc là ? lui dit-elle.

— Oh ! rien ! » répondit Jules en rougissant [3].

Quelques instants après, on frappait à la porte. C'était le maire de la commune qui désirait parler à M. Breton. Il entra dans la salle à manger. Jules, très embarrassé, s'agita [4] sur sa chaise et finalement se leva pour sortir.

« Non, non, dit le maire en lui posant affectueusement la main sur l'épaule, reste ici : ta présence ne me gêne pas. »

Les parents intrigués [5] se demandaient déjà si leur fils

---

1. *Audace*, d'un serviteur qui résiste à son maître. — 2. *Ronger*, comme les plantes parasites rongent les vieux murs. — 3. *Rougissant*, de modestie. — 4. *S'agita*, parce qu'il était obligé de mentir. — 5. *Intrigués*, ne sachant que penser.

n'était pas coupable de quelque sottise. Ils furent immédiatement rassurés.

« Monsieur Breton, permettez-moi de vous féliciter. Votre fils vient d'accomplir un acte de courage qui vous fait grand honneur, ainsi qu'à Mme Breton.

— Un acte de courage ? où ? quand ?

— Ah ! vous n'en savez rien encore ?

— Non !

— C'est bien, cela, mon ami : tu es aussi modeste que courageux. »

Jules baissait la tête comme un accusé, confus de ces éloges et mal à l'aise sous le regard ravi[1] de ses parents.

« Eh bien, reprit le maire, il y a moins de deux heures ce jeune garçon sauvait de la mort un enfant. »

Il raconta le fait dans tous ses détails :

« J'étais présent, ajouta-t-il, j'ai tout vu et j'ai admiré le courage de votre fils. Une seconde de plus, et lui-même était écrasé sous les pieds des chevaux. »

La mère pâlit en entendant ces paroles. Elle attira Jules et l'embrassa plusieurs fois sans parler. Puis elle le poussa doucement vers son père, qui le reçut, à son tour, dans ses bras.

« Je suis content de toi, dit-il. Tu as fait ton devoir dans une circonstance périlleuse : c'est bien.

Tu n'en as rien dit : c'est mieux encore.

Je vous remercie, monsieur le maire, de votre démarche. Elle nous fait grand honneur et grand plaisir. »

Voy. *Résumé*, page 289.

---

1. *Ravi*, enchanté, très content.

La Modestie de Jules Breton. — QUESTIONNAIRE : 1. *Qu'avait fait Jules Breton avant de rentrer chez ses parents ?* — 2. *Qu'a-t-il fait en rentrant ?* — 3. *Racontez la visite du maire.* — 4. *Quels étaient les sentiments de M. et de Mme Breton pendant le récit du maire ?* — 5. *Rappelez les paroles de M. Breton.* — 6. *Quelles sont les qualités de Jules Breton ?* — 7. *Qu'est-ce que la modestie ?* — 8. *Pourquoi faut-il être modeste ?* — 9. *Comment se montre-t-on modeste ?*

94. Les Deux Épis.

Dans les beaux jours où l'on s'apprête
A moissonner les blés qui dorent[1] les sillons,
Au-dessus de ses compagnons
Un jeune épi dressait la tête.
C'était un pauvre sot, ridiculement vain[2]
D'un avantage imaginaire[3] ;
Il ne parlait qu'avec dédain[4]
Aux autres courbés vers la terre :
« Je plains cette hauteur dont tu t'enorgueillis,
Lui dit un vieil[5] épi, caché presque sous l'herbe[6] ;
Si ton front comme nous était chargé de fruits[7],
Tu descendrais plus bas et serais moins superbe[8]. »

SAINT-SURIN.

95. Le Grillon.

Un pauvre petit grillon,
Caché dans l'herbe fleurie,
Regardait un papillon
Voltigeant dans la prairie.
L'insecte ailé brillait des plus vives couleurs ;
L'azur[9], la pourpre[10] et l'or[11] éclataient sur ses ailes ;
Jeune, beau, petit-maître[12], il court de fleurs en fleurs,
Prenant et quittant les plus belles.
« Ah ! disait le grillon, que son sort et le mien
Sont différents !... Dame Nature
Pour lui fit tout, et pour moi rien.
Je n'ai point de talent[13], encor moins de figure :
Nul ne prend garde à moi, l'on m'ignore ici-bas ;
Autant n'exister pas. »

---

1. *Dorent*, parce qu'ils sont jaunes comme de l'or. — 2. *Vain*, plein de vanité, de contentement de soi. — 3. *Imaginaire*, qu'on suppose, mais qui n'existe pas en réalité. — 4. *Avec dédain*, parce que les épis courbés lui semblaient inférieurs à lui. — 5. *Vieil épi*, qui avait de l'expérience et ne se trompait plus. — 6. *Caché sous l'herbe*, tant il était courbé — 7. *Fruits*, ici, les grains de blé — 8. *Superbe*, orgueilleux. — 9. *Azur*, bleu clair et vif. — 10. *Pourpre*, rouge. — 11. *L'or*, le jaune brillant. — 12. *Petit-maître*, jeune homme prétentieux et ridicule. — 13. *Talent*, qualité qui vous met en relief.

Comme il parlait, dans la prairie
Arrive une troupe d'enfants :
Aussitôt les voilà courants
Après ce papillon dont ils ont tous envie.
Chapeaux, mouchoirs, bonnets, servent à l'attraper.
Il devient bientôt leur conquête.
L'un le saisit par l'aile, un autre par le corps;
Un troisième survient et le prend par la tête.
Il ne fallait pas tant d'efforts [1]
Pour déchirer la pauvre bête.
« Oh! oh! dit le grillon, je ne suis pas fâché [2] :
Il en coûte trop cher pour briller dans le monde.
Combien je vais aimer ma retraite profonde! »
Pour vivre heureux, vivons caché [3].

FLORIAN.

XXXVII. — L'Orgueil.

96. *Lucien Béclard.*

En voilà un qui est content de lui! C'est un élève intelligent et laborieux, *mais il le sait trop*. Aucune de ses qualités ne lui échappe. Il les enfle [4], les additionne, les multiplie, en fait un total énorme qu'il ne quitte jamais des yeux.

« Dis donc, Béclard, veux-tu jouer avec nous? »

Béclard jette un regard de pitié [5] sur la veste usée et rapiécée du camarade qui l'appelle et tourne le dos sans répondre.

Quand un élève se trompe en classe, on voit, sur les lèvres de Béclard, un sourire moqueur : le vilain petit bonhomme!

---

1. *Efforts* : car le papillon est très fragile. — 2. *Fâché*, d'être ce que je suis, c'est-à-dire humble et non aperçu. — 3. *Caché*, à l'abri des honneurs, mais aussi du danger. — 4. *Enfle*, les grossit parce que ce sont les siennes. — 5. *Pitié*, tant il le trouve petit, misérable, au-dessous de lui.

L'entrée à l'école, en Bretagne; photogr. de M. Geniaux.

Un jour, le concierge de l'école lui dit poliment d'essuyer ses souliers avant de monter l'escalier. Le rouge lui vint au visage : « Des gens comme ça[1] ! qui se permettaient de lui faire des observations, à lui, Béclard ! »

Notez que le père de Béclard est tout simplement comptable dans une modeste maison de commerce.

Le jour de la distribution des prix, Lucien Béclard est très malheureux et vraiment à plaindre.

L'instituteur lit le palmarès[2] :

« Premier prix de composition française ! »

Un silence : Béclard se lève. C'est évidemment[3] lui qu'on va nommer.

---

1. *Comme ça*, expression de mépris, de dédain. — 2. *Palmarès*, liste des prix. — 3. *Évidemment*, sans aucun doute... pour lui.

« Jean Brunel ! » dit l'instituteur.

Béclard, surpris, se rassied :

« Tiens ! c'est pour Brunel. Je suis pourtant bien plus fort que lui ! »

Quand Jean Brunel va se faire couronner, toute l'école applaudit, sauf Béclard qui fait une moue[1] de dédain et se croit victime d'une injustice.

Il en va de même pour le dessin, l'écriture et d'autres matières où des condisciples l'ont dépassé, parce qu'ils ont comme lui de l'intelligence et du courage, et qu'en outre ils sont modestes et défiants d'eux-mêmes, condition nécessaire du succès.

Très satisfait de ses qualités, Béclard n'est jamais content de son sort. On ne le traite jamais selon son mérite.

Ce qu'on lui donne, c'est chose due : il n'en sait point de gré[2].

Ce qu'on donne aux autres, c'est chose volée — à lui, Béclard : — il en a le cœur plein d'amertume[3].

Des récompenses, il y en a toujours trop pour ses camarades et jamais assez pour lui;

Il n'est pas aimé et ne le sera jamais. Si vous l'aviez comme voisin, il vous serait insupportable. Si je vous disais ce que ses camarades pensent de lui, et si je vous racontais le petit tour qu'ils lui ont joué l'année dernière. . . . . Mais non, cela ne serait pas charitable.

Voy. *Résumé*, page 289.

---

1. *Moue*, grimace des lèvres. — 2. *Gré*, satisfaction. — 3. *Amertume*, impression de tristesse et de mécontentement.

Lucien Béclard. — QUESTIONNAIRE : 1. Quelles étaient les qualités de Béclard ? — 2. Quel était son défaut ? — 3. Que pensait-il de lui-même ? — 4. Que pensait-il de ses camarades ? — 5. Quelle était son attitude à leur égard ? — 6. Racontez les faits qui se rapportent à son orgueil. — 7. Était-il aimé ? — 8. Que pensez-vous de Béclard ? — 9. Qu'est-ce que l'orgueil ?

97. *Le Chêne et le Roseau.*

Le chêne, un jour, dit au roseau :
« Vous avez bien sujet[1] d'accuser la nature ;
Un roitelet pour vous est un pesant fardeau ;
   Le moindre vent qui d'aventure[2]
   Fait rider la face de l'eau
   Vous oblige à courber la tête,
Cependant que mon front, au Caucase[3] pareil,
Non content d'arrêter les rayons du soleil[4],
   Brave l'effort de la tempête.
Tout vous est aquilon[5], tout me semble zéphyr.
Encor, si vous naissiez à l'abri du feuillage
   Dont je couvre le voisinage,
   Vous n'auriez pas tant à souffrir :
   Je vous défendrais de l'orage ;
   Mais vous naissez le plus souvent
Sur les humides bords[6] des royaumes du vent.
La nature envers vous me semble bien injuste.
— Votre compassion, lui répondit l'arbuste,
Part d'un bon naturel[7] ; mais quittez ce souci[8] :
   Les vents me sont moins qu'à vous redoutables ;
Je plie, et ne romps pas. Vous avez jusqu'ici
   Contre leurs coups épouvantables
   Résisté sans courber le dos ;
Mais attendons la fin. » — Comme il disait ces mots,
Du bout de l'horizon accourt avec furie[9]
   Le plus terrible des enfants
Que le Nord eût portés jusque-là dans ses flancs.
   L'arbre tient bon ; le roseau plie.
   Le vent redouble ses efforts,
   Et fait si bien qu'il déracine
Celui de qui la tête au ciel était voisine
Et dont les pieds touchaient à l'empire des morts.

La Fontaine.

---

1. *Sujet*, motif valable. — 2. *D'aventure*, par hasard. — 3. *Caucase*, haute montagne, au sud de la Russie. — 4. *Soleil* : le chêne orgueilleux s'imagine pouvoir lutter contre le soleil et contre la tempête. — 5. *Aquilon*, vent dur et froid du nord. — 6. *Humides bords*, rives du fleuve. — 7. *Naturel*, ce qu'on a eu en naissant. — 8. *Souci*, inquiétude, préoccupation. — 9. *Furie*, en brisant tout sur son passage.

XXXVIII. — La Vanité.

Augustine Brodat.

« Ma chère Augustine, avec une bouche un peu moins grande, un nez un peu plus court et des yeux plus expressifs [1], vous seriez vraiment jolie. »

Augustine Brodat rougit jusqu'aux oreilles. Elle vit bien que sa maîtresse s'amusait à ses dépens [2].

Dessin de Frédéric RÉGAMEY.

« Oui, mon enfant, je me moque un peu de vous. Mais aussi pourquoi vous regarder en cachette dans un miroir de poche pendant la classe, au milieu d'une leçon ? »

Augustine se mit à pleurer. La maîtresse reprit :

« Je ne voudrais pas vous faire trop de peine. Je vous en prie, ne pleurez pas. Je vous l'ai dit maintes fois : vous êtes trop contente de votre visage. Votre coiffure manque de simplicité. Votre robe est trop chargée de rubans. Dans votre petite personne, des pieds à la tête, tout semble dire : regardez-moi, je suis jolie. C'est comme le paon qui se rengorge et fait la roue pour qu'on admire sa beauté. »

Le moment de la récréation était arrivé.

---

1. *Yeux expressifs*, qui sont vivants, qui parlent. — 2. *A ses dépens*, parce que c'est elle qui faisait les frais de la moquerie.

« Augustine, voulez-vous jouer avec Marthe, qui est là-bas, toute seule, dans un coin? dit l'institutrice.

— Oui, mademoiselle, » répondit Augustine après une seconde d'hésitation.

Marthe étant laide et mal vêtue, Augustine s'approcha d'elle avec ennui [1]. Elle n'avait pourtant pas un mauvais cœur. Je suis sûr qu'elle aurait volontiers partagé son goûter avec Marthe comme avec toute autre compagne. Mais elle souffrait de se trouver auprès d'elle en présence de ses camarades. Il lui semblait que ce voisinage la diminuait [2]. Elle joua donc de mauvaise grâce [3] et sans entrain. Marthe finit par s'en apercevoir et s'éloigna, chagrine et humiliée, prétextant [4] qu'elle était lasse et voulait se reposer.

Après la classe, comme la pluie tombait :

« Augustine, dit la maîtresse, Marthe n'a pas de parapluie, faites-moi le plaisir de l'abriter sous le vôtre jusque chez ses parents. Et, je vous en prie, montrez ce que vous êtes, une excellente fille, au fond. »

Augustine eut alors un bon mouvement. Elle alla gentiment prendre Marthe par le bras. Marthe tenta de se dégager :

« Non, fit-elle un peu fâchée, je m'en irai bien toute seule. Je te gênerais.

— Tu ne me gêneras pas. Allons, viens, tu verras comme nous serons bien ensemble sous mon parapluie. »

Marthe accepta. Les deux fillettes partirent, bras dessus bras dessous, comme deux sœurs. Mais, en chemin, Augustine s'imagina que tous les passants la regardaient avec dédain.

« Que doit-on penser de moi? se disait-elle. Avec une telle camarade, pour qui me prendra-t-on? »

Ah! la petite sotte! De nouveau, sa vanité l'emporta [5]

---

1. *Avec ennui*, avec une certaine peine. — 2. *Diminuait*, en la faisant prendre pour une fille pauvre comme sa compagne. — 3. *Mauvaise grâce*, sans gentillesse. — 4. *Prétextant*, donnant un motif faux. — 5. *L'emporta*, fut plus forte que...

sur son cœur. Elle retira son bras, ne toucha plus sa compagne et marcha à côté d'elle comme à côté d'une étrangère.

La pluie tombant plus fort, les deux écolières se mirent sous le porche de l'église. Une jeune dame qui s'y trouvait adressa quelques mots aimables à Augustine.

« C'est votre sœur, cette enfant-là ? ajouta-t-elle en montrant Marthe.

— Oh ! non ! s'écria Augustine toute confuse. C'est Marthe Masson, la fille d'un ouvrier. On voit bien qu'elle n'est pas ma sœur. »

La jeune dame remarqua le dédain qui accompagna ces paroles.

« Vous êtes vaniteuse, mademoiselle. C'est un' bien vilain défaut. Je suis plus belle que vous, plus riche, mieux vêtue et plus instruite. Mais, vous le voyez, je n'en suis pas plus fière. Laissez-moi vous embrasser, mademoiselle Marthe, c'est vous que je préfère. Et tenez, puisque votre compagne souffre d'être avec vous, c'est moi qui vous reconduirai chez vos parents. Adieu, mon enfant, dit-elle en se tournant vers Augustine. Croyez-moi, si vous voulez être aimée, ne soyez pas vaniteuse. La vanité vous rendrait injuste et insupportable. »

Augustine s'en alla chez elle le cœur gros et les larmes aux yeux. Espérons que cette leçon lui aura profité.

Voy. *Résumé*, page 290.

99. *Le Tonneau vide et l'Épi stérile.*

« Ce tonneau qu'au pressoir le vigneron conduit
   En le poussant d'un pied rapide,
Pourquoi donc fait-il tant de bruit ?
   — Mon bon ami, c'est qu'il est vide.

Augustine Brodat. — QUESTIONNAIRE : 1. *Dites ce que fit Augustine Brodat : premier fait ?... deuxième ?... troisième ?...* — 2. *Que lui dit sa maîtresse ?* — 3. *Que lui dit la jeune dame ?* — 4. *Que dut penser et sentir Marthe, sa compagne ?* — 5. *Que pensez-vous vous-même ?* — 6. *Qu'est-ce que la vanité ?* — 7. *En quoi diffère-t-elle de l'orgueil ?*

Tandis que ces épis, qu'on coupera bientôt,
Inclinent leur front vers la terre,
D'où vient que celui-ci s'élève encor plus haut ?
— C'est qu'il n'a pas de grains dans sa tête légère. »

BOURGUIN.

100. *La Diligence.*

« Clic! clac!... Holà!... gare! gare!
La foule se rangeait,
Et chacun s'écriait :
« Peste! quel tintamarre [1]!
Quelle poussière! Ah! c'est un grand seigneur!
C'est un prince du sang [2] ! c'est un ambassadeur !...
La voiture s'arrête; on accourt, on s'avance :
C'était... la diligence [3] !
Et... personne dedans :

Du bruit, du vide, amis, voilà, je pense,
Le portrait de beaucoup de gens.

GAUDY.

XXXIX. — Bienfaits de l'instruction.

101. *Le père Mathurin.*

Le père Mathurin n'était pas content.

« Ça ne va pas!

— Qu'est-ce qui ne va pas, père Mathurin ? lui dit Frédéric Brunet, son voisin.

— Tu le sais bien. Mes vignes ne donnent plus de vin; mes terres ne donnent plus de blé.

— L'année est mauvaise. c'est vrai.

— Et cependant, je me tue au travail. Du matin au

---

1. *Tintamarre*, bruit éclatant, avec confusion et désordre. — 2. *Prince du sang*, qui est de famille royale... Chacun croit qu'il s'agit d'un grand personnage. — 3. *Diligence*, ancienne voiture publique, lourde, massive.

soir, je n'ai pas une minute de repos. Je n'y comprends rien. Tout ça, vois-tu, c'est la faute au gouvernement [1] ! »

Frédéric Brunet se mit à rire.

« Oui, tu peux rire, toi, Frédéric, tu n'es pas si mal partagé que moi.

— Mon Dieu ! je ne me plains pas.

— Il y a des gens qui ont de la chance.

— C'est possible.

— Enfin, me diras-tu pourquoi les récoltes valent mieux que les miennes ? Tu ne travailles pas plus que moi ?

— Je travaille moins, peut-être. Mais je ne m'entête pas comme vous dans les vieilles routines [2].

— Ah ! voilà votre refrain [3], à tous. Les vieilles routines ! Parce que tu as été à l'école, tu méprises ce qu'on faisait dans le « vieux temps ».

— Non, tout ce que le vieux temps a laissé de bon, je le garde. Mais chaque année apporte un progrès. A tout instant on fait dans le monde de nouvelles découvertes. Je me mets au courant, voilà tout.

— Moi, je me défie de toutes vos nouveautés. Charrues nouvelles, semences nouvelles, nouvelles cultures, cela n'en finit pas. Laissez-moi donc tranquille avec votre progrès. Il est joli [4], votre progrès !

— Mais certainement qu'il est joli. C'est grâce à lui qu'aujourd'hui je me moque du phylloxera qui vous ruine. C'est grâce à lui que deux chevaux me suffisent au lieu de quatre pour labourer mes champs. Si mes blés sont plus beaux que les vôtres, c'est parce que ma semence est meilleure et mes engrais mieux choisis.

Je lis, je m'informe [5], je me rends compte, je demande des renseignements partout, j'en demande aux livres, aux journaux, aux prospectus que je reçois. Et je profite,

---

1. *Au gouvernement* : il y a des gens, en France, qui s'en prennent, de toutes leurs misères, au gouvernement, au lieu de s'en prendre à eux-mêmes. — 2. *Routines*, habitudes dont on ne veut pas se défaire. — 3. *Refrain*, paroles qui reviennent souvent. — 4. *Il est joli*, expression ironique qui signifie : il n'est pas joli. — 5. *Je m'informe*, je prends des renseignements.

Une section de vote à Paris : Distribution des bulletins.

autant que je le puis, des expériences faites en France, dans l'Europe, dans le monde entier. Comme vous le voyez, cela ne me réussit pas trop mal.

— On verra, attends un peu. »

Le père Mathurin se mit pourtant à réfléchir, en quittant Frédéric. Il reconnut en lui-même que son voisin n'avait pas tout à fait tort.

« Après tout, se dit-il, si je savais lire, cela ne me ferait pas de mal. »

Le dimanche suivant, on devait élire le député de l'arrondissement. La veille du scrutin, les murs étaient couverts d'affiches électorales et les journaux de la région ne s'occupaient guère que des candidats.

Frédéric lisait tout. Il tenait à s'éclairer avant de déposer son bulletin dans l'urne :

« Je ne veux pas voter en aveugle. Je veux savoir qui je choisis, et pourquoi je le choisis. »

Le père Mathurin fut d'abord très embarrassé. Mais le

dimanche matin il entendit sur la place publique un homme qui parlait au milieu d'un groupe :

« Voulez-vous la paix? disait-il. Voulez-vous la suppression de l'armée, et la diminution des impôts? Voulez-vous plus de bien-être et plus de bonheur? Votez pour M. Dumouchet!

— Ma foi! se dit Mathurin, je voterai pour ce monsieur-là. Je désire précisément tout ce qu'il promet. »

En sortant de la mairie, il rencontra Frédéric :

« Eh! père Mathurin, vous avez voté?

— Oui, j'ai choisi M. Dumouchet.

— C'est insensé. M. Dumouchet n'est pas sérieux.

— Il promet pourtant de bien bonnes choses.

— Il promet tout ce qu'on veut. Il se moque des électeurs. Il n'a qu'un but : être député pour s'enrichir. Si vous aviez lu...

— Eh! je ne sais pas lire.

— C'est vrai, je l'oubliais...

— Écoute, mon dernier fils n'a que neuf ans : je veux qu'il aille à l'école jusqu'à treize ans. Je vois bien qu'il n'est plus permis d'être ignorant aujourd'hui.

— Vous avez bien raison, dit l'instituteur, qui s'était approché. L'instruction sera désormais indispensable à tous. Du reste, ne le serait-elle pas, père Mathurin, qu'il faudrait s'instruire quand même. C'est en partie l'instruction qui nous distingue de la bête. Nous avons un corps, et nous lui donnons le pain quotidien. Mais nous avons une intelligence aussi : son pain, à elle, c'est le savoir.

Lui refuser le savoir, c'est la priver de nourriture, c'est la tuer, et quand elle est morte on n'est plus un homme. » Voy. *Résumé*, page 290.

Le père Mathurin. — QUESTIONNAIRE : 1. *Pourquoi les récoltes de Frédéric Brunet étaient-elles meilleures que celles du père Mathurin? — 2. Pourquoi un cultivateur instruit doit-il mieux réussir qu'un cultivateur ignorant? — 3. En serait-il de même d'un commerçant, d'un artisan? — 4. Quel était l'embarras du père Mathurin avant de voter? — 5. Quel est, en général, l'avantage de l'instruction? — 6. Si l'instruction n'avait pas d'utilité pratique, devrait-on s'instruire quand même?*

XL. — La Liberté d'esprit.

102. *Le Député Barreau.*

Le député Barreau venait de terminer un discours très éloquent[1] dans une réunion publique. J'étais placé, dans la salle, devant trois de ses adversaires. L'un disait :

« Oui, cet homme a tout de même quelque valeur.

— Il parle assez bien, reprit un autre.

— Bah ! fit le troisième, ce discours ne signifie pas grand'chose ; seuls les sots s'y laisseront prendre[2]. »

Il fit une grimace[3] de dédain, haussa les épaules et se retira. Les deux premiers partirent aussi, en murmurant :

« Il a raison ! »

Et je me disais : « Je sais bien que chacun voit les choses à travers ses lunettes[4]. Mais j'aurais cru tout le monde d'accord pour applaudir le discours que je viens d'entendre. »

Un vieillard de ma connaissance qui se trouvait là s'aperçut de ma surprise. Ses lèvres s'entr'ouvrirent dans un sourire moqueur[5]. Il me saisit le bras et me dit à mi-voix :

« Vous vous étonnez du langage de ces gens-là ? on voit que vous êtes encore jeune.

— Mon Dieu ! oui, monsieur. Je suis étonné, je l'avoue.

— Écoutez-moi. Les trois hommes qui viennent de sortir, je les connais depuis plus de dix ans. Je sais ce qu'ils sont et ce qu'ils valent.

— Eh bien ?

— Le premier est un vaniteux. Il y a trois ans, il a dit publiquement que Barreau ne ferait jamais rien de bon. Aujourd'hui, s'il acclamait Barreau, c'est donc qu'il se

---

1. *Éloquent*, propre à convaincre et à entraîner. — 2. *Prendre*, tromper, prendre comme dans un piège. — 3. *Grimace*, des lèvres. — 4. *Lunettes*, au sens figuré. On compare les sentiments et les préjugés qui vous empêchent de bien voir à de mauvaises lunettes. — 5. *Moqueur* : la moquerie était à l'adresse de ceux qui étaient partis.

serait trompé. Or, un homme comme lui ne peut pas se tromper. On ne le tirera jamais de là. *C'est sa vanité qui lui fait voir blanc ce qui nous paraît noir.*

— Je comprends.

— Le second est protégé par le rival de Barreau. Son intérêt lui dit: Il ne faut pas que Barreau triomphe; s'il triomphe, tu es perdu. *Et son intérêt lui fait voir blanc ce qui nous paraît noir.*

— C'est fort possible.

— C'est sûr. Quant au troisième, il a contre Barreau une vieille rancune. Profondément blessé par notre député dans une affaire que je ne puis vous raconter, il ne lui a jamais pardonné. *Sa haine lui fait voir blanc ce qui nous paraît noir.*

— En somme, répondis-je, ces trois hommes se trompent sans s'en apercevoir?

— Pas tout à fait. S'ils le voulaient bien, ils parviendraient sans doute à enlever leurs vilaines lunettes: vanité, haine[1] ou intérêt. Mais ils ne font pour cela aucun effort, *et c'est en quoi ils sont coupables.*

Moi aussi, je ne vois pas toujours les gens tels qu'ils sont. Et il m'arrive de les juger tantôt avec trop de sévérité, tantôt avec trop d'indulgence. Mais quand je me trompe, il me semble que c'est tout à fait malgré moi. Je me mets en garde contre mon intérêt, ma vanité, mes sentiments et mes habitudes. J'écarte, autant que je le peux, tous ces obstacles pour laisser venir à moi la vérité. Je m'efforce de ne pas perdre **ma *liberté d'esprit*** [2].

Voy. *Résumé,* page 290.

---

1. *Haine :* on juge fort mal une personne que l'on hait. — 2. *Liberté d'esprit,* qui permet à l'esprit de voir les choses comme elles sont et de recevoir la vérité, en toute circonstance.

Le Député Barreau. — QUESTIONNAIRE : 1. Que valait le discours du député Barreau? — 2. Qu'en pensaient ses adversaires? — 3. Pourquoi le jugeaient-ils trop sévèrement? — 4. Étaient-ils coupables d'injustice? — 5. En quoi étaient-ils coupables? — 6. Croyez-vous qu'il vous arrive de juger mal par votre faute? Donnez quelques exemples. — 7. Que faut-il faire?

103. *Les Sortilèges.*

Du temps des anciens Romains, un cultivateur, nommé Crésinus, retirait d'un très petit fonds de terre des récoltes beaucoup plus belles que ses voisins n'en retiraient de leurs grands domaines. Jaloux de lui, ils l'accusèrent d'employer des sortilèges [1] pour attirer dans son champ les moissons d'autrui. Cité devant le peuple et menacé d'une condamnation, Crésinus amena au tribunal tout son attirail [2] de laboureur, ses serviteurs robustes, bien nourris, bien vêtus, ses outils parfaitement faits, de lourds hoyaux [3], des socs pesants [4], des bœufs gras et luisants [5] : « Voilà, dit-il, mes sortilèges; je ne puis vous montrer en même temps ni amener devant vous mes veilles, mes fatigues, mes sueurs. » Il fut absous [6] par une sentence unanime. MÉZIÈRES.

XLI. — Le Courage.

104. *Un Enfant courageux.*

« Il est six heures, Jules, lève-toi. »

— Oui, maman, répond Jules, de la voix sourde [7] d'un enfant surpris dans son sommeil. On est en décembre. Il fait nuit, il fait froid. A cette heure matinale, on est bien dans son lit sous de chaudes couvertures. Jules hésite un moment et reste immobile. Puis, tout à coup:

— « Allons, debout ! »

Il ouvre des yeux tout grands dans l'obscurité. D'un seul mouvement, il s'élance hors du lit. Il allume sa bougie; à moitié vêtu, il plonge dans l'eau glacée son visage et ses mains.

« Oh! là, là! qu'elle est froide ! »

---

1. *Sortilèges*, moyens employés, pour nuire, par les prétendus sorciers. — 2. *Attirail*, ensemble des instruments ou des outils. — 3. *Hoyau*, sorte de houe à deux fourchons pour fouir la terre. — 4. *Pesants*, qui entrent plus profondément dans le sol et ne se contentent pas de gratter la surface. — 5. *Luisants*, de graisse, d'un beau poil. — 6. *Absous*, reconnu innocent. — 7. *Voix sourde*, qui n'est pas claire, qu'on entend mal.

Il grelotte, ses dents claquent; mais il se frotte vigoureusement et se réchauffe. Le voilà frais et bien éveillé. Il ouvre sa fenêtre, la referme, fait du feu et se met joyeusement[1] au travail.

« C'est dur tout de même de se lever si matin! dit-il en riant. Mais la chose faite, on est bien. »

Jules Breton est un écolier de douze ans. Il a promis à son père qu'il serait le premier ou le second de sa classe. Il devra lutter ferme contre des camarades intelligents et studieux, mais il le sait et ne s'en effraye pas. C'est un garçon courageux.

L'an dernier, ayant reçu de l'eau bouillante sur la main gauche, il poussa un cri de douleur. Sa mère, qui était cause de l'accident, devint subitement pâle; Paul s'en aperçut et, malgré sa vive souffrance, retint ses plaintes pour la rassurer. Il eut même la force de sourire : « Ce ne sera rien, dit-il. » Et, des larmes lui venant aux yeux, il se retourna pour les essuyer.

Personne ne montre plus d'ardeur que lui aux jeux de l'école. Pendant l'hiver, quand on se bat avec des boules de neige, il se lance dans la mêlée, tête nue, le visage découvert, pendant que les autres fuient ou tournent le dos à l'ennemi. — « Allons, camarades, en avant ! »

Les boules de neige s'aplatissent sur sa poitrine, sur son cou, sur son front et parfois lui bouchent les oreilles : il ne s'en émeut pas. Il se secoue, riposte et, dans le feu[3] de l'action, oublie ses blessures.

Un jour, le jeune Trublin, âgé de trois ans, s'amusait sur la chaussée. Sa mère venait de s'éloigner pour un instant lorsque deux chevaux attelés à une calèche débouchèrent en courant d'une rue voisine. En un clin d'œil ils furent à cinq pas de l'enfant.

Le cocher cria : gare ! et tira les rênes.

Il n'était plus temps. L'enfant allait être écrasé quand,

---

1. *Joyeusement*, parce qu'il a eu le courage de se lever et qu'il est content de lui. — 2. *Feu de l'action*, grande ardeur, vif entrain.

DEVOIRS ENVERS SOI-MÊME

en deux bonds, Jules Breton traverse la rue. L'haleine des chevaux lui vient au visage. Mais il évite leur choc, enlève en courant le jeune Trublin et tombe avec lui. La voiture passe, en lui frôlant[1] la jambe. Il se relève prestement[2] et remet l'enfant à sa mère. Comme il voulait se dérober, la pauvre femme le retint et l'embrassa plusieurs fois en pleurant d'émotion.

« Merci ! mon enfant te doit la vie ! »

Le maire de la commune, venant à passer, lui serra la main et lui dit :

« C'est bien, mon garçon ! tu as du courage, tu feras un homme. Je souhaite au pays beaucoup de Français comme toi. »
Voy. *Résumé*, page 290.

---

105. *Le Courage des travailleurs.*

Le courage n'est pas seulement au soldat ;
Il n'est pas seulement à l'homme qui se bat
Pour défendre un pays qui pense[3] et qui travaille ;
La vie est elle-même un vrai champ de bataille
Où chaque travailleur a son courage à lui.
Fuir le travail qu'on doit, c'est encor avoir fui[4] !
Tout le monde, partout, travaille dans le monde.
Le pêcheur ne craint pas le vent qui souffle et gronde :
Il lutte avec la mer pour prendre le poisson ;
Parfois le soleil tue[5] au temps de la moisson ;
Le carrier meurt, rongé de poussières malsaines ;
Le bûcheron parfois tombe du haut des chênes,
Le maçon, le couvreur, du faîte des maisons !

---

1. *Frôlant*, rasant, touchant à peine. — 2. *Prestement*, d'un mouvement vif. — 3. *Pense* : le pays pense et travaille quand la frontière est bien gardée. — 4. *Fui*, c'est-à-dire avoir eu peur, avoir été lâche. — 5. *Soleil tue* : c'est ce qu'on nomme l'insolation.

Un Enfant courageux. — QUESTIONNAIRE : 1. *Dites ce qu'était Jules Breton.* — 2. *Dans quelles circonstances se montra-t-il courageux ?* — 3. *Cherchez d'autres circonstances dans lesquelles un enfant peut se montrer courageux.* — 4. *En quoi consiste le courage ?* — 5. *Pourquoi le courage est-il une grande qualité ?* — 6. *Quel est le contraire du courage ?* — 7. *Qu'arrive-t-il quand on manque de courage ?*

Le pauvre balayeur respire des poisons,
Mais il fait son devoir quand même — en temps de peste [1] !
Le petit mousse grimpe au bout des mâts, plus leste
Qu'un singe, et quelquefois, les deux bras grands ouverts,
Tombe en criant : « Ma mère ! » — au fond des grandes mers !
Et moi, moi qui n'ai pas beaucoup de peine à vivre,
N'ayant qu'à fatiguer mes bons yeux sur mon livre
Pour apprendre à chérir ceux qui travaillent tant,
Je dirais toujours : — Non ?... Je serais mécontent ?...
La vie est un combat. Je veux remplir ma tâche.
Celui qui fuit le champ du travail — est un lâche !

Jean AICARD.

106. *Quelques héros de notre histoire.*

Bernard Palissy. — Pendant quinze ans Bernard Palissy, à la recherche des émaux [2], tâtonna, pilant toutes sortes de substances, les mélangeant, pour en recouvrir des débris de poterie et les soumettre à la chaleur d'un four qu'il avait installé dans sa propre maison.

De bonne heure la misère était venue. Palissy était tant amaigri « qu'il n'y avait aucune forme ni apparence de bosse aux bras ni aux jambes ». Il était toutes les nuits à la merci des pluies et des vents. « Il m'arriva plusieurs fois, raconte-t-il, qu'ayant tout quitté, n'ayant rien de sec sur moi, à cause des pluies, je m'en allais coucher à minuit ou au point du jour, vêtu comme un homme qu'on aurait traîné par tous les bourbiers de la ville, et titubant [3] sans chandelle, rempli de grandes tristesses, d'autant qu'après avoir longuement travaillé, je voyais mon labeur perdu. »

Un jour, n'ayant plus rien pour alimenter la flamme, il brûla ses meubles. Enfin, après quinze ans de luttes, il triompha, et ce fut une belle victoire.

Palissy s'était fait protestant. En 1588, les Ligueurs le jetèrent à la Bastille. Le roi Henri III, qui l'aimait, lui dit : « Je suis contraint de vous laisser entre les mains de mes

---

1. *Peste :* alors que la contagion est terrible et que les balayures sont très dangereuses. — 2. *Émaux,* enduits de verre opaque ou transparent que l'on applique, par la fusion, sur la faïence, les métaux, etc. — 3. *Titubant,* chancelant, trébuchant comme un homme ivre.

ennemis, et demain vous serez brûlé si vous ne vous convertissez[1]. » — Il répondit :

« Sire, je suis prêt à mourir. Mais j'ai pitié de vous, qui avez prononcé ces mots : « Je suis contraint[2]. » Ce n'est pas parler en roi, Sire. » On le laissa mourir de faim, et son cadavre fut jeté en pâture aux chiens, sur les remparts de la ville.

Michel de l'Hospital. — C'était le conseiller du roi Charles IX et de sa mère Catherine de Médicis. Il avait la barbe blanche, le visage pâle, et un air grave qui commandait le respect. Son grand désir était de réconcilier les protestants et les catholiques.

Il demandait pour tous la liberté de conscience.

Malheureusement, ses conseils ne furent pas écoutés, et bientôt il tomba en disgrâce. Il disait avec tristesse aux fanatiques[3] qui triomphaient : « Je sais que ma barbe blanche vous gêne, mais je reste ; car quand cette neige sera fondue[4] il n'y aura plus que de la boue. »

Il avait bien raison. Quatre ans après, le massacre de la Saint-Barthélemy ensanglantait Paris et la France entière. Il vivait alors retiré près d'Étampes. Ses amis lui recommandèrent de se mettre en garde :
« Rien, rien, dit-il ; ce sera ce qu'il plaira à Dieu, quand mon heure sera venue. »

Bernard Palissy; statue par Barrias
(érigée à Paris,
au square Saint-Germain-des-Prés).

---

1. *Convertissez*, ne changez de religion. — 2. *Contraint*, forcé par la violence des autres. Le roi eût dû être le maître. — 3. *Fanatiques*, emportés par un zèle violent. — 4. *Neige fondue*, allusion à sa mort qui ferait disparaître sa barbe blanche ; la boue représente les méchants.

Le lendemain, ses serviteurs voyant, sur le chemin, beaucoup de cavaliers, lui demandèrent la permission de fermer la porte. Il répondit : « Non, non, au contraire ; si la petite porte n'est pas suffisante, ouvrez la grande. » Les cavaliers s'éloignèrent sans entrer. Bientôt, d'autres gens arrivèrent, lui apportant le pardon du roi : « J'ignorais, s'écria-t-il, que j'eusse mérité ni la mort ni le pardon. »

Il mourut de chagrin, quelques semaines après.

Belzunce et Roze à Marseille. — En 1720, la peste ravagea cruellement Marseille. Elle éclata avec une telle violence que 40 000 habitants périrent, sur 100 000.

Le nombre des morts, croissant de jour en jour, exigea bientôt l'emploi de tombereaux. On raconte que l'évêque de Marseille, Belzunce, ne craignit pas de s'asseoir sur le siège du premier tombereau chargé de cadavres et conduit par un forçat. Ce prélat fut, au reste, admirable de courage et de bonté ! « Voyez Belzunce, écrit un historien, tout ce qu'il possédait, il l'a donné ; tous ceux qui le servaient sont morts ; seul, pauvre, à pied, dès le matin, il pénètre dans les horribles réduits [1] de la misère. »

Deux mille corps avaient été abandonnés, pendant trois semaines, sur une esplanade [2]. « *C'était une mer de pourriture* » et un terrible foyer [3] d'infection. Comment détruire cela ? Personne n'osait approcher. Un homme dont le nom doit être à jamais honoré, un héros, le chevalier Roze, entreprend cette effrayante besogne. Sachant que les fortifications de la ville sont creuses, en dessous, jusqu'au niveau de la mer, il fait percer la voûte. « A la tête de soldats intrépides et d'une bande de cent forçats, il pousse, en trente minutes, la masse hideuse [4] au gouffre. Tous ceux qui mirent la main à cette œuvre de délivrance [5] le payèrent de leur vie, moins Roze et deux ou trois qui survécurent.

La peste, dès ce jour, recula. »

D'après Michelet.

---

1. *Réduits*, galetas, pièces étroites et sales. — 2. *Esplanade*, terrain plat, uni et découvert, devant un édifice. 3. *Foyer*, le centre, là où se produisait l'infection. 4. *Hideuse*, horrible à voir. 5. *Délivrance*, de la mort.

LE COURAGE. — Le Berger Jupille.

Le Berger Jupille; groupe en bronze, par E.-L. TRUFFOT.

Des petits bergers, en 1885, gardaient leurs troupeaux dans un pré, à Villers-Farlay (Jura), lorsque survint un chien enragé. L'un des bergers, J.-B. Jupille, âgé d'une quinzaine d'années, pour protéger ses camarades, marcha droit sur l'animal, armé de son fouet, le terrassa, lui lia la gueule, l'assomma à coups de sabot, enfin le noya. Mais, mordu successivement aux deux mains, il était devenu lui-même enragé. Traité à l'Institut Pasteur, il guérit. Et c'est pour son acte de courage qu'une statue lui a été élevée dans la cour de l'Institut Pasteur, à Paris.

LXII. — Le Courage militaire.

107. *Jean Bompard.*

Jean Bompard était arrivé le 20 novembre 1870 à l'armée de la Loire. Depuis un mois il souffrait terriblement de la faim et du froid. Il restait parfois vingt heures sans manger. Il couchait sur la terre gelée, mal enveloppé dans une mauvaise capote. Affaibli par les privations, brisé par la fatigue, miné[1] lentement par la fièvre, il trouvait pourtant le courage d'amuser son escouade[2] par sa belle humeur.

Quand le sergent voyait s'allonger[3] la mine de ses hommes :

« A la rescousse, Bompard ! » disait-il.

Et par sa verve[4] endiablée et sa bonne gaieté, Bompard chassait les soucis et les pensées décourageantes. Grâce à lui, le ciel paraissait moins gris, la bise moins glaciale, les nuits moins froides et les étapes moins longues.

« Est-il heureux, ce Bompard ! disaient ses camarades. Son sac[5] n'est jamais vide, et quand il n'a plus de pain il a toujours des histoires. »

Jusqu'alors le bataillon n'avait pu aborder l'ennemi. Bompard s'en désespérait : « Mes forces s'en vont chaque jour un peu, sans profit pour la France ! »

Chaque matin, il pensait en lui-même : « Ce sera peut-être pour aujourd'hui. » Le cœur plein d'espoir, il nettoyait son fusil, inspectait ses cartouches, serrait ses guêtres, retroussait sa capote et bouclait son ceinturon.

Figurez-vous donc la joie de Bompard quand, le

---

1. *Miné*, sens figuré, creusé, affaibli, près de crouler, de tomber. — 2. *Escouade*, groupe de soldats sous les ordres d'un caporal. — 3. *S'allonger :* quand une personne s'ennuie ou est mécontente, il semble que sa figure s'allonge. — 4. *Verve*, entrain dans la parole. — 5. *Sac*, ici, c'est son intelligence

22 décembre, à une heure de relevée, le capitaine annonça qu'on marchait à l'ennemi.

L'action s'engagea vivement.

Quand Bompard entendit les premières balles siffler au-dessus de sa tête, il fut légèrement ému.

Quand il vit, à dix pas de lui, un obus éventrer un cheval et foudroyer trois hommes, son cœur sauta dans sa poitrine, et, par un mouvement instinctif[1], il fit un pas en arrière. « Est-ce que j'aurais peur ? »

Il se sentit pâlir, et malgré la bise quelques gouttes de sueur[2] lui mouillèrent les tempes. Mais il serra violemment son fusil et, les muscles raidis, les mâchoires serrées, il marcha en avant.

Plusieurs régiments se déployaient dans la plaine. Un général galonné passa au trot, suivi de ses aides de camp. Le canon faisait rage. Les obus pleuvaient. Les balles ennemies sifflaient dru comme grêle, toujours trop haut.

La compagnie de Bompard se posta dans une petite ferme abandonnée, sur une éminence. « Il faut tenir là tant qu'on pourra, dit le capitaine. Mettez-vous à l'abri des murs. Cachez-vous derrière les arbres. Couchez-vous dans les fossés et attendez. »

Les masses ennemies avançaient lentement.

Une demi-heure après, noirci par la fumée de la poudre, blessé à la tête, mais toujours debout, Bompard déchargeait son fusil pour la vingtième fois. A ses pieds gisait un cadavre. A côté de lui des blessés gémissaient. Le capitaine avait été tué raide d'une balle au cœur. C'était le lieutenant qui commandait à sa place.

« Courage, enfants ! criait-il, tirez sans hâte et tenez ferme.

— Oui, mon lieutenant, murmurait Bompard en épau-

---

1. *Instinctif*, qui s'est produit sans qu'on l'ait voulu. — 2. *Sueur*, effet d'une violente et pénible émotion.

lant, on tiendra s'il le faut jusqu'à la dernière cartouche. »

Il visait maintenant avec sang-froid, le cœur solide[1] et sans crainte. Les Allemands, à quatre cents mètres, montaient à l'assaut de la colline comme une noire fourmilière. Ils poussaient une clameur immense. Des décharges terribles les ébranlèrent[2] sans les arrêter. La lutte allait devenir trop inégale pour les Français. Le lieutenant fit sonner la retraite et ce qui restait de la compagnie se replia vivement.

« Encore ces deux cartouches, » dit Bompard.

Il se mit à cheval sur le mur, par bravade[3], et tira deux coups sans se presser. Une balle ennemie emporta son képi; une autre lui érafla l'épaule. Il descendit lentement et rejoignit son escouade.

Le lieutenant le gronda pour sa folie[4]. Bompard souriait. Il était content, content de se sentir brave devant l'ennemi, brave devant la mort.

Il était prêt pour les besognes héroïques.

Voy. *Résumé*, page 290.

108. *Quelques héros de notre histoire.*

Le comte de Plélo en Allemagne. — Dans la guerre de succession de Pologne, pour soutenir Stanislas Leczinski, beau-père de Louis XV, le gouvernement français n'avait envoyé que 1500 hommes.

« Le commandant de cette troupe sentit son impuissance;

---

1. *Cœur solide*, courage ferme, qui ne s'émeut pas. — 2. *Ébranlèrent*, leur donnèrent un moment d'hésitation. — 3. *Par bravade*, pour le plaisir de s'exposer au danger, pour s'éprouver. — 4. *Folie* : c'est un acte déraisonnable, une folie que de braver la mort sans nécessité. Mais ici, au fond, Bompard avait une raison d'agir.

Le Courage militaire. — QUESTIONNAIRE : 1. *Dites ce que faisait Bompard avant le combat.* — 2. *Dites ce qu'il fit pendant le combat.* — 3. *Quelles étaient ses qualités? la première?... la seconde?...* — 4. *Indiquez nettement les circonstances où il montra du courage.* — 5. *En quoi consiste le courage du soldat?*

au lieu de débarquer en Allemagne, il fit voile vers Copenhague. Or l'ambassadeur de France à Copenhague était le comte de Plélo. Il appela chez lui le commandant, et, tout indigné, lui dit : « Comment avez-vous pu vous résoudre à ne point combattre à tout prix ? — C'est aisé à dire, répondit brusquement l'un des officiers présents, quand on est en sûreté dans son cabinet. — Je n'y serai pas longtemps ! » s'écria le comte, et il pressa le commandant de retourner avec lui à la tête de ses hommes. Tous deux partirent décidés à mourir plutôt que de reculer. »

Avant de s'embarquer, le comte de Plélo écrivit au ministre français : « Je suis sûr que je ne reviendrai pas. Je vous recommande ma femme et mes enfants. » A peine la vaillante petite troupe eut-elle pris terre en Allemagne qu'elle marcha à l'ennemi et que Plélo tomba, mortellement atteint. Mais l'honneur[1] de la France était sauf.

Chevert à Prague. — Pendant la guerre de succession d'Autriche, l'armée française assiégeait Prague, en Bohême, Maurice de Saxe commandait.

« Il fit venir le lieutenant-colonel Chevert, d'une naissance modeste, mais qui devait s'élever, par son courage et son mérite, au premier rang de l'armée ; et tous deux firent une reconnaissance autour de la place. A l'entrée de la nuit du 25 novembre 1741, Chevert appela un grenadier : « Tu vois là-haut cette sentinelle ! lui dit-il. — Oui, mon colonel. — Tu marcheras sur elle, et elle te criera : « Qui va là ? » — Oui, mon colonel. — Elle tirera sur toi et te manquera. — Oui, mon colonel. — Tu la tueras, et je suis à toi. »

« Le grenadier salue, monte à l'assaut, est manqué par la sentinelle et la tue. Chevert suit avec ses hommes et Prague est prise. »

Carnot à Wattignies. — L'une de nos brigades[2] allait battre en retraite. Carnot s'en aperçut, sauta à bas de son cheval et forma cette brigade en colonne d'assaut. En ce moment, son regard découvre un pauvre conscrit, blotti derrière

---

1. *L'honneur* : la France avait paru courageuse et avait gardé l'estime des autres nations. — 2. *Brigade*, troupe composée de deux régiments sous les ordres d'un général.

une haie et tremblant de tous ses membres. Carnot s'approche de lui, ramasse son fusil, le charge lui-même, le décharge sur l'ennemi, puis ramène le jeune homme et le place dans le rang. Prenant ensuite l'arme d'un grenadier blessé, il marche à la tête de la colonne, tandis que le conventionnel Duquesnoy, comme lui revêtu de l'écharpe nationale, s'avance à la tête d'une autre colonne. Les soldats, honteux de leur fuite, s'élancent avec impétuosité... L'ennemi s'arrête, recule et fuit. La position était enlevée.

Les deux représentants du peuple atteignirent en même temps le sommet du plateau. Ils s'embrassèrent aux yeux des soldats enivrés [1], et un immense cri de : *Vive la République!* apprit à l'armée française son triomphe, à l'ennemi sa défaite.

Plus tard Napoléon, racontant la bataille de Wattignies, l'appelait « le plus beau fait d'armes de la Révolution », et il ajoutait : « Savez-vous, messieurs, qui a fait cela? C'est Carnot. »

Kléber en Syrie. — Pendant la campagne d'Égypte, Bonaparte n'avait pu prendre Saint-Jean-d'Acre [2]. Les soldats étaient tristes comme leur général. Un grand nombre de blessés encombraient [3] la marche. Un jour, dans le désert, sous le soleil brûlant qui les dévorait, les hommes chargés de porter les brancards se refusèrent à avancer. C'était dans la division de Kléber que se produisait ce désordre. Le général courut au lieu où les soldats irrités entouraient les brancards. Ils s'étaient assis par terre; Kléber marcha vers eux. Il les dépassait presque tous de la tête; son noble [4] et fier visage était enflammé d'une généreuse colère.

« Ah! coquins, s'écria-t-il, vous croyez que faire la guerre c'est piller, c'est voler, c'est tuer, c'est faire tout son plaisir? Non, vous dis-je, faire la guerre, c'est avoir faim, c'est avoir soif, c'est souffrir, c'est mourir, c'est obéir : entendez-vous, coquins! »

Les soldats se levèrent, confondus et soumis; on n'entendait plus un murmure; les hommes se chargèrent des brancards et les blessés furent ramenés au Caire.

---

1. *Soldats enivrés*, d'enthousiasme. — 2. *Saint-Jean-d'Acre*, ville de la Syrie. — 3. *Encombraient*, mettaient des obstacles. — 4. *Noble visage*, où se lisait une belle âme.

109. *O Soldats de l'an deux !*

En 1792, an II de la République, la France menacée par une formidable coalition dut son salut à l'énergie des grands révolutionnaires, dont le plus magnanime [1] fut Danton, et au patriotique élan qui jeta aux frontières une armée de citoyens [2], de volontaires, entraînés par le double amour de la France et de la liberté. Un peu plus tard, le gouvernement décréta [3] la levée en masse.

Dans les vers que vous allez lire, le poète pense à toutes les guerres de la République. Il a bien marqué ce qui fit la force de nos soldats citoyens :

Danton; statue par M. Aug. PARIS.

La liberté sublime [4] emplissait leurs pensées.

Ils luttaient non seulement pour la défense du sol français, mais aussi pour le triomphe des idées révolutionnaires [5]. Ils faisaient la guerre aux rois, non aux peuples. Ils n'avaient point de haine au cœur ; ils voulaient pour tous la liberté, la justice, la paix fraternelle. Voilà ce qui les rendit invincibles ; et voilà pourquoi, tout en détestant la guerre, nous devons les saluer comme des héros dignes de toute notre admiration. (Maurice BOUCHOR.)

---

1. *Magnanime*, doué d'un grand cœur. — 2. *Armée de citoyens*, qui n'étaient pas des soldats de métier, qui s'enrôlaient volontairement par amour du pays. — 3. *Décréta*, fit un décret, une loi pour la levée en masse. — 4. *Liberté sublime*, qui rend l'homme grand, héroïque. — 5. *Idées révolutionnaires*, principes de 1789.

Contre toute l'Europe avec ses capitaines,
Avec ses fantassins couvrant au loin les plaines,
    Avec ses cavaliers,
Tout entière debout comme une hydre[1] vivante,
Ils chantaient, ils allaient, l'âme sans épouvante
    Et les pieds sans souliers !

Au levant, au couchant, partout, au sud, au pôle,
Avec de vieux fusils sonnant sur leur épaule,
    Passant torrents et monts,
Sans repos, sans sommeil, coudes percés, sans vivres,
Ils allaient, fiers, joyeux et soufflant dans des cuivres,
    Ainsi que des démons !

La liberté sublime emplissait leurs pensées.
Flottes prises d'assaut, frontières effacées
    Sous leur pas souverain[2],
O France, tous les jours c'était quelque prodige[3],
Chocs, rencontres, combats ; et Joubert sur l'Adige,
    Et Marceau sur le Rhin !

On battait l'avant-garde, on culbutait le centre ;
Dans la pluie et la neige et de l'eau jusqu'au ventre,
    On allait ! en avant !
Et l'un[4] offrait la paix, et l'autre ouvrait ses portes,
Et les trônes, roulant comme des feuilles mortes,
    Se dispersaient au vent !

La Révolution leur criait : « Volontaires,
Mourez pour délivrer tous les peuples vos frères ! »
    Contents, ils disaient oui.
« Allez, mes vieux soldats, mes généraux imberbes[5] ! »
Et l'on voyait marcher ces va-nu-pieds superbes[6]
    Sur le monde ébloui[7] !

La tristesse et la peur leur étaient inconnues.
Ils eussent, sans nul doute, escaladé les nues,

---

1. *Hydre*, allusion à l'hydre de Lerne, serpent fabuleux à sept têtes qui renaissaient si on ne les coupait toutes à la fois. — 2. *Pas souverain*, puisqu'ils étaient vainqueurs. — 3. *Prodige*, triomphe presque impossible et pourtant obtenu. — 4. *L'un*, un prince. — 5. *Généraux imberbes*, Marceau, Hoche. — 6. *Superbes*, grands par la gloire, bien que sans souliers. — 7. *Ébloui*, dont la vue est troublée par un éclat vif.

Si ces audacieux
En retournant les yeux dans leur course olympique [1],
Avaient vu derrière eux la grande République
Montrant du doigt les cieux.

Victor Hugo, *Les Châtiments*.

XLIII. — La Colère.

110. *Maurice Cherel.*

Maurice Cherel avait perdu sa règle. Sachant qu'il en aurait besoin pendant la leçon de dessin, il profita de la récréation pour la chercher dans la salle de classe. C'était un écolier studieux qui ne voulait pas perdre de temps.

Il commença par jeter un coup d'œil sous les tables.

« Veux-tu que je cherche avec toi ? lui demanda son camarade Justin, qui le regardait par la fenêtre ouverte.

— Merci, dit en souriant[2] Maurice Cherel. Je saurai bien la retrouver tout seul. »

Il était parfaitement calme et, tout en sifflant[1], il se mit à visiter les pupitres.

« Où est-elle donc, cette maudite[3] règle ? se dit-il, je l'avais pourtant ce matin... »

Il eut un léger mouvement d'impatience ; en ouvrant les pupitres, sa main devint nerveuse. La récréation allait-elle finir sans qu'il eût rien trouvé ?

Justin revint mettre le nez à la fenêtre.

« Non, c'est trop bête ! s'écriait Cherel, juste à ce moment.

— Qu'est-ce qui est trop bête, Maurice ?

— C'est toi, laisse-moi tranquille. »

---

1. *Olympique*, allusion aux jeux des Grecs. — 2. *Souriant, sifflant*, marques du calme et de la bonne humeur. — 3. *Maudite*, qui mérite de l'être pour tous les ennuis dont elle est la cause.

Le camarade s'éloigna prudemment. Cherel, continuant ses recherches, froissait les cahiers, bousculait les livres, fermait violemment les pupitres. Sa figure s'était contractée, ses mâchoires s'étaient serrées, il murmurait des mots inintelligibles¹. Il n'était pas beau, ce pauvre Maurice.

« Viens donc faire une partie de billes, lui cria, de la cour, Ferdinand, son meilleur ami.

— Tu m'ennuies avec tes billes ! » répondit Cherel, qui ne se contenait² plus qu'avec peine. Il se mit à tourner dans la salle comme un loup prisonnier dans sa cage, répétant : « Est-ce bête ! Est-ce bête !

— Viens donc ! tu la retrouveras ce soir.

— Va-t'en ! tu m'agaces ! »

Ferdinand, qui était légèrement taquin, éclata de rire et reprit d'un ton comique : « Va-t'en ! tu m'agaces ! »

Cherel, soudain hors de lui³, se précipita comme un fou furieux sur un livre et le lança, d'un geste violent, sur Ferdinand stupéfait⁴, qui le reçut en plein visage et se mit à saigner du nez abondamment.

A la vue du sang, la colère stupide de Cherel tomba d'un seul coup. Honteux de lui-même, plein de regret et les larmes aux yeux, il vint à son ami et lui fit des excuses si sincères et si gentilles que celui-ci lui tendit la main :

« Prends garde, Maurice, lui dit-il, tout en se lavant le nez dans l'eau froide de la fontaine, malgré ton bon cœur, tu pourrais faire une brute⁵ dangereuse.

— Je sens que tu as raison, mais c'est plus fort que moi.

— Allons donc ! dit le maître, qui s'était approché. Quels efforts as-tu faits, Maurice, pour te corriger ? Parle

---

1. *Inintelligible*, que l'on ne peut comprendre. — 2. *Se contenait*, se maîtrisait. — 3. *Hors de lui*, emporté par sa colère, comme le lait qui monte et s'échappe sous l'effet de la chaleur. — 4. *Stupéfait*, rendu muet par l'étonnement. — 5. *Brute*, livrée à ses instincts, sans raison et sans liberté.

franchement, quand tu sens monter en toi cette colère folle qui te rend mauvais et brutal, essayes-tu de lui résister? Y songes-tu seulement?

— Oh! non, confessa[1] Maurice.

— Eh bien! songes-y. Dis-toi simplement : « Tiens, « voilà mon mal qui revient! attention! » Si tu parviens à sourire, tu seras sauvé.

— Je vous promets de suivre vos conseils. Mais ce sera bien difficile.

— Si tu n'y parviens pas, mon cher enfant, tu seras bien à plaindre; la colère rend l'homme fou, aveugle[2] et souvent féroce. La moitié des crimes sont dus à la colère. »

Voy. *Résumé*, page 291.

111. *Pas d'énervement.*

Rien ne sert de se fâcher contre le bois, le fer, la chaleur, la pesanteur... Que le paysan peste[3] ou non, sa récolte ne lèvera pas un jour plus tôt. Irrite-toi ou non, tu ne courberas cette barre de fer que si tu la portes jusqu'au rouge cerise[4], et tu ne fendras pas cette bûche si tu ne suis le sens des fibres.

Tu es pressé? C'est bien : ce tison, qui n'est pas pressé de se refroidir, te brûle cruellement.

Observe tes camarades. L'un, toujours affairé[5], pressé et inattentif, se cogne la tête, se pince les doigts, se donne des coups de marteau sur la main; tout lui est

---

1. *Confessa*, déclara avec confusion, comme on avoue une faute. — 2. *Aveugle*, en lui enlevant l'usage de son intelligence. — 3. *Peste*, éprouve et manifeste de la mauvaise humeur. — 4. *Rouge cerise*, alors, le fer est malléable. — 5. *Affairé*, qui a ou paraît avoir beaucoup d'affaires.

Maurice Cherel. — QUESTIONNAIRE : 1. *Dans quel état se trouvait Maurice?* — 2. *Quelle était la cause de sa colère?* — 3. *Quels en étaient les signes? les résultats?* — 4. *Montrez comment elle s'est accrue peu à peu.* — 5. *Que pensez-vous de la colère?* — 6. *Vous arrive-t-il souvent de vous mettre en colère?* — 7. *Peut-on combattre la colère?*

ennemi. Il est amusant de voir que les choses semblent s'ingénier[1] à faire mille espiègleries[2] aux gens impatients !

Au contraire, un autre qui est réfléchi, calme, trouve tous les objets dociles et comme empressés[3], et il n'a pas à souffrir de leur malice ni de leur taquinerie.

Sois donc toujours maître de toi et retiens la grande règle de vie que tu dois t'imposer : Ne faire qu'une chose à la fois, sans t'énerver, avec sang-froid, et la faire à fond[4].

J. PAYOT, *Cours de morale*. (Libr. A. Colin.)

112. Le Miroir.

La petite Laura s'admirait dans la glace ;
Sa mère dit : « Remets ce miroir à sa place.
— Je veux me voir ! répond l'enfant
En pleurant, criant, trépignant[5].
— Tu le veux ? Eh bien ! tiens, regarde ta grimace ! »
Et Laura vit dans le miroir
Une enfant en colère, épouvantable[6] à voir.

L. RATISBONNE,
Comédie enfantine. (Delagrave, édit.)

113. La Vengeance.

Des cailloux dans la main, Agnès avec fureur
S'élançait vers sa sœur :
« Tu m'as frappée ! attends ! Je m'en vais te le rendre ! »
Sa mère l'aperçoit et lui dit : « Calmons-nous[7] !
— Pauline m'a frappée : il faut bien me défendre !
— Ouvrez le poing d'abord, et jetez ces cailloux !... »

---

1. *S'ingénier*, mettre toute son intelligence, toute son invention. — 2. *Espiègleries*, petits tours, petites malices. — 3. *Empressés*, se mettant en quelque sorte au service de l'homme, ne lui offrant pas de résistance. — 4. *Faire à fond*, d'une façon totale, complète, non superficielle. — 5. *Trépigner*, frapper vivement du pied contre terre. — 6. *Épouvantable*, tant sa figure était laide et mauvaise. — 7. *Calmons-nous !* pour : calme-toi !

Agnès ouvrit le poing. « Regardez, dit la mère,
En prenant ces cailloux, ô petite colère ¹ !
Vous avez arraché, sans le voir, en chemin,
Une humble violette, une fleur sans défense.
Voyez comme la fleur a puni votre offense ² :
Elle a, pour se venger, embaumé votre main ! »
En rougissant de honte, Agnès baissa la tête.
La mère alors reprit avec plus de douceur :
« Venge-toi, mon enfant, comme la violette ! »
Agnès tendit ³ sa main parfumée à sa sœur.

L. RATISBONNE, Comédie enfantine.

114. Patience.

Henri IV était né vif et emporté ; mais il se rendit tellement maître de sa colère qu'il savait se modérer ⁴ dans les occasions les plus difficiles.

Au siège de Rouen, l'ennemi fit une sortie furieuse qui fut couronnée de succès. On rejeta généralement la faute de cet échec sur Crillon.

Crillon voulut se justifier ; il alla trouver le roi, qui ne parut pas aussi persuadé ⁵ de ses raisons qu'il l'eût voulu. Des excuses il passa à la contestation ⁶, et de la contestation à l'emportement.

Le roi, irrité de ce manque de respect, lui ordonna de sortir. Crillon revenant à tout moment, on s'aperçut que Henri allait perdre patience. Enfin Crillon sortit, et le roi, s'étant calmé, dit aux seigneurs qui l'accompagnaient :

« La nature m'a formé colère ; mais depuis que je me connais, je me suis toujours tenu en garde contre une passion ⁷ qu'il est dangereux d'écouter. Je le sais par expérience, et je suis bien aise d'avoir de si bons témoins ⁸ de ma modération. »

Th.-H. BARRAU.

---

1. *Colère*, représente ici la personne et non la passion. — 2. *Offense*, injure. — 3. *Tendit*, parce qu'elle avait compris qu'il faut savoir pardonner et rendre le bien pour le mal. — 4. *Se modérer*, rester calme, sans emportement. — 5. *Persuadé*, porté à croire que les raisons étaient bonnes. — 6. *Contestation*, discussion, dispute. — 7. *Passion*, mouvement violent de l'âme. — 8. *Bons témoins*, personnes présentes qui ont tout entendu.

XLIV. — Un homme.

115. *Joseph Lachal.*

Joseph Lachal avait une fort mauvaise conduite. Paresseux, joueur et débauché, la nuit il s'amusait, le jour il dormait. Jusqu'à vingt-cinq ans son existence s'était écoulée sans travail sérieux et régulier. Sa famille en était désolée. Son père, riche négociant parisien, d'une vie droite [1] et laborieuse, en éprouvait parfois un profond découragement.

Un matin, Joseph Lachal rentra un peu plus tard encore que de coutume et en état d'ivresse. Son père, qui justement sortait de son bureau, rencontra cette brute stupide [2] et titubante [3]. Son sang ne fit qu'un tour dans ses veines. Emporté par un vif mouvement d'indignation [4], il lança à son fils une parole de mépris et lui appliqua sur la joue un vigoureux soufflet.

Du coup, l'ivresse du jeune débauché fut dissipée. Il monta dans sa chambre sans mot dire, et ne reparut pas de la journée.

Le soir, une heure avant le dîner, il entra dans le cabinet de son père, très correct, mais avec une vive émotion que trahissait [5] l'extrême pâleur de son visage.

« Mon père, déclara-t-il, j'ai vingt-cinq ans sonnés, je suis majeur, j'ai été soldat, je suis un homme enfin, et je ne puis souffrir, même de votre part, la honte d'un soufflet... »

Il n'en put dire davantage. Son père, encore frémissant de colère et de dégoût [6], s'était levé :

« Comment oses-tu dire que tu es un homme ? »

---

1. *Droite*, toujours dans le droit chemin, dans la règle. — 2. *Stupide*, sans intelligence. — 3. *Titubante*, qui marche en zigzag, comme si elle allait tomber. — 4. *Indignation*, sentiment de colère et de mépris. — 5. *Trahissait*, que révélait malgré lui. — 6. *Dégoût*, de répugnance, comme quand on a la nausée.

Il se contint, il se rassit, et, après un moment de silence, d'une voix sourde [1] et grondante, il reprit :

« Non, tu n'es pas un homme. Tu n'en es, hélas ! qu'une laide et pitoyable caricature [2].

« Un être lâche devant la douleur, abattu par la moindre souffrance, esclave d'un corps mou et paresseux, ce n'est pas un homme.

« Un être impuissant, qui n'a jamais su vaincre les obstacles de la vie, qui manquait de courage et d'attention à l'école, qui manque d'énergie et de persévérance dans tous ses travaux, ce n'est pas un homme.

« Un être inerte [3], docilement soumis à toutes les influences [4], sans résistance en face de mauvais camarades, misérable girouette qui tourne à tous les vents, ce n'est pas un homme.

« Un être vil [5], jouet de ses passions honteuses, qui ne saurait s'affranchir ni de la débauche, ni du jeu, ni de la mollesse, incapable de secouer le joug [6] et de ressaisir sa liberté perdue, non, ce n'est pas un homme.

« Pour être un homme, il faut être maître de soi.

« Quand tu auras reconquis ton indépendance et ta dignité [7], quand tu pourras enfin obéir à la raison, alors, viens ici : je t'accueillerai comme mon fils et mon égal [8]. Et ce jour-là, je te ferai mes excuses du soufflet que tu as reçu. Aujourd'hui je n'ai rien de plus à te dire. Va-t'en ! »

Voy. *Résumé*, page 291.

---

1. *Voix sourde*, qui n'a pas d'éclat. — 2. *Caricature*, image grotesque, qui prête à rire. — 3. *Inerte*, qui ne peut de lui-même se mettre en mouvement. — 4. *Influence*, ce qui agit sur une personne. — 5. *Vil*, qui ne mérite aucun respect. — 6. *Joug*, de ses vices, de ses mauvaises relations. — 7. *Dignité*, ce qui rend l'homme respectable. — 8. *Égal*, parce que ce seront deux hommes libres et raisonnables.

Joseph Lachal. — QUESTIONNAIRE : 1. *Dites ce qu'était Joseph Lachal.* — 2. *Que lui arriva-t-il ?* — 3. *Que dit-il à son père ?* — 4. *Que lui répondit son père ? détaillez.* — 5. *Pour être un homme, que faut-il ?* — 6. *Est-il toujours facile d'obéir à la raison ?* — 7. *Que ferez-vous pour obéir à la raison ?*

116. A un enfant.

Enfant, tu grandis : que ton cœur soit fort !
Lutte pour le bien, la défaite est sainte [1] !
Si tu dois souffrir, accorde à ton sort
Un regret [2] parfois, — jamais une plainte [3].

Écris, parle, agis, sans peur du danger.
L'univers est grand, que ton œil y plonge [4] !
Tu pourras faillir, même propager
Une erreur parfois, — jamais un mensonge [5].

Si tu vois plus tard d'indignes rivaux
Toucher avant toi le but [6] de la vie,
Trahis seulement, sûr que tu les vaux,
Du dépit [7] parfois, — jamais de l'envie [8].

Le mal, ici-bas, trône audacieux ;
D'un amer dégoût si ton âme est pleine,
Nourris dans ton sein, montre dans tes yeux,
Du mépris [9] parfois, — jamais de la haine [10].

Eug. Manuel.

---

1. *Sainte*, parce qu'on a beau être vaincu, on a un grand mérite à lutter pour le bien. — 2. *Regret*, ennui qu'on porte en soi. — 3. *Plainte*, c'est l'expression du regret : il vaut mieux avoir le courage de ne pas se plaindre. — 4. *Plonge*, avec la raison et la science. — 5. *Erreur, mensonge* : dans le mensonge, la vérité est volontairement altérée. — 6. *But*, bonheur, gloire. — 7. *Dépit*, mouvement d'irritation causé par un insuccès. — 8. *Envie*, sentiment mauvais qui fait qu'on souhaite du mal à ses rivaux. — 9. *Mépris*, manque d'estime. — 10. *Haine*, qui porte à faire du mal.

DEVOIRS SOCIAUX

XLV. — Justice et Charité.

117. *Denfert et Letrait.*

La mère Lardy avait soixante-dix ans. Elle vivait seule dans une maison presque en ruine et couverte de chaume. Son petit enclos produisait quelques légumes. Sa chèvre, qu'elle menait paître sur la lisière des bois, lui donnait du lait. Les quelques sous qu'elle gagnait avec son tricot lui permettaient d'acheter du pain. Pendant l'hiver, elle se trouvait parfois dans une grande détresse.

L'un de ses voisins, Denfert, était froid, sec et fier [1]. C'est à peine s'il connaissait la mère Lardy. Il ne lui parlait jamais et la saluait d'un signe de tête, en passant, d'un air distrait [2]. Du reste, il ne lui avait jamais fait de mal.

« La mère Lardy? disait-il, elle ne me doit rien, je ne lui dois rien. Je ne me plains pas d'elle, elle n'a pas à se plaindre de moi. Tout est donc pour le mieux.

Je ne la gêne en aucune façon. Je la respecte dans sa vie, dans ses biens, dans tous ses droits [3]. C'est tout ce que demande la justice [4]. »

De son côté la mère Lardy disait :

---

1. *Fier*, ici, hautain. — 2. *Distrait*, parce que, étant pauvre, elle avait à ses yeux peu d'importance. — 3. *Droits*, ce qui était bien à elle. — 4. *Justice*, respect des autres dans tous leurs droits.

« Je n'ai rien à réclamer à mon voisin Denfert, oh ! non ! seulement... »

Il y avait un « seulement » [1].

L'autre voisin, Letrait, était attentif, comme Denfert, à ne pas blesser la mère Lardy et à ne lui occasionner aucun dommage. Comme lui, il s'efforçait d'être *juste* envers elle. Mais cela ne lui suffisait pas.

Quand il se chauffait devant un bon feu, dans les froides soirées de décembre, il se demandait avec inquiétude : « La mère Lardy a-t-elle encore du bois ? »

Pendant qu'il mangeait avec appétit une nourriture abondante, il se disait à lui-même :

« La mère Lardy a-t-elle encore du pain ? »

Et la pensée que cette femme souffrait peut-être de la faim ou du froid gâtait le plaisir qu'il trouvait à sa table ou à son foyer. Il allait chez sa voisine, s'informait de sa santé et de ses besoins, réparait sa maison, cultivait son enclos, soignait sa chèvre et laissait discrètement [2] sur la table quelques provisions, ou sur la cheminée une ou deux pièces blanches.

« Vous êtes trop bon, disait la pauvre vieille, les larmes aux yeux, et je ne sais comment vous remercier.

— Vous n'avez pas à me remercier, mère Lardy. Je suis trop heureux de vous venir en aide. Allons, bon courage, ça ira bien ! »

Letrait était un homme bon et *charitable*.

Denfert se contentait d'être *juste*.

Voy. *Résumé*, page 291.

---

1. *Un « seulement »*, annonce une réserve, un regret. — 2. *Discrètement*, sans qu'on s'en aperçût, afin de ne pas humilier la mère Lardy.

Denfert et Letrait. — QUESTIONNAIRE : 1. *Dites ce qu'était la mère Lardy.* — 2. *Quelle était à son égard l'attitude de son voisin Denfert ?* — 3. *Quelle était celle de son voisin Letrait ?* — 4. *Lequel des deux voisins était le plus juste ?* — 5. *Lequel avait le plus de cœur et de bonté ?* — 6. *En quoi consiste la justice ?* — 7. *En quoi consiste la charité ?*

118. *L'Homme de labeur et ses deux voisins.*

Un homme vivait de son labeur, lui, sa femme et ses petits enfants; et comme il avait une bonne santé, des bras robustes, et qu'il trouvait aisément de quoi s'employer [1], il pouvait, sans trop de peine, pourvoir à sa subsistance et à celle des siens.

Mais il arriva que, une grande gêne [2] étant survenue dans le pays, le travail y fut moins demandé parce qu'il n'offrait plus de bénéfices à ceux qui le payaient [3]; et, en même temps, le prix des choses nécessaires à la vie augmenta.

L'homme de labeur et sa famille commencèrent donc à souffrir beaucoup. Après avoir bientôt épuisé ses modiques épargnes, il lui fallut vendre pièce à pièce ses meubles d'abord, puis quelques-uns mêmes de ses vêtements; et quand il se fut ainsi dépouillé, il demeura privé de toutes ressources, face à face avec la faim. Et la faim n'était pas entrée seule dans son logis : la maladie y était entrée avec elle.

Or, cet homme avait deux voisins, l'un plus riche, l'autre moins.

Il s'en alla trouver le premier, et lui dit : « Nous manquons de tout, moi, ma femme et mes enfants; ayez pitié de nous. »

Le riche lui répondit : « Que puis-je à cela? Quand vous avez travaillé pour moi, vous ai-je retenu votre salaire, ou en ai-je différé [4] le payement? Jamais je ne fis aucun tort ni à vous, ni à nul autre; mes mains sont pures [5] de toute iniquité. Votre misère m'afflige; mais chacun doit songer à soi dans ces temps mauvais : qui sait combien ils dureront? »

Le pauvre père se tut, et, le cœur plein d'angoisse [6], il s'en retournait lentement chez lui, lorsqu'il rencontra l'autre voisin moins riche. Celui-ci, le voyant pensif [7] et triste, lui dit :

« Qu'avez-vous? Il y a des soucis [8] sur votre front et des larmes dans vos yeux. »

Et le père, d'une voix altérée [9], lui exposa son infortune.

Quand il eut achevé : « Pourquoi, lui dit l'autre, vous dé-

---

1. *S'employer*, s'occuper, le travail ne manquant pas. — 2. *Gêne*, état d'embarras, de pauvreté voisine de la misère. — 3. *Payaient :* les patrons, ne gagnant rien, ne faisaient plus travailler les ouvriers. — 4. *Différé*, retardé. — 5. *Pures*, ne se sont jamais prêtées à l'iniquité, à l'injustice. — 6. *Angoisse*, grande inquiétude. — 7. *Pensif*, parce qu'il était préoccupé de sa misérable situation. — 8. *Soucis*, se marquent sur le front par des rides. — 9. *Altérée*, changée.

soler de la sorte? Ne sommes-nous pas frères? Et comment pourrais-je délaisser mon frère en sa détresse? Venez, et nous partagerons. »

La famille qui souffrait fut ainsi soulagée jusqu'à ce qu'elle pût elle-même pourvoir à ses besoins.

LAMENNAIS.

119. *Rends le bien pour le mal.*

Mon père, ce héros [1] au sourire si doux,
Suivi d'un seul housard qu'il aimait entre tous
Pour sa grande bravoure et pour sa haute taille,
Parcourait à cheval, le soir, d'une bataille,
Le champ couvert de morts sur qui tombait la nuit.
Il lui sembla dans l'ombre entendre un faible bruit.
C'était un Espagnol de l'armée en déroute
Qui se traînait sanglant sur le bord de la route,
Râlant, brisé, livide [2], et mort plus qu'à moitié,
Et qui disait : « A boire, à boire par pitié! »
Mon père, ému, tendit à son housard fidèle
Une gourde de rhum qui pendait à sa selle,
Et dit : « Tiens, donne à boire à ce pauvre blessé. »
Tout à coup, au moment où le housard baissé
Se penchait vers lui, l'homme, une espèce de Maure [3],
Saisit un pistolet qu'il étreignait encore,
Et vise au front mon père en criant : « Caramba! »
Le coup passa si près que le chapeau tomba
Et que le cheval fit un écart en arrière.
« Donne-lui tout de même [4] à boire, » dit mon père.

V. HUGO.

---

1. *Héros*, parce que le général Hugo, père du poète, était très brave à la guerre. — 2. *Livide*, pâleur extrême, comme celle d'un mourant. — 3. *Maure* : les Maures sont restés longtemps les maîtres au sud de l'Espagne. — 4. *Tout de même*, malgré son attaque perfide, et parce qu'il faut rendre le bien pour le mal.

XLVI. — Sans charité, pas de justice.

120. *Un Partage.*

« Je veux la justice, disait Robert.

— Et moi aussi, s'écriait son frère Achille.

— Il te revient la moitié de l'héritage, tu l'auras. Mais l'autre moitié, je la veux tout entière, comme c'est mon droit, et sans en perdre un centime.

— Eh bien! c'est précisément ce que je désire. Nous ne pouvons manquer de nous entendre. »

Ils ne s'entendirent pas du tout. Chacun d'eux se trouvait le plus mal partagé. Ils se brouillèrent, se disputèrent et se traitèrent de voleurs.

Et pourtant, ils parlaient au nom de la justice.

On leur fit entendre qu'ils devaient s'en rapporter à un arbitre [1]. Ils choisirent un homme sage et lui demandèrent de les mettre d'accord.

« Vous pouvez, lui dirent-ils, nous satisfaire tous les deux, car nous ne réclamons que ce qui nous appartient. Mais nous ne voulons rien céder de nos droits.

— Mes amis, leur répondit l'arbitre, désignez un autre juge. Vous me demandez une chose impossible.

— Comment cela?

— Vos droits, Robert, jusqu'où vont-ils? Et les vôtres, Achille?... Je n'arriverai jamais à diviser l'héritage en deux parties absolument égales. Entre les deux lots, quoi que je fasse, il y aura toujours une différence.

Ne rien céder, c'est bientôt dit. Savez-vous ce qui arrive alors? C'est que, voulant aller jusqu'au bout de ses droits, *on les dépasse, sans s'en douter*. On empiète sur ceux des voisins, et l'on devient injuste à leur égard.

Voulez-vous sincèrement la justice, Robert?

— Oui.

---

1. *Arbitre,* personne choisie comme juge dans un désaccord.

— Et vous aussi, Achille?
— Parfaitement.
— Eh bien! sachez-le, vous ne serez sûrs d'être justes que si vous êtes disposés à sacrifier une partie de vos droits.

Robert, pour éviter de léser[1] votre frère, consentez-vous à céder, au besoin, quelque chose de votre héritage?

— S'il le faut, oui, dit Robert, après un instant d'hésitation.

— Et vous, Achille?
— J'y consens aussi.

— Alors, le partage est possible, et je m'en charge. Ah! si vous vous aimiez vraiment comme des frères, ce léger sacrifice[2] que je vous ai arraché[3], c'est votre cœur qui vous l'eût dicté. Vous vous seriez dit, Robert : « Que m'importe, si je perds une parcelle de mon bien, puisque c'est mon cher Achille qui en profitera. Je suis trop heureux de lui faire plaisir. » Et vous, Achille, vous vous seriez dit : « Ce qui m'importe le plus, c'est que mon frère Robert soit content, c'est que la joie soit dans ses yeux, c'est qu'il sache mon cœur fidèle et qu'il continue de m'aimer autant que je l'aime. Que vaut une parcelle de mon bien au prix de cette bonne et si douce amitié! »

Voyez-vous, pour être juste envers les autres, il faut les aimer. Point de justice sans amour, point de justice sans charité[4].

Voy. *Résumé*, page 291.

---

1. *Léser*, porter atteinte au droit des autres. — 2. *Sacrifice*, abandon de son droit, don de soi. — 3. *Arraché*, obtenu difficilement. — 4. *Charité*, signifie amour des autres, aide donnée par affection et d'une façon désintéressée.

Un partage. — QUESTIONNAIRE : 1. Que voulait Robert ? — 2. Que voulait Achille ? — 3. Se mirent-ils d'accord ? — 4. Pourquoi l'arbitre choisi refusa-t-il de se prononcer ? — 5. Que dit-il aux deux frères ? — 6. Qu'eussiez-vous fait à la place de l'arbitre ? — 7. Les deux frères s'aimaient-ils ? — 8. S'ils se fussent aimés, que serait-il arrivé ?

121. *Les Deux Frères et le Champ.*

Jérusalem[1] était un champ labouré. Deux frères possédaient la partie de terrain où s'élève aujourd'hui le temple. L'un de ces frères était marié et avait plusieurs enfants ; l'autre vivait seul. Ils cultivaient en commun l'héritage reçu de leur mère. Le temps de la moisson venu, les deux frères lièrent leurs gerbes et en firent deux tas égaux, qu'ils laissèrent au milieu du champ.

Pendant la nuit, l'un des frères eut une bonne pensée ; il se dit à lui-même : « Mon frère a une femme et des enfants à nourrir ; moi, je ne suis point marié ; il n'est pas juste que ma part soit aussi forte que la sienne. Allons, prenons dans mon tas quelques gerbes que j'ajouterai secrètement aux siennes ; il ne s'en apercevra pas et ne pourra ainsi me refuser. » Et il fit comme il avait pensé.

La même nuit, l'autre frère se réveilla et dit à sa femme : « Mon frère est jeune, il vit seul et sans compagne ; il n'a personne pour l'assister[2] dans son travail et pour le consoler[3] dans ses fatigues, il n'est pas juste que nous prenions du champ commun autant de gerbes que lui. Levons-nous, allons, et portons secrètement à son tas un certain nombre de gerbes ; il ne s'en apercevra pas demain et ne pourra les refuser. » Et ils firent comme ils avaient pensé.

Le lendemain, chacun des frères se rendit au champ et fut bien surpris de voir que les deux tas étaient toujours pareils. Ils firent de même pendant plusieurs jours de suite ; mais, comme chacun d'eux portait au tas de son frère le même nombre de gerbes, les tas demeuraient toujours égaux. Une nuit, enfin, tous deux s'étant mis en sentinelle[4] pour découvrir la cause de ce prodige[5], ils se rencontrèrent portant chacun les gerbes qu'ils se destinaient mutuellement[6], et, touchés de leur égale affection, ils s'embrassèrent.

LAMARTINE. (*Légende arabe.*)

---

1. *Jérusalem*, ville de Palestine qui vit la mort de Jésus-Christ. Pour les chrétiens, c'est la ville sainte. — 2. *Assister*, donner une aide. — 3. *Consoler*, adoucir un chagrin, rendre du courage. — 4. *En sentinelle*, pour veiller et se rendre compte. — 5. *Prodige*, événement extraordinaire, incompréhensible. — 6. *Mutuellement*, l'un pour l'autre, le premier pour le second, en même temps que le second pour le premier.

XLVII. — La Justice :

Respect de la vie.

122. Caïn.

Caïn ayant tué son frère Abel, ce crime lui fit perdre la paix et le sommeil. Il eut beau fuir et se cacher sous la terre, sa conscience implacable[1] ne cessa de lui reprocher son forfait[2]. C'est la conscience humaine que représente, dans le morceau qui suit, l'œil de Jéhovah[3].

> Lorsque, avec ses enfants vêtus de peaux de bêtes,
> Échevelé[4], livide, au milieu des tempêtes,
> Caïn se fut enfui de devant Jéhovah,
> Comme le soir tombait, l'homme sombre[5] arriva
> Au bas d'une montagne en une grande plaine ;
> Sa femme fatiguée et ses fils hors d'haleine
> Lui dirent : « Couchons-nous sur la terre et dormons. »
> Caïn, ne dormant pas, songeait au pied des monts.
> Ayant levé la tête, au fond des cieux funèbres[6]
> Il vit un œil tout grand ouvert dans les ténèbres,
> Et qui le regardait dans l'ombre fixement[7].
>
> « Je suis trop près, » dit-il avec un tremblement.
> Il réveilla ses fils dormant, sa femme lasse,
> Et se remit à fuir, sinistre[8], dans l'espace.
> Il marcha trente jours, il marcha trente nuits.
> Il allait, muet, pâle et frémissant aux bruits,
> Furtif[9], sans regarder derrière lui, sans trêve,
> Sans repos, sans sommeil. Il atteignit la grève
> Des mers dans le pays qui fut depuis Assur[10].
> « Arrêtons-nous, dit-il, car cet asile est sûr.
> Restons-y. Nous avons du monde atteint les bornes. »
> Et, comme il s'asseyait, il vit dans les cieux mornes[11]

---

1. *Implacable*, qui ne peut être apaisée. — 2. *Forfait*, crime. — 3. *Jéhovah*, le dieu de la Bible, où se trouve l'histoire de Caïn. — 4. *Échevelé*, les cheveux en désordre. — 5. *L'homme sombre*, sans joie, sans sourire. — 6. *Funèbres*, pour le meurtrier, qui voyait tout en noir. — 7. *Fixement*, comme on regarde un coupable. — 8. *Sinistre*, sombre. — 9. *Furtif*, qui se cache et veut se dérober. — 10. *Assur*, pays d'Asie, l'Assyrie. — 11. *Mornes*, tristes, sombres.

Caïn; d'après le tableau de Cormon. (Au musée du Luxembourg.)

L'œil à la même place au fond de l'horizon.
Alors il tressaillit, en proie au noir frisson :
« Cachez-moi ! » cria-t-il ; et, le doigt sur la bouche,
Tous ses fils regardaient trembler l'aïeul farouche.

Caïn dit à Jabel, père de ceux qui vont
Sous les tentes de poil dans le désert profond :
« Étends de ce côté la toile de la tente. »
Et l'on développa la muraille flottante ;
Et quand on l'eut fixée avec des poids de plomb :
« Vous ne voyez plus rien ! » dit Tsilla, l'enfant blond,
La fille de ses fils, douce comme l'aurore [1].
Et Caïn répondit : « Je vois cet œil encore ! »
. . . .
Alors il dit : « Je veux habiter sous la terre,
Comme dans son sépulcre un homme solitaire ;
Rien ne me verra plus, je ne verrai plus rien. »
On fit donc une fosse, et Caïn dit : « C'est bien ! »
Puis il descendit seul sous cette voûte sombre.
Quand il se fut assis sur sa chaise dans l'ombre,
Et qu'on eut sur son front fermé le souterrain,
L'œil était dans la tombe et regardait Caïn.

V. HUGO, *Légende des siècles.*

XLVIII. — La Justice :

Respect de la liberté.

123. *Frédéric.*

L'instituteur avait dû s'absenter pour quelques instants. « Va t'amuser dehors et laisse-nous travailler, » disait Henri, le premier de la classe, à son camarade Frédéric.

« Cela, répondit Frédéric, c'est mon affaire. »

Et il continua de rire et de faire du tapage. L'étude devint impossible ; Henri impatienté ferma son cahier et se croisa les bras. Les bons élèves en firent autant.

---

1. *L'aurore,* pointe du jour, où tout est frais et reposé.

Quand le maître rentra, le silence se rétablit tout à coup : « Pourquoi ces cahiers fermés ? »

Henri rougit et ne répondit pas.

« Il y a donc eu du désordre, en mon absence ? »

Henri baissa la tête. Le maître comprit :

« C'est encore vous, Frédéric, j'en suis sûr. Montrez-moi votre devoir. »

Frédéric, n'ayant rien fait, dut avouer sa mauvaise conduite. « Mais, monsieur, ajouta-t-il, je ferai mon devoir à la maison.

— Et vous croyez que c'est une excuse ? Ce qui me fâche contre vous, ce n'est pas seulement votre paresse : il en est d'autres ici qui ne travaillent pas davantage et qui sont pourtant moins coupables. *C'est votre sans-gêne* qui m'indigne, c'est le peu de souci que vous avez de la liberté des autres. Vous ne voulez rien faire ? soit, ne faites rien et dormez. Vous ne porterez guère préjudice qu'à vous-même. Mais vos voisins ont le droit d'être respectés dans leur travail. S'il leur plaît d'étudier, ne les en empêchez pas. »

Les leçons de l'école ne corrigèrent point Frédéric. Il avait été mauvais élève, il devint mauvais ouvrier. Un jour, la grève[1] éclata dans l'usine où il travaillait. Il se fit remarquer, entre tous, par la violence de ses paroles et la brutalité de ses actes. Rencontrant un camarade qui n'avait pas cessé le travail — soit qu'il fût sans ressources, soit que la grève lui parût sans motif — Frédéric l'apostropha grossièrement :

« Lâche [2] ! lui cria-t-il, tu n'iras pas à l'usine.

— Et pourquoi donc n'irais-je pas à l'usine ? Fais grève

---

1. *Grève*, cessation brusque du travail par un grand nombre d'ouvriers. La grève est faite en vue d'obtenir du patron des avantages qu'il ne veut pas accorder de lui-même. Les grévistes devraient rester calmes et attendre. Ils devraient respecter la liberté des ouvriers qui continuent le travail. Mais ils ne sont pas toujours sages. — 2. *Lâche*, parce qu'à son avis il abandonne ses camarades et se soumet docilement au patron. Cette accusation peut être tout à fait injuste.

tant que tu voudras, cela te regarde et je n'y trouve pas à redire. Mais, moi, je suis libre de travailler où et quand cela me plaît, et j'entends user de ma liberté.

— Eh bien ! tu auras affaire à moi.

— Je méprise tes menaces autant que tes injures. Je ne suis point ton esclave [1]. Je ne suis l'esclave de personne. Je respecte tes droits, respecte les miens. Tu crois bien faire en quittant l'atelier, et tu le quittes. Je crois bien faire en y restant, et j'y reste. C'est à ma raison que j'obéis, et non pas à la tienne.

Laisse-moi passer, ou je saurai me défendre. Arrière. »

Frédéric jugea prudent de battre en retraite.

124. *Le Métayer de M. Richert.*

Un dimanche matin, le métayer [2] Grégoire fut appelé chez M. Richert, le propriétaire de sa métairie.

« Asseyez-vous, dit M. Richert sans quitter son fauteuil. J'ai à vous parler. Il ne me plaît pas que vous fréquentiez le cordonnier Giffard. Cet homme-là ne me veut pas de bien, n'allez plus chez lui si vous tenez à m'être agréable.

— Monsieur Richert, cela me sera bien difficile. Giffard a toujours été mon meilleur ami, et je vous assure...

— Je sais ce que je sais. En outre, je vois avec peine que vous n'achetez pas votre pain chez mon boulanger et votre viande chez mon boucher.

— Monsieur Richert, je suis mieux servi ailleurs.

— Croyez-vous ? En tout cas, ceux-là m'ont rendu service et je voudrais les aider.

— Est-ce tout ?

— Pas encore. Il ne me convient pas que vous envoyiez vos enfants à l'école du bourg.

---

1. *Esclave*, qui obéit par force. — 2. *Métayer*, qui fait valoir une métairie, c'est-à-dire une petite ferme, moyennant une redevance annuelle au propriétaire.

Frédéric. — Questionnaire : 1. *Dites ce que faisait Frédéric à l'école.* — 2. *Avait-il tort ?* — 3. *En quoi avait-il tort ?* 1°... 2°... — 4. *Que lui dit, à cette occasion, l'instituteur ?* — 5. *Plus tard, avait-il le droit de faire grève ?* — 6. *Avait-il le droit de s'opposer au travail d'un autre ouvrier ?* — 7. *Comment entendez-vous l'usage de la liberté ?*

Les Mineurs; tableau de J.-P. LAURENS.
(Exposé à Paris, au Salon de 1904.)

— Ils y sont très bien, ils y font des progrès : je ne puis pas les retirer.

— Je vous engage vivement à les retirer.

— Monsieur Richert, vous ferez de moi ce que vous voudrez, il m'est impossible de vous satisfaire.

— Songez que votre bail prend fin dans deux mois. J'aurai dix métayers pour un, et plus accommodants que vous, je vous assure.

— Ainsi, monsieur, vous me donnez à choisir entre la misère et l'esclavage. Il ne vous suffit pas que je sois bon métayer et que je vous paye régulièrement ce que je vous dois. Il vous faut encore le sacrifice de ma liberté.

Je n'aurai d'amis que ceux qui vous conviennent, de fournisseurs que ceux qui vous plaisent, et d'école pour mes enfants que celle qui vous est agréable. Gardez votre métairie, je conserve mes droits et ma liberté. Mais si chétif[1] que je sois, sachez-le bien, je m'estime au-dessus de vous, car vous n'êtes pas un honnête[2] homme.

Voy. *Résumé*, page 291.

125. *Les Formes atténuées de l'esclavage.*

Les attentats[3] contre la liberté des faibles, des ignorants, sont innombrables.

Tantôt c'est un travail excessif imposé à des ouvriers peu payés (salaires de famine), à des enfants (mousses à bord des navires).

Tantôt c'est l'ouvrier lui-même dont la femme s'exténue[4], parce qu'après sa journée au dehors elle a la charge du ménage et des enfants, pendant que le mari la regarde peiner sans l'aider. Une poésie anglaise chante le sort de ces pauvres esclaves :

---

1. *Chétif*, faible, incapable de lutter. — 2. *Honnête :* on n'est pas honnête quand on est volontairement injuste, comme M. Richert. — 3. *Attentat*, entreprise criminelle contre les personnes ou les choses. — 4. *S'exténue*, s'épuise, se réduit à rien.

Le Métayer de M. Richert. — QUESTIONNAIRE : 1. *Dites ce que M. Richert exigeait de son métayer.* — 2. *Que répondit le métayer Grégoire ?* — 3. *A qui donnez-vous raison ?* — 4. *Que pensez-vous d'un homme comme M. Richert ?* — 5. *Qu'eussiez-vous fait à la place du métayer ?*

« Ci-gît une pauvre femme qui toujours fut fatiguée, — car elle vivait dans une maison où personne ne l'aidait. — Ses derniers mots furent : « Mes amis, je vais — dans un endroit où il n'y a rien à laver ni à coudre ! — Oh ! là-bas, tout sera conforme à mes vœux [1]. — Car là où on ne mange [2] pas, il n'y a pas de vaisselle à nettoyer. »

Parfois, le mari boit et fume une partie du salaire, et la femme doit chercher de l'ouvrage peu rétribué.

Il arrive aussi que certaines femmes n'économisent pas : elles ne préparent pas une nourriture soignée et économique ; elles ne reprisent pas le linge, ne raccommodent pas les vêtements, et le pauvre mari s'exténue sans pouvoir mettre un sou aux œuvres de prévoyance [3] ; il vit dans l'insécurité [4] la plus douloureuse et s'épuise.

J. PAYOT, Cours de morale. (A. Colin, éditeur.)

126. *La Liberté.*

« Petit oiseau, dit l'enfant,
Vois cette cage dorée
Que pour toi j'ai préparée :
Est-il séjour plus charmant ?

Tapis de fleurs, lit de mousse,
Millet sec et mouron frais,
              [traits [5] !
Rien n'y manque !... que d'at-
Que ta vie y sera douce !

— Petit enfant, dit l'oiseau,
A la plus riche des cages
Je préfère mes bocages
Et le plus humble arbrisseau.

Rien n'excite mon envie [6]
Dans ton palais enchanté [7] ;
J'y perdrais la liberté :
La liberté, c'est la vie ! »

ARNAULT.

L'Enfant à la cage; par PIGALLE.
(Musée du Louvre.) — Phot. Giraudon.

---

1. *Vœux,* désirs. — 2. *On ne mange pas,* parce qu'elle croit qu'il n'y a que des âmes. — 3. *Prévoyance,* comme l'assurance sur la vie. — 4. *Insécurité,* absence de tranquillité. — 5. *Attraits,* ce qui attire. — 6. *Envie,* désir. — 7. *Enchanté,* plein de charme.

XLIX. — La Justice :
Tolérance.

127. Les Idées de Marcel.

« Faut-il être ignorant! Faut-il être borné[1]! s'écriait Marcel, mon voisin, en s'éloignant d'un groupe où l'on discutait sur la politique.

— Qui donc est ignorant et borné?

— Ces gens-là! ils ne disent que des sottises. Ce sont des ânes[2] et je ne le leur ai pas caché. Au surplus, je ne puis les entendre sans me mettre en colère.

— Tu es bien chatouilleux[3]. Laisse-les donc tranquilles.

— Les laisser tranquilles? Je te dis qu'on devrait leur fermer la bouche. N'est-ce pas stupide de croire...

— Ce qui est stupide, André, et profondément injuste, c'est ton attitude à leur égard. Ils ont une intelligence comme toi, ils cherchent la vérité comme toi. Et comme toi ils s'imaginent sincèrement la connaître.

Ce qui te semble vrai leur semble faux, voilà tout. Tu as pitié de leur ignorance. Ils croient avoir les mêmes raisons pour prendre en pitié ton aveuglement[4].

— Mon aveuglement!... Je te dis que ce sont des imbéciles.

— Tu n'es pas charitable.

— Avec cela qu'ils le sont envers moi, envers toi, ceux que tu défends si chaudement[5]!

— Eh! je le sais bien, et j'en souffre autant que d'entendre ton langage. N'est-ce pas une grande misère que tant d'honnêtes gens, également sincères, se méprisent et se haïssent, parce qu'ils ont des opinions différentes?

---

1. *Borné*, qui ne connaît qu'un tout petit coin du monde. — 2. *Ânes*, expression injurieuse vis-à-vis de ceux qui ne sont pas de l'avis de Marcel.— 3. *Chatouilleux*, sens figuré, qui se fâche pour un rien. — 4. *Aveuglement*, état de celui qui ne voit rien. — 5. *Chaudement*, avec chaleur, avec zèle.

Je dis à ceux qui m'entourent : quelles que soient vos croyances, quelles que soient vos idées, *elles sont vôtres, elles font partie de vous-même* : cela suffit, je les respecte. Vous ne recevrez jamais de moi ni railleries[1] ni paroles offensantes. Est-il bien sûr que je sois dans la vérité ? Et si j'en suis sûr, combien de temps et d'efforts m'a-t-il fallu pour arriver à cette certitude ? C'est pourquoi je vous excuse si vous êtes dans l'erreur.

Quand vous pensez comme moi, j'en suis heureux. Quand vous pensez autrement, je n'ai qu'un désir, celui de vous amener, par une discussion plus ou moins ardente, mais toujours courtoise[2], à partager mes convictions[3]. »

Voy. *Résumé*, page 292.

128. *Parabole contre la persécution.*

1. Et il advint qu'Abraham s'assit à la porte de sa tente, vers le coucher du soleil.

2. Et voilà qu'un homme, courbé par l'âge, arriva par le chemin du désert, s'appuyant sur un bâton.

3. Et Abraham se leva, il alla à la rencontre de l'étranger et lui dit : « Entre, je te prie, lave tes pieds[4], repose-toi toute la nuit, tu te lèveras de grand matin et tu continueras ta route. »

4. Mais l'homme dit : « Non, car je veux me reposer sous cet arbre. »

5. Et Abraham le pressa[5] grandement. Alors il vint et ils entrèrent sous la tente, et Abraham fit cuire du pain sans levain, et ils en mangèrent.

6. Et quand Abraham vit que l'homme ne rendait pas

---

1. *Railleries*, moqueries. — 2. *Courtoise*, polie. — 3. *Convictions*, certitudes raisonnées. — 4. *Pieds* : dans l'Orient, laver les pieds de l'étranger est une marque de politesse. — 5. *Pressa*, l'invita avec instance et avec force.

Les Idées de Marcel. — QUESTIONNAIRE : 1. *Pourquoi Marcel était-il mécontent ? — 2. Avait-il raison de l'être ? — 3. Avait-il raison d'en vouloir à ceux qui ne pensaient pas comme lui ? — 4. Qu'eussiez-vous fait à sa place ? — 5. Pourquoi faut-il être tolérant ? — 6. Est-il vrai qu'on arrive difficilement à la vérité ? — 7. Montrez-le par un exemple. — 8. Définissez la tolérance.*

grâces à Dieu, il lui dit : « Pourquoi n'adores-tu pas le Dieu tout-puissant, créateur du ciel et de la terre ?... »

7. Et l'homme répondit et dit : « Je n'adore pas le Dieu dont tu parles et je n'invoque pas son nom, car je me suis fait un dieu qui habite toujours ma maison et qui pourvoit[1] à tous mes besoins. »

8. Et le zèle[2] d'Abraham s'enflamma contre l'homme, et il se leva, et il tomba sur lui, et, à force de coups, il le chassa dans le désert.

9. Et à minuit Dieu appela Abraham et lui dit : « Abraham, où est l'étranger ? »

10. Et Abraham répondit et dit : « Seigneur, il ne voulait pas t'adorer, ni invoquer[3] ton nom, c'est pourquoi je l'ai chassé de devant ma face dans le désert. »

11. Et Dieu dit : « Ne l'ai-je pas supporté pendant cent quatre-vingt-dix-huit ans ? Ne l'ai-je pas nourri et vêtu malgré sa rébellion contre moi ? Et toi, qui es un pécheur[4], ne pouvais-tu pas le supporter une nuit ? »

12. Et Abraham dit : « Que la colère du Seigneur ne s'enflamme pas contre son serviteur ! J'ai péché, oui, j'ai péché, pardonne-moi, je te prie ! »

FRANKLIN.

129. *Les Maux produits par l'intolérance.*

L'intolérance consiste à employer, pour changer l'opinion d'autrui, des moyens étrangers à la raison.

C'est un moyen étranger à la raison que d'employer la force, que d'interdire brutalement[5] les discours, les écrits, la pratique d'un culte, que de faire souffrir quelqu'un qui ne partage pas nos opinions.

Actuellement, en France, la liberté de penser[6] est plus grande qu'en aucun autre pays du monde, grâce aux luttes de nos pères ; toutefois, elle est loin d'être complète.

---

1. *Pourvoit*, donne ce qui est nécessaire. — 2. *Zèle*, dévouement empressé; comparé à un feu intérieur. — 3. *Invoquer*, appeler à l'aide, au secours. — 4. *Pécheur*, et pour cela, qui devrait être plus indulgent que Dieu. — 5. *Brutalement*, en brute, par la violence. — 6. *Liberté de penser*, de garder et d'exprimer ses opinions politiques et religieuses.

Combien de patrons ne peuvent tolérer que leurs ouvriers parlent [1] dans les réunions publiques! Combien de citoyens n'admettent pas qu'un adversaire dise librement [2] ce qu'il croit vrai! Dans les assemblées populaires, que de fois on couvre la voix d'un orateur par le bruit [3]! Combien de journalistes essayent, par la violence de leurs attaques, par des injures, par le mensonge calomnieux, de terroriser [4] leurs adversaires!

Mais, en remontant dans le passé, on est effrayé du nombre des victimes de l'intolérance, surtout de l'intolérance religieuse.

« Qu'est-ce, dit Michelet, que les seize mille guillotinés de la Terreur [5] devant ces millions d'hommes égorgés, pendus, rompus, ce pyramidal [6] bûcher, ces masses de chair brûlées que l'Inquisition [7] a montées jusqu'au ciel? La seule inquisition d'une des provinces d'Espagne établit qu'en seize années elle brûla vingt mille hommes... »

Songez que le savant Galilée [8], qui avait découvert que la terre tourne autour du soleil, se vit condamné, par un tribunal de moines, à déclarer publiquement qu'il s'était trompé. Il dut prononcer la formule suivante, pour échapper à la mort :

« Moi, Galilée, à la soixante et dixième année de mon âge... étant à genoux et ayant devant les yeux les saints Évangiles que je touche de mes propres mains, d'un cœur et d'une foi sincères, j'abjure [9], je maudis et je déteste l'erreur, l'hérésie [10] du mouvement de la terre. »

---

1. *Parlent*, parce qu'ils peuvent défendre d'autres idées que celles des patrons. — 2. *Librement*, parce que cette liberté peut nuire aux idées de ces citoyens. — 3. *Bruit*, c'est encore la force. — 4. *Terroriser*, causer une grande frayeur. — 5. *Terreur*, de 1793. — 6. *Pyramidal*, élevé comme de hautes pyramides. — 7. *Inquisition*, tribunal de moines institué contre les hérétiques. — 8. *Galilée*, savant italien, contemporain de Henri IV et de Louis XIII. — 9. *J'abjure*, je déclare repousser comme faux ce que j'ai cru vrai. — 10. *Hérésie*, ce que l'Église condamne comme contraire à ce qu'elle enseigne.

Or, pendant que ses lèvres faisaient, par force, cette déclaration solennelle, le malheureux se disait en lui-même : « Et pourtant, elle se meut ! »

Songez aussi à l'intolérance du roi Louis XIV, à la révocation de l'Édit de Nantes, à cette mesure odieuse [1] et funeste qui jeta hors de France tant de milliers de bons Français, dont le seul crime était de n'être pas catholiques et de vouloir rester fidèles à leurs propres croyances. 250 000 protestants, malgré la terrible menace des galères, quittèrent une patrie inhospitalière et cruelle. Des barques venaient les attendre, dans les nuits d'orage, sur les points les plus dangereux de nos côtes, pour les porter en Angleterre ou en Hollande.

Voltaire [2], qui a combattu si courageusement l'intolérance religieuse, au XVIIIe siècle, disait dans une « Prière à Dieu » qui termine un de ses ouvrages :

« Tu ne nous as point donné un cœur [3] pour nous haïr et des mains [4] pour nous égorger. Fais que nous nous aidions mutuellement à supporter le fardeau [5] d'une vie pénible et passagère. Que ceux qui allument des cierges en plein midi pour te célébrer supportent ceux qui se contentent de la lumière de ton soleil ; que ceux qui couvrent leur robe d'une toile blanche pour dire qu'il faut t'aimer ne détestent pas ceux qui disent la même chose sous un manteau de laine noire ; qu'il soit égal de t'adorer dans un jargon [6] formé d'une ancienne langue ou dans un jargon plus nouveau...

Puissent tous les hommes se souvenir qu'ils sont frères [7] ! »

D'après J. Payot et P.-F. Pécaut.

---

1. *Odieuse*, qui excite la haine et l'indignation. — 2. *Voltaire*, grand écrivain contemporain de Louis XV. — 3. *Cœur*, pour aimer. — 4. *Mains*, pour aider. — 5. *Fardeau*, au figuré. La vie est lourde quand on souffre. — 6. *Jargon*, langue grossière. — 7. *Frères*, qu'ils sont faits pour se rapprocher et s'aimer.

L. — La Justice :
Respect de la réputation.

130. *Une Victime de la calomnie*.

M. Martin était rentier dans un village de la Beauce. Il vivait tranquillement, avec sa famille, des revenus d'un petit capital amassé dans le commerce.

Il cultivait son jardin, lisait son journal et, quand le temps était beau, faisait sa promenade habituelle sur le bord de la rivière. Comme il était pacifique et complaisant, il ne comptait guère que des amis.

Il y a six ans, il fut élu conseiller municipal, puis maire de sa commune. Cet honneur lui fit des envieux. Il s'y attendait et ne s'en émut pas.

Mais un jour, une rumeur[1] circula dans le village :

« Vous ne savez pas? M. Martin, qui fait tant l'honnête homme, eh bien! il paraît que c'est une fameuse[2] canaille. On raconte qu'il a gardé pour lui une somme de trente mille francs qu'il avait empruntée à un ami mort depuis au Tonkin.

— On raconte tant de choses! Je n'en crois pas un mot.

— A votre aise[3] ! Mais le fait m'a été affirmé par une personne sérieuse et bien renseignée.

— Par qui?

— Je vous le dis en confidence[4] : par un de ses anciens commis qui connaît parfaitement ses affaires.

— C'est peu vraisemblable.

— Il n'y a pas de fumée sans feu[5]. »

Bientôt ces bruits parvinrent aux oreilles de M. Martin. Il ne fit qu'en rire. Mais peu à peu ses amis devinrent

---

1. *Rumeur*, un bruit sourd. — 2. *Fameuse*, ironiquement : canaille peu ordinaire. — 3. *A votre aise*, comme vous voudrez, comme il vous plaira ! — 4. *Confidence*, ce qui est confié comme un secret. — 5. *Sans feu* : on compare les bruits qui circulent à la fumée ; le feu est la cause de la fumée et la cause des bruits, ce seraient les fautes commises. Dangereux proverbe.

plus froids et s'éloignèrent. Quand M. Martin s'en aperçut, il s'indigna.

« Comment, ils ajoutent foi à ces sottises ! Eh bien ! qu'ils s'éloignent, je ne courrai pas après eux. »

Or, quand il se présenta de nouveau aux élections municipales, il ne put réunir qu'un petit nombre de voix. Il en fut à la fois très étonné et très abattu :

« Est-il possible que tant de gens m'aient cru malhonnête ! »

« Monsieur Martin, lui dit un jour l'instituteur, vous avez trop dédaigné la calomnie. Vous auriez dû la combattre dès le premier jour.

— Cette histoire de vol est tellement absurde[1] ! pouvais-je penser qu'elle serait acceptée de ceux qui me connaissent ?

— A force d'entendre répéter la même chose, on finit par y croire. Si je n'avais pas vécu tout près de vous, qui sait ? moi aussi, peut-être, j'aurais douté de votre honnêteté.

— Vous[2] ?

— Oui, moi, et je vous suis pourtant bien attaché et bien fidèle. »

Une grosse larme vint aux paupières de M. Martin. L'instituteur le consola. Depuis lors, ils s'efforcèrent ensemble de rétablir la vérité et de détromper l'opinion publique. Ils n'y parvinrent qu'à moitié. La calomnie est invincible[3]. Il y a longtemps qu'on l'a dit : « Calomniez, calomniez, il en restera toujours quelque chose ! »

Aujourd'hui M. Martin est triste, aigri[4], découragé. La calomnie lui a enlevé sa tranquillité et son bonheur.

Voy. Résumé, page 292.

---

1. *Absurde*, contraire au bon sens. — 2. *Vous ?* Cela lui semble impossible. — 3. *Invincible*, quand elle est longtemps répétée. — 4. *Aigri*, irrité.

Une victime de la calomnie. — QUESTIONNAIRE : 1. *Dites ce qu'était M. Martin.* — 2. *Pourquoi eut-il des ennemis ?* — 3. *Que lui arriva-t-il ?* — 4. *Quels étaient les sentiments du calomniateur ?* — 5. *Quel effet eut la calomnie ?* — 6. *Que fit M. Martin ? Qu'aurait-il dû faire ?*

131. *Le Couplet de Basile*[1].

La calomnie! monsieur, vous ne savez pas ce que vous dédaignez! J'ai vu les plus honnêtes gens près d'en être accablés[2]; croyez qu'il n'y a pas de plate[3] méchanceté, pas d'horreur, pas de conte absurde qu'on ne fasse adopter aux oisifs d'une grande ville en s'y prenant bien...

D'abord, un bruit léger, rasant[4] le sol comme une hirondelle avant l'orage... Telle bouche le recueille et vous le glisse en l'oreille adroitement; le mal est fait; il germe[5], il rampe, il chemine et, de bouche en bouche, il va le diable; puis tout à coup, ne sais comment, vous voyez la calomnie se dresser[6], siffler, s'enfler, grandir à vue d'œil; elle s'élance, étend son vol, tourbillonne[7], enveloppe, arrache, entraîne, éclate et tonne, et devient un cri général, un chorus[8] universel de haine et de proscription.

BEAUMARCHAIS, *Le Barbier de Séville*.

132. *L'Eau, le Feu et la Réputation*.

Un jour, l'Eau, le Feu et la Réputation devant voyager ensemble délibérèrent[9] comment ils pourraient se retrouver, en cas qu'ils vinssent à se perdre.

Le Feu dit : « Vous me trouverez où vous verrez de la fumée. »

L'Eau dit : « Où vous verrez des lieux marécageux[10]. »

— Et vous, dit-on à la Réputation, où vous trouvera-t-on ?

— Moi, répondit celle-ci, quand une fois on m'a perdue, on ne me retrouve jamais! »

---

1. *Basile*, personnage perfide et amusant d'une comédie de Beaumarchais. — 2. *Accablés*, jetés à terre, abattus. — 3. *Plate*, sotte, sans fondement. — 4. *Rasant* : la calomnie se cache au début; ce n'est qu'un bruit timide auquel on ne prend pas garde. — 5. *Germe, rampe, va le diable*, le bruit prend de la consistance, puis court de bouche en bouche, mais sans éclat. — 6. *Dresser, siffler*, comme une vipère qui attaque. — 7. *Tourbillonner*, comme une furieuse tempête. — 8. *Chorus universel*, chœur composé de toutes les voix; c'est la foule abusée qui crie, qui s'ameute et se livre à des violences contre la personne calomniée (voir *L'Ennemi du peuple*, d'Ibsen). — 9. *Délibérèrent*, cherchèrent ensemble, dans une conversation. — 10. *Marécageux*, où la terre est imprégnée d'eau.

133. *Une Victime de la médisance.*

En rentrant chez lui, François Michal, le charron, se laissa tomber sur une chaise, d'un air profondément découragé. Et après un long silence, il se mit à sangloter. Il pleura longtemps, seul dans la chambre vide. Sa femme le trouva accoudé sur la table, la tête dans ses mains, des larmes tombant entre ses doigts, goutte à goutte. Elle s'approcha, toute saisie d'angoisse :

« Qu'as-tu donc ? »

Il ne répondit rien d'abord. Puis, avec un soupir :

« C'en est fait. Tout est connu.

— Quoi ?

— Ma faute d'il y a vingt ans, là-bas, en Provence, à cent lieues d'ici. »

Elle pâlit[1] et se tut. Elle reprit ensuite, d'une voix faible :

« Ce que tu m'as confessé[2], la veille de notre mariage ?

— Oui ! dit Michal, ce maudit vol qu'un mauvais camarade m'a fait commettre, à seize ans, dans un moment de folie.

— Mais personne n'en sait rien ici.

— Tout le monde en parle. Un colporteur qui connaît ma famille l'a révélé, en déjeunant à l'auberge...

— Je comprends. »

Elle aussi se mit à pleurer. Ils restèrent là tous deux, muets, accablés par l'écroulement[3] subit de leur bonheur. Avoir tant travaillé depuis vingt ans ! Avoir fait tant d'efforts pour racheter une mauvaise action ! S'être montré si serviable et si bon ! Et tout cela perdu par une maudite parole.

« Me voici de nouveau déshonoré[4] ! s'écria Michal.

---

1. *Pâlit*, car elle comprit que c'était un grand malheur. — 2. *Confessé*, avoué comme une faute et librement. — 3. *Écroulement*, sens figuré. — 4. *Déshonoré*, sans réputation, sans estime d'autrui. Mais il lui restait sa conscience d'honnête homme.

Aux yeux de tous, je suis un voleur. Ils le disent autour de moi, je le sens, je le devine dans leur regard.

— Calme-toi, on te rendra justice.

— On me rendra justice? On m'accusera plutôt de fautes inventées. On va si facilement de la médisance à la calomnie! *C'est à se lasser d'être honnête.*

— François, je comprends ta souffrance; mais, je t'en supplie, ne parle pas ainsi.

— Et pourquoi ce colporteur a-t-il raconté ma faute? Par souci de la vérité? pas du tout, c'est par méchanceté, par jalousie, peut-être; à coup sûr, par un mauvais sentiment.

— Mon François, calme-toi, je t'estime, et je t'aime, et je suis fière d'être ta femme. Relève la tête et espère. »

Michal se remit au travail sans courage. Sa clientèle avait déjà diminué : on ne voulait point d'affaires avec un « voleur ». Aujourd'hui, la gêne est entrée dans sa maison et la révolte[1] s'est glissée dans son cœur.

Voy. *Résumé*, page 292.

134. *Le Paon, les deux Oisons et le Plongeon.*

Un paon faisait la roue[2], et les autres oiseaux
    Admiraient son brillant plumage.
Deux oisons nasillards[3], du fond du marécage,
    Ne remarquaient que ses défauts.
« Regarde, disait l'un, comme sa jambe est faite,
    Comme ses pieds sont plats, hideux[4] !
— Et son cri, dit l'autre, est si mélodieux[5]
    Qu'il fait fuir jusqu'à la chouette[6]. »

---

1. *Révolte*, contre la société, contre le devoir, parce qu'on ne lui rendait pas justice. — 2. *Roue*, avec sa queue. — 3. *Nasillards*, parce qu'en criant ils paraissent parler du nez. — 4. *Hideux*, très laids. — 5. *Mélodieux*, très agréable à entendre, comme une belle mélodie. Ici, ironiquement. — 6. *Chouette*, qui pourtant ne doit pas être difficile, car son cri n'est pas beau.

Une victime de la médisance. — QUESTIONNAIRE : 1. *Qu'avait fait François Michal? — 2. Le colporteur avait-il menti? — 3. Avait-il eu tort de parler? — 4. Pourquoi? première raison ?...deuxième raison ?... — 5. En quoi consiste la médisance?*

Chacun riait alors du mot qu'il avait dit.
   Tout à coup un plongeon [1] sortit.
« Messieurs, leur cria-t-il, vous voyez d'une lieue
Ce qui manque à ce paon : c'est bien voir, j'en conviens.
Mais votre chant, vos pieds, sont plus laids que les siens,
   Et vous n'aurez jamais sa queue. »

FLORIAN.

LI. — La Justice :
Respect des engagements.

135. *Eugène Roux.*

« Je vous donne ma parole que je saurai mes leçons jusqu'à la fin de l'année, disait Eugène Roux à son professeur.

— Non, je ne veux pas de votre parole, mon ami.
— Pourquoi ?
— Parce qu'il ne faut pas promettre si légèrement.
— Mais j'ai l'intention ferme de tenir ma promesse.
— L'intention [2] ne suffit pas. Il y faut la volonté.
— J'en aurai aussi la volonté [3].
— En êtes-vous sûr ?
— Je sais à quoi je m'engage. Je vous dis : si je ne sais pas mes leçons d'ici la fin de l'année, considérez-moi comme un élève sans courage et sans honneur [4].
— Allons, soit! vous aurez bientôt seize ans : déjà vous êtes un homme. Je vous traite donc en homme, et j'accepte votre promesse. Mais prenez garde !
— Merci, monsieur, soyez tranquille. »

Eugène Roux s'appliqua tellement qu'il sut toutes ses leçons. A la veille des vacances, son professeur l'appela, lui serra la main et lui dit :

---

1. *Plongeon,* oiseau aquatique. — 2. *L'intention :* l'enfer est pavé de bonnes intentions. Ce n'est que le commencement du bien. — 3. *La volonté,* l'énergie, l'effort pour réaliser l'intention et arriver au bien. — 4. *Honneur :* qui ne mérite pas l'estime et le respect.

« Mon ami, je vous félicite[1]. Ce n'est pas sans inquiétude que je vous ai suivi depuis quelques mois. Vous avez eu de l'énergie et de la loyauté[2]. Vous ne m'avez pas menti, vous ne vous êtes pas menti à vous-même. Vous êtes un brave garçon et vous allez faire un honnête homme. »

Dix ans plus tard, Eugène Roux était à la tête d'un grand commerce. Il s'engagea imprudemment dans une mauvaise affaire et fit des pertes considérables.

Il eût pu se retirer de l'affaire et éviter ces pertes sans craindre les rigueurs de la loi.

Mais il avait donné sa parole : il faillit se ruiner pour n'y pas manquer. Un ami, peu honnête, lui en fit le reproche :

« Mais enfin, tu n'avais rien signé.

— J'avais parlé.

— Les paroles s'envolent. S'il fallait toujours en tenir compte !...

— Tais-toi, quand j'ai parlé, c'est comme si j'avais écrit. Il n'y a pas de différence.

— C'est possible, mais personne ne pouvait te contraindre...

— Et ma conscience ? Ai-je donc besoin d'une contrainte[3] pour rester honnête homme ? Ce serait trop commode, en vérité, de ne tenir ses promesses qu'à la condition d'y gagner. Que deviendrait la justice ? Et quelle confiance aurait-on les uns dans les autres ? »

Voy. *Résumé*, page 293.

---

1. *Félicite :* je vous fais mes compliments. — 2. *Loyauté*, observation rigoureuse de la justice. — 3. *Contrainte*, force qui s'exerce sur quelqu'un. Quand la contrainte est nécessaire, on n'est pas vraiment un honnête homme. Il ne faut pas agir « par la peur du gendarme ».

Eugène Roux. — QUESTIONNAIRE : 1. *Pourquoi le maître ne voulait-il pas de la parole d'Eugène Roux ? — 2. Que lui répondit Eugène Roux ? — 3. Pourquoi le maître dit-il : Prenez garde ! — 4. Rappelez le langage du maître à la veille des vacances. — 5. Que devint Eugène Roux ? Que fit-il ? — 6. S'il s'était retiré de l'affaire, que lui serait-il arrivé ? — 7. Il ne l'a pas voulu, pourquoi ? Première raison ?... Deuxième raison ?... Troisième ?... — 8. Qu'eussiez-vous fait à sa place ?*

136. *Parole donnée.*

Régulus. — Régulus, général romain, fait prisonnier par les Carthaginois[1], fut envoyé par eux à Rome pour traiter du rachat des prisonniers, après avoir juré que s'il ne réussissait pas dans sa mission il reviendrait se remettre entre leurs mains. Arrivé à Rome, il fut le premier à parler dans le Sénat[2] contre la proposition des Carthaginois, qu'il jugeait contraire aux intérêts de la patrie. Sur son avis, la proposition fut repoussée ; et, malgré les supplications des siens, il retourna à Carthage, où on le fit périr dans les plus cruels tourments[3] : « Je sais, avait-il dit, que les Carthaginois me préparent de grands supplices ; mais ces supplices m'effrayent moins que l'idée de manquer à ma parole. »

Haudaudine. — Pendant la guerre de Vendée, un commerçant de Nantes nommé Haudaudine, qui combattait dans les rangs des républicains, fut pris par les Vendéens et envoyé par eux aux chefs de l'armée républicaine pour traiter[4] de l'échange des prisonniers. La vie de six cents soldats républicains devait répondre[5] de son retour fixé à trois jours.

Les propositions des Vendéens ayant été repoussées, on voulait le contraindre de rester à Nantes : « Vous pouvez, répondit-il, disposer de mes biens, de ma vie, mais non de mon honneur. J'ai donné ma parole de retourner trouver les ennemis, rien ne m'arrêtera. »

Et il alla se livrer aux Vendéens. Mais ceux-ci, plus généreux que les anciens Carthaginois, comprirent la grandeur de son héroïsme[6] et l'entourèrent de respect. La Convention nationale, informée du fait, lui vota des éloges.

GÉRARD.

Turenne. — « La promesse d'un honnête homme est inviolable[7] ; jamais il ne doit manquer à sa parole, l'eût-il donnée à des fripons. »

---

1. *Carthaginois*, ennemis des Romains. Carthage est détruite. Ses ruines sont près de Tunis. — 2. *Sénat*, assemblée de vieillards qui dirigeaient les affaires de Rome. — 3. *Tourments*, supplices. — 4. *Traiter*, faire un traité, convenir de. — 5. *Répondre* : s'il ne revenait pas, c'était la mort de six cents hommes de son parti. — 6. *Héroïsme*, courage suprême qui va jusqu'au sacrifice de sa vie. — 7. *Promesse inviolable*, qu'il faut tenir, coûte que coûte.

Cette maxime [1] est de Turenne, et voici à quelle occasion le grand capitaine la prononça :

Passant, une nuit, sur les remparts de Paris, il tomba entre les mains d'une bande de voleurs qui arrêtèrent son carrosse et se mirent en devoir de [2] le dévaliser. Sur la promesse qu'il leur fit de cent louis d'or pour conserver une bague d'un prix beaucoup moindre qu'ils allaient lui ôter, ils la lui laissèrent. Le lendemain, l'un des bandits osa aller chez Turenne, qui était alors en grande compagnie, et ayant demandé à lui parler en particulier, il réclama de lui l'exécution de sa promesse. Le maréchal n'hésita pas un instant. Il avait promis, il lui fit donner l'argent et lui laissa en outre le temps de s'éloigner avant de raconter l'aventure aux personnes qui étaient dans sa maison. Il fut ainsi bien constaté qu'il eût regardé comme une indignité [3] de faire quoi que ce soit pour éluder [4] l'engagement qu'il avait pris, même envers un voleur.

Turenne.

Muller.

LII. — La Justice :

Respect de la propriété.

137. *Leroy et Curel.*

« C'est bien sûr qu'il est parti, le notaire de Chauffailles ? demanda Mme Colin au mécanicien Leroy qui revenait de la ville.

— Parfaitement sûr. Les journaux annoncent sa fuite et disent qu'il vole 400 000 francs à ses clients. »

Mme Colin devint extrêmement pâle et sembla près de défaillir :

---

1. *Maxime*, formule d'un devoir. — 2. *Se mettre en devoir*, se mettre en train. — 3. *Indignité*, ce qui amoindrit l'homme, lui enlève de son mérite. — 4. *Éluder*, éviter par ruse.

« Mon Dieu! murmura-t-elle, que vais-je devenir? Me voici ruinée, sans ressources, sans pain. Qu'est-ce que peut faire une pauvre veuve comme moi? J'avais tant travaillé! »

Elle fondit en larmes.

« N'y a-t-il plus d'espoir? Je ne puis pourtant pas mourir de faim. Voilà quarante ans que j'économise, sou par sou, d'abord sur le salaire de mon mari, puis sur le mien. Je me suis privée de tout superflu, de tout plaisir coûteux, pour assurer la tranquillité de mes dernières années. Ce notaire avait dans ses mains mon travail, mes peines, mes sacrifices, mes forces, ma santé. C'est tout cela qu'il emporte avec mon argent. *C'est une partie de moi-même qu'il m'arrache.* »

La pauvre femme sanglotait.

« C'est abominable[1], une action pareille, » dit Leroy, tout ému, à son voisin Curel, dès que Mme Colin l'eut quitté. Curel était un coiffeur presque indigent dont la jeunesse s'était écoulée dans un faubourg de Marseille.

« Oui, abominable! répondit-il. Voilà ce que j'appelle un vol, un vrai crime, qui mérite un châtiment exemplaire. Si encore ce notaire n'avait emporté que l'argent des Genouille, les gros richards d'en face! Ces gens-là n'ont jamais travaillé de leur vie : ils ont eu tout juste la peine de naître[2]. Les biens qu'ils possèdent, ils les ont reçus en héritage. Pourquoi en jouissent-ils plutôt que vous et moi?

— Ma foi, je ne me le suis pas demandé, répliqua le mécanicien Leroy. Je n'ai pas l'habitude de me poser tant de questions. Je n'ai jamais volé et je ne volerai jamais, parce que c'est mal, parce que mon père serait mort de faim plutôt que de toucher au bien d'autrui. Mais, du reste, je puis vous répondre : J'ai connu le grand-père des Genouille. Il était tanneur, et demeurait

---

1. *Abominable*, qui excite l'horreur, l'aversion. — 2. *Naître*, ce qui signifie qu'ils n'ont rien fait dans leur existence.

là-bas, à l'extrémité du bourg. Jusqu'à soixante-quinze ans cet homme-là a travaillé tous les jours de quatre heures du matin à neuf heures du soir. C'est lui qui a commencé la fortune de la famille. Il amassait sans cesse. Pour lui ? Évidemment non, il n'en avait pas besoin. Il amassait pour ses enfants qu'il voulait plus heureux, plus instruits et plus indépendants que lui. Quand il mourut, il leur laissa des richesses en argent, en terres et en maisons...

— Je vous arrête, interrompit Curel, qui écoutait avec attention. Il leur laissa des richesses, dites-vous, mais de quel droit ?

— De quel droit ? c'était bien à lui, cette fortune.

— A lui, oui, puisqu'il l'avait gagnée à la sueur de son front, mais non à ses enfants.

— Si c'était à lui, il pouvait en faire ce qu'il voulait.

— Sans doute.

— Eh bien, donc, il pouvait aussi la donner, et c'est ce qu'il a fait.

— Je n'avais jamais songé à cela, dit Curel. J'avais entendu d'autres explications...

— Oui, je sais. Moi aussi, je les ai entendues et je n'en ai retenu qu'une chose : c'est qu'il y a des gens qui n'ont rien, qui souffrent, qui se plaignent et dont tous les hommes de cœur doivent écouter les plaintes. Si j'étais à la place des Genouille, je ne voudrais pas qu'on touchât à mes richesses et je poursuivrais les voleurs. Mais j'aurais pitié des malheureux, et je me ferais un plaisir et un devoir de leur distribuer moi-même ce dont je n'aurais pas besoin.

— Voilà, dit Curel, qui satisferait tout le monde. »

Voy. Résumé, page 293.

Leroy et Curel. — QUESTIONNAIRE : 1. *Pourquoi Mme Colin pleurait-elle ? — 2. Que reprochait-elle au notaire ? — 3. Est-ce que l'argent emporté par le notaire appartenait bien à Mme Colin ? pourquoi ? — 4. Que pensait le coiffeur Curel ? — 5. Que lui répondit le mécanicien Leroy ? — 6. A-t-on bien le droit de garder ce que l'on a reçu en héritage ? pourquoi ? — 7. En somme, qu'est-ce qui justifie la propriété ? — 8. Pourquoi le vol est-il une injustice ?*

138. *Actes de délicatesse.*

Un enfant. — Un monsieur, cheminant sur un trottoir, rencontra un enfant qui semblait chercher un objet perdu et qui pleurait.

« Qu'as-tu donc? lui dit-il.

— Ah! monsieur, ma mère m'avait **donné** un sou pour acheter du lait. Je l'ai perdu.

— Eh bien! mon petit, ton malheur est réparable : tiens, voilà un autre sou. Ne pleure plus. »

Cela dit, il s'éloigna ; mais à cinquante pas de là il entend courir derrière lui ; c'était l'enfant qui voulait le rejoindre.

« Monsieur, lui cria-t-il tout joyeux, j'ai retrouvé mon sou, et je vous rends le vôtre. »

Scarron. — Le poète Scarron[1], réduit à se défaire d'un domaine qu'il possédait, trouva un acheteur qui lui en donna six mille écus. Scarron se déclarait très satisfait du marché.

Mais quelques jours plus tard il voit entrer chez lui son homme qui, mettant sur la table une sacoche pleine :

« Je viens de voir la terre que je vous ai achetée, lui dit-il, je l'ai fait estimer[2]. Vous croyiez qu'elle ne valait que six mille écus, elle en vaut huit mille : voici, par conséquent, ce que je vous redois. »

Et il obligea Scarron, qui s'y refusait, d'accepter les deux mille écus de complément qu'il lui apportait.

Thomas Morus. — Thomas Morus[3], chancelier[4] d'Angleterre, est resté célèbre par son indépendance de caractère et son intégrité[5].

Certain jour, un très grand seigneur qui avait un procès devant le tribunal où siégeait Morus lui envoya, pour se le rendre favorable, deux magnifiques flacons d'argent.

Morus les fit remplir du meilleur vin de sa cave et les renvoya par le valet qui les avait apportés en lui disant :

« Assurez votre maître que s'il trouve mon vin bon, il peut en envoyer chercher tant qu'il voudra. »

---

1. *Scarron*, poète contemporain de Mazarin. — 2. *Estimer*, évaluer. — 3. *Thomas Morus*, contemporain de François 1er. — 4. *Chancelier*, chef suprême de la justice. — 5. *Intégrité*, qui ne se laisse pas séduire et entamer.

LIII. — La Charité :
Bonté.

139. *De Braves Gens.*

« Mon ami, je t'en prie, aie pitié des Blandin, attends encore un peu, disait Mme Mercier à son mari, ils te payeront plus tard.

— Si je t'écoutais, nous serions dans une jolie[1] situation. Nous n'avons pour vivre que le revenu de nos maisons. Je veux que ce revenu me soit payé. J'ai assez attendu, ma patience est lassée. Dans huit jours je mettrai le ménage Blandin à la porte si je n'ai pas reçu le montant du loyer.

— Tu ne feras pas cela.

— Le mari est un paresseux.

— C'est un pauvre homme fatigué, qui ne manque de courage que parce qu'il manque de vigueur. Il est si bon pour tous, et si résigné à sa misère !

— La femme est une mauvaise langue.

— Non, mon ami, elle aime à bavarder ; mais chacun a son faible[2].

— En vérité, ma chère femme, tu es bonne... à en être bête[3] !

— Est-on jamais trop bon ? Que veux-tu, je ne puis me résoudre à faire de la peine aux gens. J'ai le cœur gros quand je songe aux souffrances des autres, et mon plus grand bonheur, c'est de les soulager.

— Avec cela qu'ils t'en savent gré[4] !

— Mais certainement qu'ils m'en savent gré. Il y a dans le monde moins de méchanceté que tu ne le penses. Et puis, s'ils étaient ingrats, je n'en serais pas découra-

---

1. *Jolie*, par ironie. Entendez : bien mauvaise situation. — 2. *Son faible*, ses faiblesses. — 3. *Bête*, ici, dupe, aveugle, inintelligente. — 4. *Gré*, contentement.

gée. Vois donc Louise jeter des miettes sous la fenêtre, pendant l'hiver. Est-elle heureuse quand les petits oiseaux viennent les becqueter ! Dès qu'arrive le printemps les oiseaux fuient aux champs ; Louise s'y attend et ne s'en trouble pas. Je veux faire de même. Allons, c'est entendu, n'est-ce pas ? les Blandin resteront. Je vais leur annoncer cette bonne nouvelle.

— Eh bien ! va donc, et laisse-moi tranquille.

— Ah ! tu as beau t'en défendre, mon ami, au fond tu es content de m'avoir cédé. Tes brusqueries ne trompent personne. Tiens, dis-moi pourquoi tu as gardé ton cocher Bernard? Ne devais-tu pas le renvoyer au commencement de ce mois ? Te rappelles-tu ta grosse colère de l'autre jour, quand ce malheureux s'était rendu coupable de je ne sais quelle faute ? J'ai cru que tu allais le dévorer, tant ta voix se faisait terrible.

— Pourquoi j'ai gardé Bernard? Est-ce que je le sais? Il méritait dix fois d'être mis dehors. Mais au moment de lui annoncer ma décision, j'ai reculé ; c'est de la sottise, c'est de la lâcheté [1].

— Non, non, moi j'appelle cela de la *bonté*. Tu t'es dit qu'après tout ce Bernard, entêté et maladroit, était un père de famille, honnête homme, et qu'il serait cruel, peut-être injuste [2] de le mettre dans l'embarras. Ton cœur a parlé plus haut que ta raison, et je m'en réjouis.

La bonté, mon ami, c'est encore ce qu'il y a de meilleur en ce monde. »

Voy. *Résumé*, page 293.

---

1. *Lâcheté*, parce qu'il n'a pas eu le courage d'exécuter sa décision. — 2. *Injuste*, parce que le châtiment pourrait dépasser la faute réelle.

De braves gens. — QUESTIONNAIRE : 1. *Dites ce qu'étaient les Blandin.* — 2. *Qu'en pensait M. Mercier? M*me *Mercier?* — 3. *Que voulait faire M. Mercier?* — 4. *Que demandait M*me *Mercier?* — 5. *Faut-il faire du bien pour qu'on vous en sache gré?* — 6. *M. Mercier était-il aussi bon que sa femme?* — 7. *Qu'est-ce que la bonté?*

Dessin de Sensaï Yeïtakou, artiste japonais.

140. *Le Crapaud*.

Près d'une ornière, au bord d'une flaque de pluie,
Un crapaud regardait le ciel, bête éblouie[1] ;

L'eau miroitait[2], mêlée à l'herbe, dans l'ornière :
Le soir se déployait ainsi qu'une bannière ;
L'oiseau baissait la voix dans le jour affaibli ;
Tout s'apaisait, dans l'air, sur l'onde ; . . . .

Un homme qui passait vit la hideuse bête
Et, frémissant[3], lui mit son talon sur la tête ;

Puis une femme, avec une fleur[4] au corset,
Vint et lui creva l'œil du bout de son ombrelle ;
. . . . Des enfants l'aperçurent
Et crièrent : « Tuons ce vilain animal,
Et puisqu'il est si laid, faisons-lui bien du mal ! »
Et chacun d'eux, riant, — l'enfant rit[5] quand il tue ! —
Se mit à le piquer d'une branche pointue,
Élargissant le trou de l'œil crevé, blessant
Les blessures, ravis[6], applaudis du passant ;
Car les passants riaient ; . . . .
Et le sang, sang affreux, de toutes parts coulait
Sur ce pauvre être ayant pour crime d'être laid.
Il fuyait ; il avait une patte arrachée ;
Un enfant le frappait d'une pelle ébréchée[7] ;

---

1. *Bête éblouie*, dont le regard est frappé par l'éclat du ciel. — 2. *Miroitait*, réfléchissait la lumière. — 3. *Frémissant*, de dégoût. — 4. *Fleur*... qui eût dû la rendre plus tendre, puisqu'elle la rendait plus belle. — 5. *Rit* : parce qu'il ignore. — 6. *Ravis*, très contents. — 7. *Ébréchée*, qui a reçu une brèche, s'use.

. . . .
Son front saignait; son œil pendait; dans le genêt
Et la ronce, effroyable à voir, il cheminait. . . .
L'ornière était béante [1], il y traîna ses plaies. . .
Un des enfants revint, apportant un pavé
Pesant, mais pour le mal aisément [2] soulevé,
Et dit : « Nous allons voir comment cela va faire. »
Or, en ce même instant, juste à ce point de terre,
Le hasard amenait un chariot très lourd
Traîné par un vieux âne éclopé [3], maigre et sourd.
Cet âne harassé [4], boiteux et lamentable,
Après un jour [5] de marche approchait de l'étable.
Il roulait la charrette et portait un panier;
Chaque pas qu'il faisait semblait l'avant-dernier;
Cette bête marchait, battue, exténuée;
Les coups l'enveloppaient ainsi qu'une nuée;

. . . .
Les enfants, entendant cette roue et ce pas,
Se tournèrent bruyants et virent la charrette :
« Ne mets pas le pavé sur le crapaud. Arrête !
Crièrent-ils. Vois-tu, la voiture descend
Et va passer dessus, c'est bien plus amusant. »
Tous regardaient. Soudain, avançant dans l'ornière
Où le monstre [6] attendait sa torture dernière,
L'âne vit le crapaud, et, triste, — hélas ! penché
Sur un plus triste, — lourd, rompu [7], morne [8], écorché,
Il sembla le flairer avec sa tête basse;
Ce forçat, ce damné [9], ce patient [10], fit grâce;
Il rassembla sa force éteinte, et, raidissant
Sa chaîne et son licou sur ses muscles en sang,
Résistant à l'ânier qui lui criait : « Avance ! »

. . . .
Hagard [11], il détourna la roue inexorable [12],
Laissant derrière lui vivre ce misérable;

---

1. *Béante*, ouverte. — 2. *Aisément*, parce que les enfants apportent plus d'entrain et plus d'effort quand ils s'amusent à une action vilaine. — 3. *Éclopé*, boiteux, estropié. — 4. *Harassé*, lassé, fatigué à l'excès. — 5. *Un jour*, et par suite à bout de forces. — 6. *Monstre*, par la laideur. — 7. *Rompu*, accablé de fatigue. — 8. *Morne*, sans joie. — 9. *Damné*, qui est dans l'enfer. — 10. *Patient*, qui souffre cruellement. — 11. *Hagard*, farouche, rude. — 12. *Inexorable*, qui ne se laisse pas fléchir.

Puis, sous un coup de fouet, il reprit son chemin.
Alors, lâchant la pierre échappée à sa main,
Un des enfants, — celui qui conte cette histoire, —
Sous la voûte infinie [1], à la fois bleue et noire,
Entendit une voix qui lui disait : « Sois bon ! »

V. HUGO, *La Légende des siècles*.

141. *L'Enfant et la Mule*.

Le travail terminé, grave [2], à pas lents, ce soir
Le fermier conduisait sa mule à l'abreuvoir ;
L'enfant qui marche à peine accourt lui faire fête,
Et, bégayant [3], lui dit qu'il veut tenir la bête.
Le père alors a mis la corde dans sa main,
Et le groupe plus lent s'est remis en chemin.
Le petit tient la bride ; et la bête de somme
Suit les pas incertains [4] de l'humble enfant de l'homme,
Qui rit, trébuche [5], hésite et tombe tout à coup...
Mais la mule s'arrête et, baissant un long cou,
Le regarde... L'enfant, maladroit, se remue,
Fait effort, se relève en riant et dit : « Hue ! »

Le père marche heureux et las, songeant au jour
Où le fils conduira les bêtes au labour.

Jean AICARD.

LIV. — La Charité :
Politesse.

142. *Louis Thomay*.

Louis Thomay a des manières douces et aimables. Quand il vous aborde, vous voyez dans son sourire, dans son regard, sur tout son visage, le désir qu'il a de vous plaire. Et vous dites en le quittant :

---

1. *Voûte infinie*, qui n'a pas de limites. — 2. *Grave*, pesant, lent. — 3. *Bégayant*, presque sans paroles. — 4. *Pas incertains*, qui manquent de sûreté. — 5. *Trébuche*, fait un faux pas.

« Il est charmant, ce jeune homme, et il doit avoir un bon cœur. »

Je ne crois pas qu'une parole offensante soit jamais sortie de sa bouche. Il s'est appliqué depuis longtemps à ne dire que des choses agréables ou à se taire. Il en a pris l'habitude et il le fait maintenant sans effort et avec grâce [1].

« Mais on ne peut pas dire toujours des choses agréables, et parfois il faut bien parler aux gens de leurs fautes ou de leurs travers [2] ! » — Sans doute : alors, il en parle avec un certain air vraiment si bienveillant qu'on ne peut lui en vouloir.

Dimanche dernier, il était assis sur la place publique, à l'heure de la musique militaire. Il vit une vieille dame qui cherchait vainement un siège. Il s'empressa de se lever et lui offrit gentiment sa chaise :

« Merci, monsieur, » dit la dame avec reconnaissance.

Un jour, je voyageais avec lui en chemin de fer. Il occupait l'un des coins du compartiment et s'y trouvait très bien, à l'abri du courant d'air.

Un monsieur entra, tout en sueur.

« Je vous en prie, lui dit Thomay, veuillez accepter ma place, vous éviterez un refroidissement. »

A table, sans en avoir l'air, il s'occupe discrètement de ses voisins, devine leurs désirs, voit ce qui leur manque et le leur offre.

— Cela doit être gênant pour lui !

— Il accepte cette gêne avec plaisir. Dites-moi, regrettez-vous vos petits sacrifices de chaque jour quand il s'agit de votre père, de votre mère, de vos frères et de vos sœurs? non, n'est-ce pas, parce qu'on est trop heureux de faire plaisir à ceux qu'on aime.

---

1. *Grâce*, aisance agréable, qui plaît. — 2. *Travers*, légers défauts, caprices.

Louis Thomay est poli avec tous, parce qu'il a de l'affection pour tous ou du moins de la bienveillance.

La vraie politesse vient du cœur.

Voy. *Résumé*, page 293.

143. Le Dogue.

  Un gros dogue passait; un lourdaud¹ le rencontre :
    Aussitôt il lui montre
  Une pierre et lui dit : « Apporte, ou de ma main
    Tu seras sanglé² d'importance. »
  Le chien ne s'émeut pas de cette impertinence³ ;
  Il fait la sourde oreille et poursuit son chemin.
  Mais un petit enfant lui fait signe ; il s'arrête.
  L'enfant cueille une rose et, joyeux, la lui jette.
    Le dogue avec rapidité
      s'élance,
  Et sans peine il accorde à l'amabilité⁴
    Ce qu'il refuse à l'insolence.

LACHAMBEAUDIE.

144. Le Colimaçon⁵.

  Sans amis comme sans famille,
  Ici-bas vivre en étranger ;
  Se retirer dans sa coquille
  Au signal du moindre danger ;
  S'aimer⁶ d'une amitié sans bornes ;
  De soi seul emplir sa maison,
  Pour faire à son prochain les cornes⁷ :
  Voilà bien le colimaçon.

---

1. *Un lourdaud*, un rustre, un homme grossier et brutal. — 2. *Sanglé*, frappé d'un coup de sangle ou d'un coup de fouet. — 3. *Impertinence*, parole, action offensante. — 4. *Amabilité*, qualité de celui qui s'efforce d'être aimable et de plaire. — 5. *Colimaçon* : l'escargot est un colimaçon. — 6. *S'aimer*, c'est le fait du colimaçon et de l'égoïste. C'est ne songer qu'à soi, ne vouloir du bien qu'à soi, être indifférent aux autres. — 7. *Faire les cornes*, menacer son prochain, dès qu'il s'approche.

Louis Thomay. — QUESTIONNAIRE : 1. *Quand Louis Thomay vous aborde, comment se présente-t-il ?* — 2. *Dit-il des choses désagréables ?* — 3. *Ment-il pour plaire ?* — 4. *Croyez-vous qu'il salue ses connaissances ?* — 5. *Racontez ses actes de politesse.* — 6. *Que fait-il à table ?* — 7. *Sa politesse le gêne-t-elle ?* — 8. *Pour être vraiment poli, que faut-il ?* — 9. *Qu'est-ce que la politesse ?*

Signaler ses pas destructeurs[1]
Par les traces les plus impures [2].
Outrager les plus tendres fleurs
Par ses baisers et ses morsures ;
Enfin, chez soi, comme en prison [3],
Vieillir de jour en jour plus triste,
C'est l'histoire de l'égoïste [4]
Et celle du colimaçon.   ARNAULT.

LV. — La Charité :

Bienfaisance.

145. *Madame Courbet.*

« Oh ! madame, venir ici par un froid pareil !

— Ce n'est rien. Je suis bien enveloppée. Comment vous trouvez-vous ce matin ? Allons, la fièvre a disparu : je suis contente. Où sont vos enfants ? Ah ! voici la dernière fillette : viens, mignonne [5], que je t'embrasse.

— Madame Courbet, vous êtes notre providence [6]. Sans vous, je n'aurais pas eu le courage de vivre depuis la mort de mon mari. »

Et la malade, tout amaigrie sur sa chaise et sans forces, jeta sur la visiteuse un long regard [7] mouillé de larmes.

« Il faut bien s'entr'aider un peu. Et puis, j'ai de l'amitié pour vous et je voudrais vous savoir heureuse. Je désire que vous ne manquiez de rien, ni vous ni vos enfants, jusqu'à ce que vous soyez en bonne santé. Au revoir ; prenez courage et soignez-vous bien. »

Mme Courbet sortit. Elle avait laissé sur la cheminée

---

1. *Destructeurs*, qui détruisent ou font du mal. — 2. *Impures :* le colimaçon laisse après lui une sorte de liquide visqueux ; l'égoïste, de mauvaises paroles ou des actions méchantes. — 3. *Prison*, loin de ses semblables, sans bonté et sans joie. — 4. *Égoïste*, qui n'aime que soi. C'est l'être le plus insupportable du monde. — 5. *Mignonne*, parole de caresse. — 6. *Providence*, qui pourvoit aux besoins avec bonté. 7. *Long regard*, qui s'arrête longtemps sur un objet. Ici, c'était un regard d'affectueuse reconnaissance.

une pièce d'or, et sur le lit une petite robe bien épaisse et bien chaude. Sa présence avait apporté dans la mansarde comme un clair rayon de soleil [1]. La malade en avait le cœur plein de joie et de reconnaissance. Ce qui la touchait, cette pauvre femme, et lui versait dans l'âme comme un baume [2] bienfaisant, c'étaient ces bonnes et cordiales [3] paroles de Mme Courbet, cette affection qui se prodiguait, ces attentions [4] délicates et charmantes qui sont, à tous les yeux, d'un prix infini [5].

Mme Courbet avait une belle fortune et des goûts simples. Elle dépensait peu pour elle et beaucoup pour les autres. Elle souffrait de toutes les misères et donnait son argent sans compter. Mais ce qu'elle donnait plus encore, c'était son cœur.

Un de ses voisins, Jules Mathieu, ouvrier menuisier, ayant perdu sa fille unique, en eut un tel chagrin qu'il perdit tout courage, prit l'habitude de s'enivrer et rendit sa femme malheureuse.

« Comment, lui dit Mme Courbet, en êtes-vous arrivé là, monsieur Mathieu ? vous qui étiez l'année dernière si sage et si laborieux ! »

Mathieu ne répondit pas, haussa les épaules [6] et voulut s'éloigner.

« Je vous en prie, continua Mme Courbet, écoutez-moi. La perte de votre enfant, oui, c'est un malheur épouvantable, et je comprends votre désespoir. Mais si elle était là, cette chère petite, que dirait-elle de votre conduite ? Y avez-vous pensé ? Ce père qu'elle aimait tant, elle le verrait souillé [7] par l'ivresse... »

Mme Courbet continua, mêlant aux reproches mérités les paroles douces et consolantes, relevant ce pauvre

---

1. *Soleil* : l'âme devenue joyeuse et confiante semble plus claire et plus chaude. — 2. *Baume*, médicament adoucissant ; au sens figuré, consolation. — 3. *Cordiales*, qui viennent du cœur. — 4. *Attentions*, précautions prises en vue de plaire. — 5. *Prix infini*, qui ne s'évalue pas. — 6. *Haussa les épaules*, en signe d'indifférence. — 7. *Souillé*, car l'ivresse fait de l'homme une brute sale et déraisonnable.

homme tombé¹, lui témoignant un intérêt si affectueux qu'il en fut tout ému et reconnaissant.

Le menuisier se corrigea peu à peu; et grâce aux conseils répétés et aux prières de Mme Courbet, il redevint bon ouvrier et bon mari. Il avait été sauvé par la bienfaisance.

Voy. Résumé, page 294.

146. Les Pauvres Gens.

Jeannie, femme d'un pêcheur, mère de cinq petits enfants, s'en va, très inquiète, par une nuit de tempête, sur le bord de la mer, au-devant de son mari qui n'est pas encore rentré de la pêche. Elle passe devant une masure sans lumière et sans feu :

« Tiens! je ne pensais plus à cette pauvre veuve,
Dit-elle; mon mari, l'autre jour, la trouva
Malade et seule; il faut voir comment elle va. »

Elle frappe à la porte, elle écoute; personne
Ne répond. Et Jeannie au vent de mer frissonne².
« Malade! et ses enfants? comme c'est mal nourri!
Elle n'en a que deux, mais elle est sans mari. »
Puis elle frappe encore. « Hé! voisine! » Elle appelle,
Et la maison se tait toujours. « Ah! Dieu, dit-elle,
Comme elle dort, qu'il faut l'appeler si longtemps! »

. . . .

Elle entra. Sa lanterne éclaira le dedans
Du noir logis muet au bord des flots grondants.
L'eau tombait du plafond comme des trous d'un crible.

---

1. *Tombé*, moralement déchu, sans raison et sans volonté. — 2. *Frissonne*, d'inquiétude, de crainte.

Madame Courbet. — QUESTIONNAIRE : 1. *Racontez la visite de Mme Courbet à la veuve malade.* — 2. *Qu'a-t-elle dit? Qu'a-t-elle fait?* — 3. *Qu'est-ce qui a particulièrement touché la malade?* — 4. *Qu'était-ce que Jules Mathieu?* — 5. *Que lui a dit Mme Courbet?* — 6. *Quelle était la grande qualité de Mme Courbet?* — 7. *Est-il possible à chacun d'être bienfaisant?* — 8. *En quoi consiste la bienfaisance?*

DEVOIRS SOCIAUX

Le pauvre pêcheur; par Puvis de Chavannes. (Musée du Luxembourg.)
Phot. Neurdein.

Au fond était couchée une forme terrible :
Une femme immobile et renversée, ayant
Les pieds nus, le regard obscur[1], l'air effrayant[2] ;
Un cadavre ; — autrefois, mère joyeuse et forte ;

. . . .

Près du lit où gisait la mère de famille,
Deux tout petits enfants, le garçon et la fille,
Dans le même berceau souriaient[3] endormis.

La mère, se sentant mourir, leur avait mis
Sa mante sur les pieds et sur le corps sa robe.

. . . .

Qu'est-ce donc que Jeannie a fait chez cette morte ?
Sous sa cape aux longs plis qu'est-ce donc qu'elle emporte ?
Qu'est-ce donc que Jeannie emporte en s'en allant ?
Pourquoi son cœur bat-il ? Pourquoi son pas tremblant

---

1. *Obscur*, qui ne dit rien, qui n'a plus d'expression. — 2. *Effrayant*, comme la mort. — 3. *Souriaient*, parce qu'ils s'étaient endormis confiants auprès de leur mère.

Se hâte-t-il ainsi? D'où vient qu'en la ruelle
Elle court, sans oser regarder derrière elle ?
Qu'est-ce donc qu'elle cache avec un air troublé,
Dans l'ombre, sur son lit? Qu'a-t-elle donc volé ?

Quand elle fut rentrée au logis, la falaise
Blanchissait [1]; près du lit elle prit une chaise
Et s'assit toute pâle; on eût dit qu'elle avait
Un remords [2], et son front tomba sur le chevet,
Et, par instants, à mots entrecoupés, sa bouche
Parlait, pendant qu'au loin grondait la mer farouche.
« Mon pauvre homme! ah! mon Dieu! que va-t-il dire? Il a
Déjà tant de souci! Qu'est-ce que j'ai fait là?
Cinq enfants sur les bras! ce père qui travaille!
Il n'avait pas assez de peine, il faut que j'aille
Lui donner celle-là de plus. — C'est lui? — Non. Rien.
— J'ai mal fait. — S'il me bat, je dirai : Tu fais bien.
— Est-ce lui? — Non. — Tant mieux. — La porte bouge
[comme]
Si l'on entrait. — Mais non. — Voilà-t-il pas, pauvre homme,
Que j'ai peur de le voir rentrer, moi, maintenant! »
Puis elle demeura pensive et frissonnant,
S'enfonçant par degrés dans son angoisse [3] intime,
. . . .
La porte tout à coup s'ouvrit, bruyante et claire,
Et fit dans la cabane entrer un rayon blanc;
Et le pêcheur, traînant son filet ruisselant,
Joyeux, parut au seuil, et dit : « C'est la marine! »

Jeannie se jette dans les bras de son mari, et le pêcheur est tout heureux de revoir sa femme. Cette nuit, pourtant, il n'a pas eu de chance.

« Quel temps a-t-il fait? — Dur. — Et la pêche? — Mauvaise.
Mais, vois-tu, je t'embrasse et me voilà bien aise.
Je n'ai rien pris du tout. J'ai troué mon filet.
Le diable était caché dans le vent qui soufflait.

---

1. *Blanchissait* : c'était l'aurore. — 2. *Remords*, comme si elle eût volé. Mais elle n'avait d'inquiétude qu'au sujet de son mari. — 3. *Angoisse* : Jeannie sentait son angoisse grandir, en elle, de plus en plus, à mesure qu'approchait l'heure du retour de son mari.

Quelle nuit! Un moment, dans tout ce tintamarre,
J'ai cru que le bateau se couchait, et l'amarre [1]
A cassé. Qu'as-tu fait, toi, pendant ce temps-là? »
Jeannie eut un frisson dans l'ombre et se troubla.
« Moi? dit-elle. Ah! mon Dieu, rien, comme à l'ordinaire.
J'ai cousu. J'écoutais la mer comme un tonnerre;
J'avais peur. — Oui, l'hiver est dur, mais c'est égal [2]. »
Alors, tremblante, ainsi que ceux qui font le mal,
Elle dit : « A propos, notre voisine est morte.
C'est hier qu'elle a dû mourir, enfin, n'importe,
Dans la soirée, après que vous fûtes partis.

Elle laisse ses deux enfants qui sont petits.
L'un s'appelle Guillaume et l'autre Madeleine;
L'un qui ne marche pas, l'autre qui parle à peine.
La pauvre bonne femme était dans le besoin. »

L'homme prit un air grave, et, jetant dans un coin
Son bonnet de forçat [3] mouillé par la tempête :
« Diable! diable! dit-il, en se grattant la tête,
Nous avions cinq enfants, cela va faire sept.
Déjà, dans la saison mauvaise, on se passait
De souper quelquefois. Comment allons-nous faire?

. . . .

Femme, va les chercher. S'ils se sont réveillés,
Ils doivent avoir peur tout seuls avec la morte.
C'est la mère [4], vois-tu, qui frappe à notre porte;
Ouvrons aux deux enfants. Nous les mêlerons tous,
Cela nous grimpera le soir sur les genoux;
Ils vivront, ils seront frère et sœur des cinq autres.
Quand il verra qu'il faut nourrir avec les nôtres
Cette petite fille et ce petit garçon,
Le bon Dieu nous fera prendre plus de poisson.
Moi, je boirai de l'eau, je ferai double tâche.
C'est dit. Va les chercher. Mais qu'as-tu? Ça te fâche?
D'ordinaire, tu cours plus vite que cela.
— Tiens, dit-elle en ouvrant les rideaux, les voilà! »

V. Hugo, La Légende des siècles.

---

1. *Amarre*, câble pour fixer le navire sur un point de la mer. — 2. *C'est égal*, on travaillera, on ne se découragera pas. — 3. *Forçat*, car pour nourrir sa famille il faisait le dur travail des forçats. — 4. *Mère* : la porte remuait sous l'effort du vent; le brave pêcheur croyait entendre, tant son cœur était ému de pitié, des coups frappés par la morte.

LVI. — La Charité :
Sacrifice.

147. Le Médecin Brinval.

René Brinval était resté jusqu'à treize ans à l'école primaire. Il s'y était distingué par son intelligence et son amour du travail. Son maître le présenta au concours des bourses du lycée. Il conquit une bourse et continua ses études.

Douze ans plus tard, il était docteur[1] en médecine. Il vint s'établir comme médecin dans son village même, n'ayant d'autre ambition[2] que de mettre son savoir et ses forces au service des braves gens au milieu desquels son enfance s'était écoulée.

Alors commença pour lui une vie pleine de dévouement. Le jour, la nuit, à toute heure, il se rendait en hâte au chevet des malades, le plus souvent à pied car il n'était pas riche. Il prodiguait son temps, sa santé et parfois son argent.

Il luttait aussi vigoureusement contre l'ignorance des campagnards que contre leurs maladies :

« N'avez-vous pas honte, père Blondeau, de vivre ainsi dans la malpropreté? Enlevez-moi ce fumier, faites écouler ce purin, assainissez[3] votre cour et vous éviterez les fièvres[4] qui vous rongent. »

« Madame Levet, sortez votre lit de cette chambre humide qui vous donne des rhumatismes, et mettez-le dans cette pièce plus claire et mieux aérée. »

Peu à peu les règles de l'hygiène[5] pénétraient dans ces dures cervelles.

---

1. *Docteur*, après avoir fait de longues études et subi des examens difficiles. — 2. *Ambition*, désir d'une situation plus élevée. — 3. *Assainissez*, rendez votre cour plus saine, en enlevant l'humidité et les mauvaises odeurs. — 4. *Fièvres*, qui sont causées souvent par l'humidité. — 5. *Hygiène*, science qui a pour objet de prévenir les maladies.

Il y a quatre ans, une épidémie de fièvre typhoïde éclata dans le village et ses environs. René Brinval se multiplia. Il ne dormait plus, et c'est à peine s'il prenait le temps de manger.

« Prenez garde, lui disait l'instituteur. A ce train-là, vos forces seront vite épuisées. Vous devriez vous ménager un peu.

— Laissez donc! répondait-il en souriant, je fais tout juste mon devoir. Et puis les médecins n'ont rien à craindre. »

Quelques jours après, la fièvre typhoïde l'abattait à son tour. Un instant on le crut perdu. On ne le sauva qu'à grand'peine. Il était encore en convalescence quand sa filleule, une enfant de quatre ans, fut atteinte du croup. Il accourut, mais ne put arrêter le terrible mal. L'enfant allait périr étouffée. Sa mère jetait des cris de désespoir et suppliait le docteur de faire un miracle.

« Oh! je vous en supplie, qu'elle vive! »

René Brinval, bravant une mort presque certaine, appliqua tout à coup ses lèvres sur celles de sa filleule et, par une forte aspiration, dégagea la gorge de la malade des membranes qui l'obstruaient.

Le miracle était accompli. L'enfant fut sauvée. Le sauveur sortit sain et sauf de cette terrible épreuve[1] et continua sa vie de sacrifice[2].

---

148. *L'Institutrice Louise David.*

« Mademoiselle David, dit l'inspecteur d'académie, j'ai l'intention de vous confier la direction d'une école plus importante.

— Y rendrai-je plus de services?

— Je ne crois pas, mais vous aurez moins de fatigue

---

1. *Épreuve*, péril couru, malheur supporté. — 2. *Sacrifice*, don de soi, de sa santé, de sa fortune, de sa tranquillité, au besoin de sa vie.

et plus de ressources. Je tiens à récompenser votre zèle[1].

— Vous êtes vraiment trop bon, monsieur l'inspecteur; mais, je vous en prie, laissez-moi dans ma montagne, dans cette bonne commune d'Escalas que j'aime, qui tient à moi, où j'ai fait quelque bien, où j'en puis faire encore.

— Cela n'est pas possible. Votre santé est déjà compromise[2]. L'école d'Escalas a maintenant une clientèle trop nombreuse : elle vous tuerait.

— Voilà dix ans, monsieur l'inspecteur, que je suis là-haut. J'ai fait ce que j'ai pu pour gagner l'estime et l'affection des pauvres gens qui m'entourent. J'y suis arrivée après bien des efforts et avec beaucoup de patience. J'en suis si heureuse! Je vous supplie de me laisser au milieu d'eux.

— Allons! mademoiselle, puisque vous le désirez si vivement, je renonce à mon projet. Retournez donc à Escalas; mais en faisant votre devoir, ménagez[3] vos forces. »

Le lendemain, l'institutrice était dans son école. Elle ne la quitta plus, malgré les offres nouvelles et séduisantes[4] que lui fit plus tard son inspecteur. Elle vécut là, dans un hameau perdu, sans distractions, loin du monde, tout entière à sa belle et pénible tâche. A trente-huit ans, cette vaillante fille était épuisée. Néanmoins, elle refusa tout repos.

« Laissez-moi, disait-elle, je suis encore très forte. Et si vous saviez combien ma vie est douce, malgré mes fatigues! »

Un matin elle tomba tout à coup au milieu de ses chères élèves. Il fallut l'emporter. Elle ne se releva pas. Elle mourut, calme et résignée, par un beau jour de

---

1. *Zèle*, empressement à faire son devoir. — 2. *Compromise*, affaiblie et en péril. — 3. *Ménagez*, employez avec mesure et prudence. — 4. *Séduisantes*, capables d'entraîner.

mai. Et ses chefs, ses collègues, ses élèves, tous ceux qui l'avaient approchée, vinrent lui adresser l'adieu suprême [1]. Et ils se disaient entre eux : « Celle que nous perdons était une héroïne ! »

Voy. *Résumé*, page 294.

149. *Un Héros sans le savoir.*

Un garçon de dix ans, au bord de la rivière,
Jouait aux ricochets [2] avec des cailloux ronds.
Il oubliait l'école à regarder leurs bonds
Et les tressauts [3] de l'eau sous les coups de la pierre.
Un plus petit s'approche et veut en faire autant.
Le pied lui glisse, il tombe et le courant l'entraîne.
La rivière est profonde, et la mort est certaine,
Il va périr, hélas ! Mais l'autre, au même instant,
Se jette en plein courant, au péril de sa vie ;
Trois fois il plonge ; enfin, après beaucoup d'effort,
Il atteint le bambin et l'arrache à la mort.
Sur le quai cependant une foule ravie [4]
Acclame le sauveur, et veut savoir son nom.
« Mon nom ? Pourquoi mon nom ? Pour le dire à mon père ?
Pour qu'il sache que j'ai flâné près la rivière,
Qu'il me batte ? fit-il en s'esquivant [5] ; oh ! non ! »

L. RATISBONNE,
Comédie enfantine. (Delagrave, édit.)

---

1. *Suprême*, le dernier et le plus important. — 2. *Ricochets*, bonds que fait une pierre plate et ronde jetée obliquement sur la surface de l'eau. — 3. *Tressauts*, les rides. — 4. *Ravie*, pleine d'admiration. — 5. *S'esquivant* : ce garçon n'avait pas conscience de son mérite. Il n'en était que plus admirable.

Brinval. Louise David. — QUESTIONNAIRE : 1. *Racontez l'histoire de René Brinval.* — 2. *Racontez l'histoire de Louise David.* — 3. *Montrez le dévouement du premier.* — 4. *Montrez le dévouement de la seconde.* — 5. *Quels sentiments éprouvez-vous à leur égard ?* — 6. *Que faut-il avoir pour se dévouer à ses semblables ?* — 7. *Pourriez-vous me citer des personnages de l'histoire qui ont fait preuve d'un dévouement héroïque ?* — 8. *Donnez la définition du dévouement.*

150. *Dévouement.*

Courage ! encore une journée,
Et cette reine des maisons
Dans Paris sera terminée :
Courage, apprentis et maçons !

Avec leurs marteaux, leurs truelles,
Et des gravats [1] plein leurs paniers,
Comme ils sont vifs sur les échelles !
Moins vifs seraient des mariniers [2] !

Qu'on prépare un bouquet de fête ;
Au pignon, il faut le planter.
Les plumes au vent, sur le faîte
Voyez donc le moineau chanter !

Ah ! quelle rumeur sur la place !
« A l'aide ! à l'aide ! Limousins,
Du foin, de la paille ! Oh ! de grâce !
Des matelas et des coussins. »

Si l'un à cette pierre blanche
Peut s'accrocher, ils sont sauvés.
Ah ! tous deux font craquer la planche !
Ils vont tomber sur les pavés.

Et vers l'étai [3] qui se balance
Ils restent là les bras en haut ;
Alors dans le morne [4] silence,
On entendit sur l'échafaud :

« J'ai trois enfants, Jacques, une femme ! »
Jacques un instant le regarda :
« C'est juste ! » dit cette bonne âme [5],
Et dans la rue il se jeta.

BRIZEUX.

---

1. *Gravats*, décombres, débris de plâtre. — 2. *Mariniers*, quand ils montent aux cordages. — 3. *L'étai*, pièce de bois pour soutenir. — 4. *Morne*, triste, effrayé. — 5. *Bonne âme*, âme juste et généreuse.

151. *Jean Chouan.*

C'était pendant la guerre de Vendée, au temps de la Révolution française. Les Vendéens s'étaient soulevés contre la République. On les appelait les *Chouans* et aussi les *Blancs*. La Convention envoya contre eux des soldats républicains, ou, comme on disait, des *Bleus*. Il s'ensuivit une guerre cruelle entre de bons Français également convaincus que le bon droit[1] était de leur côté.

A la suite d'un combat malheureux, Jean Chouan, chef des Blancs, avait ordonné à ses soldats de se disperser dans les bois. Lui-même marchait derrière, à pas lents, bien que l'ennemi fût tout proche.

Tout à coup on entend un cri dans la clairière[2];
Une femme parmi les balles apparaît.
Toute la bande était déjà dans la forêt;
Jean Chouan seul restait; il s'arrête, et regarde :
C'est une femme grosse; elle s'enfuit, hagarde[3]
Et pâle, déchirant ses pieds nus aux buissons;
Elle est seule, elle crie : « A moi, les bons garçons! »
Jean Chouan rêveur dit : « C'est Jeanne-Madeleine. »
Elle est le point de mire au milieu de la plaine;
La mitraille sur elle avec rage[4] s'abat. . . . . . .
Elle était perdue. « Ah! criait-elle, au secours! »
Mais les bois sont tremblants[5], et les fuyards sont sourds;

Et les balles pleuvaient sur la pauvre brigande[6].
Alors sur le coteau qui dominait la lande,
Jean Chouan bondit, fier, tranquille, altier[7], viril[8],
Debout : « C'est moi qui suis Jean Chouan! » cria-t-il.
Les *Bleus* dirent : « C'est lui, le chef! » Et cette tête,
Prenant toute la foudre[9] et toute la tempête,
Fit changer à la mort de cible. « Sauve-toi!
Cria-t-il, sauve-toi, ma sœur! » Folle d'effroi,

---

1. *Bon droit*, la justice. — 2. *Clairière*, espace découvert au milieu des bois. — 3. *Hagarde*, effrayée, farouche. — 4. *Avec rage*, comparaison avec l'acharnement d'un chien enragé. — 5. *Tremblants* : ce sont les fuyards qui tremblaient dans les bois. — 6. *Brigande*, femme de chouan. — 7. *Altier*, orgueilleux. — 8. *Viril*, plein de force et de courage. — 9. *Foudre, tempête, cible*, Jean Chouan attira sur lui les balles, c'est-à-dire la foudre, et servit ainsi de cible à la mort.

Jeanne hâta le pas vers la forêt profonde.
Comme un pin sur la neige ou comme un mât sur l'onde,
Jean Chouan, qui semblait par la mort ébloui [1],
Se dressait, et les Bleus ne voyaient plus que lui.
« Je resterai le temps qu'il faudra. Va, ma fille!
Va, tu seras encor joyeuse en ta famille,
Et tu mettras encor des fleurs à ton corset, »
Criait-il. C'était lui maintenant que visait
L'ardente fusillade, et sur sa haute taille
Qui semblait presque prête à gagner la bataille [2],
Les balles s'acharnaient et son puissant dédain [3]
Souriait : il levait son sabre nu... Soudain
Par une balle — ainsi l'ours est frappé dans l'antre —
Il se sentit trouer de part en part le ventre;
Il resta droit et dit : « Soit. *Ave Maria* [4] ! »
Puis, chancelant, tourné vers le bois, il cria :
« Mes amis! mes amis! Jeanne est-elle arrivée ? »
Des voix dans la forêt répondirent : « Sauvée! »
Jean Chouan murmura : « C'est bien [5]! » et tomba mort.

V. Hugo, *La Légende des siècles.*

---

1. *Ébloui :* il allait vers la mort comme vers une lumière éclatante, sans effroi. — 2. *Gagner la bataille,* tant il était grand et fier. — 3. *Dédain,* le dédain d'un homme fort et courageux qui sourit au danger. — 4. *Ave Maria!* prière à la Vierge, qu'il implore avant de mourir. — 5. *C'est bien,* parce que celle qu'il avait voulu sauver était hors de danger. C'était là l'essentiel, et pour ce résultat il acceptait volontiers la mort.

LA CONSCIENCE

LVII. — La Conscience.

152. *Prends garde.*

Mon enfant, tu vas bientôt quitter l'école et t'élancer dans le monde, libre et joyeux. Prends garde : ta route sera semée d'obstacles, et je ne songe pas sans effroi aux dangers que tu vas courir. Tu auras à craindre, hélas ! et toi-même et les autres. Tes oreilles seront souillées par de mauvaises paroles, et tes yeux par de mauvais exemples.

Sauras-tu résister au mal ? Oui, si tu écoutes ta conscience. Ta conscience, mon cher enfant, c'est cette voix mystérieuse[1] que tu entends en toi-même, si calme[2] et si douce quand tu fais une bonne action, si sévère et si triste quand tu commets une faute.

Lorsque tu as bien travaillé, bien obéi, soulagé ceux qui souffrent, consolé ceux qui pleurent, donné ton pain à ceux qui ont faim, c'est elle qui remplit ton cœur de joie. Lorsque tu as été méchant, injuste, menteur, lâche ou désobéissant, c'est elle qui fait rougir ton front et corrompt[3] tes plaisirs.

Avant que tu agisses, elle t'avertit : « Ceci est bien, fais-le ! te dit-elle. Ceci est mal, ne le fais pas ! »

Et après, elle te juge, te récompense ou te punit.

O mon enfant ! n'étouffe pas cette voix sacrée[4] ! Écoute-la d'une oreille attentive, à chaque heure du jour. Consulte-la, le matin à ton réveil, et le soir, dans le grand silence de la nuit. Elle sera ta lumière[5], ton guide et ton soutien[6].

---

1. *Voix mystérieuse*, mal définie, dont l'origine est inconnue. — 2. *Calme*, paisible. — 3. *Corrompt*, gâte. — 4. *Sacrée*, car c'est par elle que nous sommes des hommes et que nous valons quelque chose, c'est la source de la justice. — 5. *Lumière*, puisqu'elle éclairera ton chemin dans la vie. — 6. *Soutien*, puisqu'elle se révoltera quand tu seras sur le point de mal faire et te rendra heureux quand tu feras ton devoir.

Elle fera le bonheur de ta vie si tu restes honnête et bon. Mais si tu deviens coupable, elle empoisonnera tes jours par la terrible souffrance du remords.

---

153. *La Voix de la conscience.*

Le lieutenant Louaut. — Je me promenais vers le pont d'Iéna ; il faisait un grand vent ; la Seine était houleuse. Je suivais de l'œil un petit batelet, rempli de sable jusqu'au bord, qui voulait passer sous la dernière arche du pont... Tout à coup le batelet chavira ; je vis le batelier essayer de nager ; mais il s'y prenait mal : « Ce maladroit va se noyer, » me dis-je. J'eus quelque idée[1] de me jeter à l'eau ; mais j'ai quarante-sept ans et des rhumatismes ; il faisait un froid piquant. « Ce serait trop fou à moi, me disais-je ; quand je serai cloué sur mon lit avec un rhumatisme aigu[2], qui viendra me voir ? qui songera à moi ? Je serai seul à mourir d'ennui[3], comme l'an passé. »

Je m'éloignai rapidement, et je me mis à penser à autre chose. Tout à coup, je me dis : « Lieutenant Louaut, tu es un...! — Et les soixante-sept jours que le rhumatisme m'a retenu au lit, l'an passé ? dit le parti[4] de la prudence. Que le diable l'emporte[5] ! Il faut savoir nager quand on est marinier. » Je marchais fort vite vers l'École militaire. Tout à coup, une voix me dit : « Lieutenant Louaut, vous êtes un lâche ! » Ce mot me fit tressaillir. Je me mis à courir vers la Seine. Je sauvai l'homme, sans difficulté. Qu'est-ce qui m'a fait faire ma belle action ? Ma foi, c'est la peur du mépris ; c'est cette voix qui me dit : « Lieutenant Louaut, vous êtes... un lâche ! » Ce qui me frappa, c'est que la voix, cette fois ne me tutoyait[6] pas. — Je me serais méprisé moi-même, si je ne me fusse pas jeté à l'eau. STENDHAL.

Lady Macbeth. — Lady Macbeth et son mari avaient tué, par trahison[7], le vieux roi de leur pays, pour monter eux-mêmes sur le trône. Au faîte de la puissance et des honneurs,

---

1. *Quelque idée*, la pensée vague, sans qu'une résolution fût prise. — 2. *Rhumatisme aigu*, qui se fait vivement sentir. — 3. *Mourir d'ennui*, souffrir beaucoup de l'ennui. — 4. *Parti*, il y avait lutte entre deux partis, celui du bien, celui du mal, de la peur ou de la prudence. — 5. *L'emporte* : parole de mauvaise humeur. — 6. *Ne tutoyait pas* : marque de mépris. On ne tutoie pas ceux qu'on ne peut estimer. — 7. *Par trahison*, par abus de confiance.

lady Macbeth, rongée [1] par le remords, se levait, la nuit, dans son sommeil. La voici, debout bien qu'endormie, devant son médecin et sa dame de compagnie :

Le docteur. — Que fait-elle donc maintenant ? Voyez comme elle se frotte les mains.

La dame. — Elle a toujours l'air de laver ses mains ; je l'ai vue le faire un quart d'heure entier.

Lady Macbeth. — Disparais donc, exécrable [2] tache... Disparais, te dis-je..... Mais qui aurait cru que ce vieillard eût encore tant de sang dans les veines ?

Le docteur, à la dame. — Remarquez-vous cela ?

Lady Macbeth. — Quoi ! ces mains ne seront jamais pures ?

Le docteur, à la dame. — Allez-vous-en, allez-vous-en ; vous avez su ce que vous ne deviez pas savoir.

Lady Macbeth. — Il y a toujours là une odeur de sang !... Tous les parfums de l'Arabie n'adouciront jamais cette petite main. Oh ! oh ! oh !

Le docteur. — Quel soupir ! Le cœur est cruellement bourrelé [3] !

La dame. — Je ne voudrais pas avoir un pareil cœur dans mon sein pour toutes les grandeurs de l'univers.

(*Lady Macbeth,* drame de Shakespeare.)

Louis XI.

Louis XI. — Louis XI, volontairement enfermé dans son château de Plessis-lez-Tours, avait fait venir saint François de Paule auprès de lui, dans l'espérance qu'il lui prolongerait la vie. Saint François de Paule lui ordonna de confesser ses crimes et ses cruautés. Le roi obéit et fit l'effrayant récit des tourments de sa conscience :

Ah ! si dans mes tourments vous descendiez [4], mon père,
Je vous arracherais des larmes de pitié !. . . . . . .
. Je n'ai pas un ami : je hais [5] ou je méprise ;
L'effroi me tord le cœur sans jamais lâcher prise.

---

1. *Rongée,* minée, d'une santé toujours plus faible. — 2. *Exécrable,* qui n'inspire que de l'horreur. — 3. *Cœur bourrelé,* tourmenté. — 4. *Descendiez,* au figuré; si vous alliez au fond pour les mieux connaître. — 5. *Je hais,* je n'aime pas ni ne suis aimé.

Il n'est point de retraite où j'échappe aux remords ;
Je veux fuir les vivants, je suis avec les morts.
Ce sont des jours [1] affreux ; j'ai des nuits [2] plus terribles.
L'ombre, pour m'abuser [3], prend des formes visibles ;
Le silence me parle, et mon Sauveur me dit,
Quand je viens le prier : Que me veux-tu, maudit ?
Un démon, si je dors, s'assied sur ma poitrine.
Je l'écarte ; un fer nu s'y plonge et m'assassine,
Je me lève éperdu ; des flots de sang humain
Viennent battre ma couche ; elle y nage, et ma main,
Que penche sur leur gouffre [4] une main qui la glace,
Sent des lambeaux hideux monter à leur surface.....

(*Louis XI,* drame de Casimir DELAVIGNE.)

Charles IX. — Charles IX, n'ayant pas su résister aux mauvais conseils de sa mère, avait ordonné l'affreux massacre de la Saint-Barthélemy. Tant de sang versé lui inspira bientôt un profond dégoût de son crime et de lui-même.

Il fut dévoré par le remords. La nuit, il croyait voir une nuée de corbeaux s'abattre sur le pavillon du Louvre. Il entendait « les voix criantes et gémissantes » de ses malheureuses victimes.

Pour tuer le remords, il chercha les plus violents plaisirs. Il fut bientôt épuisé et mourant. Et dans son agonie il se lamentait, il déplorait son crime, il redoutait la justice de Dieu, et on l'entendait dire encore à sa vieille et fidèle nourrice : « Ah ! ma mie ! Ah ! ma nourrice ! Que de meurtres ! Que de sang ! Que j'ai suivi un mauvais conseil ! »

Bayard mourant. — En regard de ces consciences bourrelées de remords, plaçons, par contraste [5], la conscience pure et tranquille de Bayard mourant, du chevalier sans peur et sans reproche, au moment où le connétable de Bourbon, traître à son roi, vint lui apporter ses consolations.

« Pleurez sur vous-même, monsieur, lui dit le loyal [6] chevalier. Je ne suis pas à plaindre, je meurs en homme de bien. Mais j'ai pitié de vous qui combattez contre votre roi, votre patrie et votre serment [7] ! »

---

1. *Jours* : j'ai peur des vivants. — 2. *Nuits* : j'ai peur des morts, dans mes rêves. — 3. *M'abuser,* me tromper en me présentant des ennemis que je crois présents. — 4. *Gouffre,* abîme, rempli du sang que Louis XI a versé. — 5. *Par contraste,* pour mieux éclairer les unes et les autres. — 6. *Loyal,* qui est franc et fidèle. — 7. *Serment,* parole donnée, promesse solennelle.

LVIII. — La Liberté et la responsabilité.

154. *La place de l'homme.*

Jette un regard autour de toi.

Tu vois cette herbe verte, frêle[1] et délicate, qui sort de terre. C'est le blé qui pousse. Il est tout jeune encore, mais il va croître et mûrir. Vienne le temps de la moisson, il donnera au laboureur un bel épi rempli de grains. Et, sa tâche terminée, il mourra. Tu vois ce joli pinson qui se balance sur une branche d'amandier. Au printemps il fera son nid, et ce sera une merveille. Il pondra des œufs, il aura des petits et les nourrira jusqu'à ce qu'ils prennent la volée. L'année prochaine il fera de même. De même encore les années suivantes. Puis, un jour, ayant vécu sa vie d'oiseau, il s'endormira et ne se réveillera plus.

Eh bien ! mon enfant, toi aussi, comme la plante et l'oiseau, tu vis, tu grandis, tu travailles et tu dois mourir.

Toi aussi, comme la plante et l'oiseau, entre ta naissance et ta mort, tu as une tâche à remplir.

Mais écoute bien ceci :

Le blé pousse et donne son épi sans le savoir et sans le vouloir.

Il n'a pas de *raison* pour savoir.

Il n'a pas de *liberté* pour vouloir.

Il ne se conduit pas lui-même.

Il est conduit par une force irrésistible, comme un outil par la main de l'ouvrier.

L'oiseau vit, chante, travaille, fait son nid, nourrit ses petits, *sans pouvoir faire autrement.* Comme la plante, il n'a ni raison ni liberté. Il ne peut résister à la main toute-puissante qui l'entraîne.

Et toi, mon cher enfant ?

Oh ! toi, tu es dans le monde un être à part. La nature te dit :

« Tout ce qui est autour de toi m'obéit aveuglément, et ne peut s'écarter de la voie que j'ai tracée.

« Mais toi, je t'ai fait raisonnable pour que tu saches ce que je veux. Je t'ai fait libre pour que tu te conduises toi-même,

---

1. *Frêle*, fragile, facile à détruire.

et que tu avances dans la vie par ton propre [1] effort. Va donc à tes risques et périls. Si tu fais bien, ta raison t'approuvera, et tu seras content. Si tu fais mal, ta raison te blâmera, et tu souffriras. Tu es responsable de tes actes. »

Efforce-toi d'arriver à cette perfection [2] que tu entrevois, où les autres êtres aboutissent fatalement [3], sans qu'ils le veuillent et sans qu'ils le sachent.

Tu te tromperas, tu commettras des fautes, tu feras des chutes, mais tu te relèveras, et ta volonté, rendue meilleure [4] par toi-même, sera d'un prix infini.

---

155. Les Hommes libres.

Tous les hommes ne sont pas également libres. Parmi ceux que tu vois passer dans la rue, il en est un grand nombre qui sont plus ou moins des esclaves [5]. Cela t'étonne? Réfléchis un peu, et tu verras combien il est difficile d'être, comme on dit, « maître de soi-même ».

Si tu veux devenir et rester maître de toi-même, au moment d'agir consulte [6] ta raison. Elle t'apprendra ce qu'il y a de mieux à faire. Alors, même s'il faut lutter, même s'il faut souffrir, même s'il faut mourir, fais ce que t'aura dit ta raison. A cette condition seulement tu seras libre, tu seras vraiment un homme.

Helvidius Priscus était un sénateur romain qui vivait il y a dix-huit siècles. L'empereur Vespasien lui demanda un jour de ne pas venir au sénat.

« Il dépend de vous de m'ôter ma charge [7], répondit Helvidius, mais j'irai au sénat tant que je serai sénateur.

— Si vous y venez, lui dit le prince, n'y venez que pour vous taire.

— Ne demandez pas mon avis, dit Helvidius, et je me tairai.

— Mais si vous êtes présent, repartit Vespasien, je ne puis me dispenser [8] de vous demander votre avis.

---

1. *Propre effort*, effort personnel, libre. — 2. *Perfection*, ce qui est le mieux, ce qui est sans défaut. — 3. *Fatalement*, sans qu'on puisse l'éviter. — 4. *Volonté meilleure*, plus raisonnable. — 5. *Esclaves*, de leurs vices, de leurs habitudes. — 6. *Consulte*, interroge. — 7. *Charge*, fonction. — 8. *Se dispenser*, s'exempter.

— Et moi, répondit Helvidius, de vous dire ce qui me paraîtra juste.

— Mais, si vous le dites, je vous ferai mourir.

— Quand vous ai-je dit que je fusse immortel? Vous me ferez mourir, et je souffrirai la mort sans me plaindre. »

Helvidius Priscus était un homme libre.

Épictète était esclave d'un capitaine des gardes de Néron. Son maître prenait plaisir à le torturer pour mettre à l'épreuve son courage. Un jour, voulant voir jusqu'où irait sa patience [1], il poussa ce jeu [2] cruel plus loin que de coutume et, comme la jambe de l'esclave pliait : « Vous allez me la casser, » fit tranquillement [3] remarquer Épictète. La jambe fut cassée, en effet : « Je vous l'avais bien dit, » reprit-il sans s'émouvoir [4]. Il resta boiteux toute sa vie.

Bien que dans l'état d'esclavage, Epictète était un homme libre.

L'illustre **Condorcet** était l'un de ces hardis philosophes [5] qui ont préparé la Révolution française. Bien qu'ardemment [6] républicain, il fut proscrit en 1793, au temps de la Terreur. « Forcé de fuir, il trouve un asile dans les environs de Paris chez une personne dévouée. Que va-t-il faire, dans sa retraite, sous le coup de la mort? » Ne va-t-il pas maudire [7] cette Révolution qui se montre envers lui si ingrate?

Non, il n'a pour le présent ni colère ni reproche. Et, dans un livre admirable, lui, le proscrit [8], victime de la tyrannie [9], il annonce un avenir de paix et de justice. Un jour il apprend qu'une loi, la loi des suspects [10], condamne à mort quiconque donne asile aux proscrits. Sur l'heure, pour ne

Condorcet.

---

1. *Patience*, courage de subir ou d'attendre. — 2. *Jeu*, la torture, douloureuse pour Épictète, était amusante pour le maître cruel qui la lui donnait. — 3. *Tranquillement*, ce qui marque le courage et la possession de soi du patient. — 4. *Sans s'émouvoir*, en surmontant sa douleur. — 5. *Philosophes*, savants écrivains qui demandaient des réformes. — 6. *Ardemment*, de tout leur cœur. — 7. *Maudire*, souhaiter la ruine. — 8. *Proscrit*, chassé de la patrie, mis hors la loi. — 9. *Tyrannie*, de Robespierre. — 10. *Suspects*, ceux qu'on soupçonnait d'être les ennemis de la République.

pas mettre en danger la personne qui l'a recueilli, il décide de quitter sa retraite. Plusieurs jours il vit dans les bois. La faim l'oblige à en sortir. Peu de temps après il était mort.

En face des pires épreuves, cet homme avait gardé jusqu'au bout la pleine possession de lui-même. C'était un homme libre.

Il n'y a, dans le monde, rien de plus grand et de plus beau qu'un homme libre.

156. *Les Esclaves.*

Quand un homme est incapable d'obéir à sa raison, c'est un esclave. Il va et vient comme un homme libre. Il n'est en apparence [1] aux ordres d'aucun maître. Il vit chez lui, dans sa maison, peut avoir une grande fortune et être entouré de serviteurs fidèles. Il peut même être assis sur un trône.

Malgré tout, c'est un esclave.

Cet avare possède d'immenses richesses. Quel usage doit-il en faire? Consultez la raison. Elle vous répond qu'il doit apporter du bien-être à son foyer, soulager les pauvres gens dans la misère, contribuer à l'entretien des hôpitaux, des écoles, de toute œuvre utile à l'humanité.

Or, il ne fait rien de tout cela.

Le voici lié à son or, à ses billets de banque, à ses titres [2], à ses chèques [3]. Il ne peut plus les quitter. Loin d'eux, il vit dans l'angoisse, et rien n'égale sa joie quand il les contemple dans son coffre-fort, quand il les compte, les recompte et en augmente le tas.

Pendant ce temps-là, il rationne [4] le pain de sa femme et de ses enfants. Tendre et caressant pour son métal et son papier, il a pour sa famille le cœur dur et sec [5]. Il n'a pas d'amis, il ne veut pas en avoir. Son unique ami, c'est l'argent. Et s'il y a dans le monde des gens qui meurent de faim, tant pis pour eux : ce n'est pas son affaire. C'est de la folie? En effet, rien n'est plus déraisonnable. Mais l'avare ne saurait agir autrement. Ce pauvre homme ne peut plus obéir à sa raison. Il

---

1. *En apparence*, vu à la surface. — 2. *Titres*, de rente. — 3. *Chèques*, effets de commerce qui permettent de toucher de l'argent chez un banquier. — 4. *Il rationne*, il mesure, comme on fait quand il n'y en a pas assez. — 5. *Cœur sec*, qui n'aime pas, indifférent aux autres.

Delirium tremens; tableau d'André GILL.

trouve en lui-même un tyran grossier [1] qui le fouette, qui le mène comme une bête de somme et ne souffre pas de résistance.

Ce n'est pas un homme libre, c'est un esclave.

Cet alcoolique sait parfaitement que l'alcool est un poison, qu'en en buvant sans mesure il détruit sa santé, abêtit son intelligence, court à la démence [2] et met en péril sa femme et ses enfants.

---

1. *Grossier,* vil, bas. Un vice est toujours un tyran grossier. — 2. *Démence,* folie.

Sa raison le lui dit chaque jour. Aussi jure-t-il de ne plus boire : « Non, non, je ne boirai plus de cette saleté ! »

Hélas ! le malheureux n'est plus maître chez lui. Le moment venu, il se sent pris à la gorge par une force brutale :

« Allons, marche ! Avale cette absinthe qui te conduira bientôt au *delirium tremens !* De ta main déjà tremblante, porte à tes lèvres le poison qui te brûlera le sang et rongera ta pauvre cervelle ! »

L'alcoolique se soumet docilement.

Ce n'est plus un homme libre, c'est un esclave.

Cet ouvrier paresseux est marié et père de famille. Sa femme et ses enfants ne vivent guère que de son salaire. Dès qu'il ne travaille plus, la misère noire entre en son logis. Sa raison lui commande de faire comme tous les honnêtes gens, de se rendre chaque jour à sa tâche et de rapporter aux siens [1], chaque samedi, le gain de la semaine. N'est-ce pas une honte, quand on est robuste, de laisser souffrir, par sa faute, de la faim, du froid, de la maladie, ceux qui vous sont chers et qui comptent sur vous ?

Cependant, quand il lui faut se mettre au travail, il lui semble qu'une montagne pèse sur ses épaules. Il hésite, il recule. Le moindre prétexte [2] lui suffit pour flâner et perdre son temps. Il fait trop chaud, il fait trop froid, il a mal aux dents, il n'est pas en train. C'est un pauvre être aplati [3], sans ressort, flasque et mou comme un misérable ballon crevé qui ne rebondit jamais.

Ce n'est pas un homme libre, c'est un esclave.

Pour devenir un homme libre, ou plus simplement un homme, il faut s'appliquer de bonne heure à lutter contre les vices, les passions, les mauvaises habitudes, la paresse, qui sont les ennemis de la raison. Si aimables qu'ils t'apparaissent, mon enfant, ferme-leur ta maison s'ils n'y sont pas entrés ; et si, par malheur, ils sont déjà tes hôtes [4], fais un grand effort pour les mettre à la porte. Ce sont de mauvaises bêtes qui te réduiraient en esclavage.

---

1. *Aux siens,* à sa famille. — 2. *Prétexte,* raison apparente dont on se sert pour cacher la raison vraie. — 3. *Aplati,* qui n'a pu résister, qui s'est laissé écraser. — 4. *Hôtes,* ceux qui ont reçu l'hospitalité. Se dit aussi de ceux qui la donnent.

157. *Les Libertés publiques.*

Il ne suffit pas que l'homme se rende, par sa sagesse, maître de lui-même. Il est juste, nous l'avons dit, que cette liberté qu'il a conquise soit respectée de ses semblables.

Il y avait autrefois des esclaves parfaitement capables de se conduire d'après la raison. Or, leurs maîtres pouvaient faire d'eux ce qu'ils voulaient, même les tuer si c'était leur plaisir.

Tu sens, mon enfant, combien une telle situation était absurde [1] et odieuse [2].

Aujourd'hui il existe encore des esclaves, dans certaines parties de l'Afrique. Le nombre en diminue chaque année. En 1848, la France a aboli l'esclavage dans toutes ses colonies.

Mais, sans être esclave, on peut être très gêné dans sa liberté par les lois de son pays, si ces lois sont injustes. Avant la Révolution, les lois étaient faites, en France, par la seule volonté des rois. Les rois étaient les maîtres absolus [3] de leurs sujets. Ils faisaient la guerre, ils levaient des impôts, ils décidaient sur tout, sans les consulter.

Si les sujets se montraient mécontents, on les mettait en prison et l'on confisquait [4] leurs biens.

Certes, nos pères étaient plus libres que des esclaves, mais ils souffraient de n'être encore que des « sujets du roi », conduits par la main comme des enfants, et par des maîtres qui, souvent, dirigeaient fort mal leurs affaires.

Aussi que d'efforts ils firent, à travers les siècles, pour conquérir plus de liberté et devenir enfin des « citoyens [5] »! A chaque page de notre histoire, tu t'en souviens, on voit le peuple qui regimbe [6]. Jacques Bonhomme — c'est ainsi que ses maîtres nommaient le peuple, par moquerie — souffre d'abord en silence. Il est battu, il est ruiné, il meurt de faim, il semble à jamais résigné [7] et docile. Puis, un jour, il en a assez de cette vie d'enfer. Le voici debout et menaçant. Il montre le poing à l'orgueilleux château qui l'opprime. Et dans une ruée [8] sauvage, il l'envahit, le pille, y met le feu, en

---

1. *Absurde*, contraire à la raison. — 2. *Odieuse*, qui excite la haine, l'indignation. — 3. *Absolus*, sans limite. — 4. *Confisquait*, prenait, au profit de l'État. — 5. *Citoyen*, homme de la cité, celui qui participe au gouvernement du pays. — 6. *Regimber*, ruer, en parlant des animaux. Au figuré, refuser d'obéir. — 7. *Résigné*, qui accepte ses souffrances, sans révolte. — 8. *Ruée*, élan furieux.

tue les habitants, devient féroce et sans pitié dans sa colère.

Mais les seigneurs prennent vite leur revanche. Montés sur leurs chevaux, tout couverts d'armures, l'épée au poing, ils frappent à grands coups sur Jacques Bonhomme, le foulent aux pieds, le meurtrissent [1] et le ramènent demi-mort à son sillon.

La plus terrible de ces luttes sanglantes pour la justice et la liberté fut l'immortelle Révolution française. Elle vit la ruine définitive des seigneurs, la chute de la royauté et l'avènement [2] de la liberté politique [3] dont nous jouissons aujourd'hui.

Aujourd'hui, mon enfant, plus de royauté : la République ; plus de sujets : des citoyens. Le souverain, ce n'est plus un monarque, c'est le peuple lui-même, et la loi, c'est la volonté du peuple libre.

Ces biens sont l'héritage de nos pères. N'oublions jamais les efforts, les larmes, le sang qu'ils leur ont coûtés.

Veillons bien sur une si précieuse conquête. Elle est toujours menacée. Gare aux rôdeurs [4] ambitieux qui guettent le moment où ils pourront mettre dessus leur main sacrilège [5].

L'histoire en compte deux, dans le siècle qui vient de finir : le premier des Bonapartes qui conduisit la France à Waterloo ; et le dernier des Bonapartes qui la conduisit à Sedan.

LIX. — La Solidarité [6] humaine.

158. *Travaille pour tes frères.*

Ce que tu es, mon enfant, tu le dois à ton père et à ta mère qui t'ont donné la vie, t'ont nourri, élevé, aimé depuis ta naissance.

Tu le dois à ton maître, qui a veillé sur tes premières années et s'est efforcé de te rendre plus instruit et meilleur.

Mais tu le dois également à tous les Français, à l'humanité tout entière.

---

1. *Meurtrissent*, accablent de coups. — 2. *Avènement*, apparition, arrivée. — 3. *Liberté politique*, qui permet aux citoyens de se gouverner eux-mêmes. — 4. *Rôdeurs*, qui guettent pour faire un mauvais coup. — 5. *Sacrilège*, qui ne respecte pas les choses sacrées. — 6. *Solidarité humaine*, le lien qui unit les hommes, leur mutuelle dépendance.

Ta santé, ton bien-être, ton intelligence, tes bons sentiments, tout cela te vient en partie des hommes qui ont vécu, travaillé et souffert avant toi, et de ceux qui vivent, travaillent et souffrent autour de toi.

Tu profites du bien qu'a produit la société à travers les siècles, et qu'elle produit aujourd'hui.

Ainsi, mon enfant, tous les hommes sont *tes frères*, non seulement parce qu'ils appartiennent, comme toi, à la grande *famille humaine*, mais parce que leur existence est mêlée à la tienne et que tu leur dois à peu près tout ce que tu possèdes.

Si donc tu es juste et bon, ne songe jamais à ton bonheur sans songer à celui de tes semblables. Tâche de leur rendre ce qu'ils t'ont donné. A ton tour, travaille, lutte et souffre pour adoucir leurs souffrances et soulager leurs misères.

O mon enfant, n'est-ce pas une trahison que de jouir en paix de nos biens, quand des malheureux qui attendent notre aide meurent dans la détresse et le désespoir?

Oui, sans doute, c'est un crime, et ceux qui le commettent ne peuvent dormir tranquilles ni vivre sans remords.

159. *Bienfaits de la solidarité humaine.*

Sur des monuments bâtis il y a près de trois mille ans, les monuments de Ninive [1], on voit représentée la manière dont on dressait les statues colossales qui les décoraient.

Des centaines d'hommes attelés et tenus au cou par une corde tiraient l'énorme bloc de pierre par la tension [2] de tous leurs muscles. A chaque dix hommes, il y avait une sorte de contremaître qui distribuait à tort et à travers des coups de bâton comme on ne le fait pas maintenant pour les chevaux. Cela est horrible, cela vient de ce qu'il n'y avait pas encore de machines; l'animal même était très peu employé. Les bras de l'homme étaient presque le seul moyen de traction [3] que l'on eût.

Prenez une galère antique, un de ces grands navires des Grecs, si admirables de construction. Quel en est le moteur [4]?

---

1. *Ninive,* ancienne ville d'Asie, aujourd'hui détruite. — 2. *Tension,* du verbe tendre. — 3. *Traction,* action de tirer. — 4. *Moteur,* la force qui met en mouvement.

C'est encore la force des bras. Dans les flancs de ce beau navire, il y a un enfer; il y a là des centaines de créatures humaines entassées les unes sur les autres d'une façon à peine convenable et qui, menant une vie d'éternels[1] gémissements, livrés aux plus cruels traitements, faisaient aller les rames et marcher le navire. Cela a duré presque jusqu'à nos jours. Nous avons des tableaux de ce qu'était l'intérieur d'une galère sous Louis XIV : c'est à faire dresser les cheveux sur la tête, et ce n'est pas sans raison que le mot de « galère » est resté synonyme[2] des plus terribles travaux forcés.

Pourquoi ces horreurs? C'est qu'alors il n'y avait pas de vapeur, il fallait avoir recours au bras de l'homme. Aujourd'hui, prenez notre plus grand vaisseau : la somme d'effort musculaire dépensée à la manœuvre[3] est presque insignifiante.

Dans l'antiquité, vous avez un autre travail presque aussi pénible que celui de la rame, c'est celui de la meule. Il n'y avait pas de moulins à eau ni à vent; on broyait le blé à force de bras, au moyen de deux meules dont l'une était conique et l'autre s'emboîtait dans la première. Tourner la meule était synonyme du plus cruel châtiment. Les moulins ont fait disparaître cette hideuse occupation.

Avant la poudre à canon, celui qui avait un bon cheval et une bonne armure était tellement supérieur au pauvre homme désarmé que celui-ci n'avait qu'à plier devant lui; depuis la poudre à canon et l'artillerie, la supériorité du chevalier, du seigneur féodal, a disparu; tout homme, pourvu qu'il soit brave, est l'égal d'un autre.

Rien ne prouve mieux combien toutes les parties de l'humanité sont solidaires. Une découverte faite à un bout du monde devient instrument[4] de progrès à l'autre bout; un savant solitaire découvre une loi de la nature, et cette loi bien connue fait disparaître des supplices, des douleurs et des hontes héréditaires[5].

D'après RENAN.

---

1. *Éternels*, qui n'ont pas de fin. — 2. *Synonyme*, qui a la même signification. — 3. *Manœuvre*, du vaisseau : elle se fait au moyen de la vapeur; l'effort de l'homme y est très réduit. — 4. *Instrument*, moyen. — 5. *Héréditaires*, qui se renouvellent de génération en génération.

160. *Bienfaits de la coopération*[1] *humaine.*

Quelle misère que celle des premiers hommes! Que de fois ils durent souffrir les tortures de la faim!

Tandis que nous dormons dans nos lits chauds, les mineurs travaillent à extraire du charbon pour le poêle, les mécaniciens à conduire les trains qui apportent des aliments et des vêtements; la mer est sillonnée de navires chargés de cacao, de café, de sucre. Le monde entier travaille pour nous.

Or, imaginez quelle pouvait être, pour nos lointains ancêtres, au fond de leurs cavernes, l'horreur des longues nuits d'hiver! Au dehors, les rugissements des fauves, les embûches des hommes, plus redoutables encore que les animaux, un monde tout entier ennemi[2], et de toutes parts d'immenses forêts, des marécages et l'inconnu[3]. Ils ne sortaient de leurs cavernes que pour chercher leur nourriture : les dangers de mort, partout menaçants, faisaient d'eux des brutes violentes, féroces[4].

C'est la vie en société qui permit, à travers la suite des siècles, le développement des sentiments de bonté et de justice[5] et qui apporta dans l'humanité plus de bien-être et de bonheur.

Sans doute, la race humaine fut d'abord émiettée en petits clans[6] hostiles, séparés les uns des autres par d'immenses forêts. Mais peu à peu ces clans prirent contact et s'empruntèrent leurs découvertes. Le progrès commun[7] commença par l'invention et le perfectionnement des engins[8] de pêche, des armes, des vêtements, des habitations. Il se transmit et s'accrut de génération en génération.

Sautons maintenant par-dessus quelques milliers de siècles. L'invention de l'écriture donna tout à coup à la coopération humaine une extension prodigieuse[9]. Elle permit de profiter, bien plus qu'auparavant, de la sagesse des hommes disparus.

---

1. *Coopération*, opération faite en commun. — 2. *Monde ennemi*, où les périls abondent. — 3. *L'inconnu*, car les hommes ne voyageaient pas. — 4. *Féroces*, par nécessité, comme ceux qui craignent de périr. — 5. *Justice*, ne peut naître que là où les hommes vivent ensemble. — 6. *Clans*, petit groupe de familles. — 7. *Commun*, obtenu par tous pour tous. — 8. *Engins*, instrument, ustensile, arme, piège. — 9. *Prodigieuse*, extraordinaire, puisque l'écriture créait un lien puissant entre les générations.

A présent, les chercheurs du monde entier collaborent [1]. Ils sont comme les ouvriers d'un immense atelier ayant pour voûte le ciel des deux hémisphères.

C'est en 1829 que, pour la première fois, l'homme a obtenu une vitesse plus grande que celle du cheval : aujourd'hui, par des nuits très obscures, nous allons en quelques heures de Paris à Marseille. En 1836, on trouve le télégraphe, en 1876 le téléphone, en 1898 la télégraphie sans fil.

Plus de huttes humides, froides, enfumées : la lumière pénètre à flots dans nos maisons, grâce à la découverte du verre [2], et la nuit ne nous opprime [3] plus, car nous savons découvrir de belle clarté !

La maladie et la mort même reculent. Il y a trente ans, on osait à peine tenter d'insignifiantes opérations chirurgicales; aujourd'hui, grâce au chloroforme qui endort les malades et aux antiseptiques qui empêchent la pourriture des chairs, on peut fouiller et panser, sans douleur et presque sans danger, les plaies les plus profondes et les plus cachées. Les découvertes de Pasteur et de ses disciples ont déjà débarrassé les hommes de la diphtérie [4] et de la rage.

Pour notre nourriture même, que de progrès acquis par la coopération de tous à travers les siècles, et dont les paysans ne se doutent pas ! La plupart des plantes qui servent à l'alimentation des hommes n'ont pas été créées par la nature comme elles sont aujourd'hui. Le froment, le maïs, la lentille, la fève ne sont devenus si utiles à l'homme qu'après avoir été profondément modifiés par la culture et les travaux de centaines de générations.

Avec quel respect sacré, si nous y pensions, ne regarderions-nous pas le pain quotidien qu'on met sur la table ? Non seulement le froment est une « création du génie [5] humain », mais, avec le boulanger qui pétrit sa farine, collaborent les grands hommes inconnus qui ont imaginé le fléau [6], puis les machines à battre, à vanner; qui ont découvert l'art

---

1. *Collaborent*, travaillent ensemble à la même œuvre. — 2. *Verre*, qui empêche le froid, le vent et la pluie de pénétrer dans nos habitations, mais laisse passer la lumière. — 3. *Opprime*, car nous pouvons travailler aujourd'hui la nuit comme le jour. — 4. *Diphtérie*, inflammation de la gorge qui peut provoquer rapidement l'asphyxie et la mort : c'est le croup. — 5. *Génie*, faculté d'inventer. Le froment a été, en quelque sorte, créé par les soins de l'homme. — 6 *Fléau*, outil pour battre le blé.

de broyer le grain pour en faire la farine, l'art de faire la pâte; trouvé le levain, les résultats de la cuisson.

Nous ne connaissons pas le nom de ces bienfaiteurs, mais ces amis morts travaillent avec le boulanger. Et avec lui travaillent [1] aussi d'autres amis présents : laboureurs, ouvriers, ingénieurs, etc., qui nous mettent pour ainsi dire dans la main le pain que nous mangeons.

Songeons toujours avec reconnaissance [2] à cette coopération fraternelle de millions d'hommes disparus et de milliers de travailleurs vivants. Notre dette envers l'humanité est si grande que jamais nous ne pourrons la payer.

D'après PAYOT, *Cours de morale.*

LX. — La Solidarité française.

161. *La France en marche.*

A votre âge, mes enfants, un homme de quarante ans semble un vieillard très vieux; que pouvez-vous bien penser des gens qui vivaient il y a cent ans, deux cents ans, trois cents ans, et beaucoup plus? Sans doute, vous pensez que vous n'avez rien à faire avec eux et qu'étant tranquilles dans la mort, ils devraient laisser les petits vivants tranquilles.....

Mais vous vous trompez en croyant que le passé est loin. Il est notre proche voisin. Je vais vous le démontrer d'un mot : le roi Louis XIV est né en 1638, il y a donc deux cent soixante-sept ans; et moi, qui ne suis pas encore arrivé à la décrépitude [3], j'ai connu un homme qui a connu des contemporains de Louis XIV.....

Vous voyez donc que ce roi, qui vous paraît un personnage si éloigné, vous le touchez presque, et les cent quatre-vingt-dix ans qui vous séparent de sa mort sont un court espace de temps : pour le couvrir [4], et au delà, il suffit que trois hommes se tiennent par la main. Il ne faudrait pas une longue chaîne d'hommes pour arriver à la nuit où Jésus-Christ vint au monde; une trentaine, c'est assez.....

---

1. *Travaillent,* au moyen des créations qu'ils ont laissées. — 2. *Reconnaissance,* car ils sont nos bienfaiteurs. — 3. *Décrépitude,* vieillesse extrême. — 4. *Couvrir :* l'espace de temps est comparé à un chemin que des hommes couvriraient, dans sa longueur, en se tenant par la main.

L'histoire, en nous apprenant l'œuvre [1] faite par nos devanciers, nous enseigne l'œuvre à faire.

L'œuvre faite, pendant les derniers siècles, il est facile de la discerner [2].

Ce contemporain de Louis XIV, de qui je vous parlais tout à l'heure, fut le sujet d'un roi qui se croyait et fut, en effet, le maître de tous ses sujets, corps et âme ; qui les ruina par

La Bastille au XVIIe siècle.

la guerre, par les bâtiments, par les splendeurs des fêtes ; qui laissa une administration [3] abominable les tourmenter, contraignit les esprits à taire [4] leurs pensées, persécuta des consciences, emprisonna, exila, peupla les bastilles [5] et les galères horribles, sans qu'il fût méchant — car il ne l'était pas, — sans qu'il fût un sot — car il avait une intelligence suffisante, — sans qu'il fût un malhonnête homme — il avait un fond [6] d'honnêteté, même de justice : — mais le temps autorisait ces mœurs. Tout ce qu'il faisait, le roi croyait, d'accord avec la plupart des Français, qu'il avait le droit de le faire,

---

1. *L'œuvre*, ce qui est resté de nos devanciers. — 2. *Discerner*, distinguer, découvrir. — 3. *Administration*, l'ensemble des fonctionnaires d'un pays. — 4. *Taire*, parce que ces pensées, librement exprimées, eussent gêné le roi. — 5. *Bastilles*, les prisons du temps. — 6. *Fond* : il voulait, en principe, être honnête, être juste.

si bien qu'il n'eut de larmes que pour ses revers [1]; point de remords, seulement des regrets [2] un peu brefs qu'il exprima, en la solennité [3] de son grand lit de mort, parlant à ce déplorable héritier qui allait s'appeler Louis XV..........

Entre ce temps et le nôtre, vous pouvez, par la comparaison, déterminer l'œuvre faite. Et personne, je crois, dont l'esprit se porte bien, ne soutiendra qu'elle n'est pas bonne.

Eh bien! l'œuvre à faire, c'est évidemment de libérer [4] notre société française, autant qu'il est possible, des misères [5] physiques et morales et des injustices [6] qui demeurent. Si jeunes que vous soyez, vous connaissez de ces misères, et plusieurs d'entre vous, hélas! les voient de près : la maison trop petite, insalubre, malpropre, hôtesse [7] achalandée [8] de tous les agents de la mort...; les seules familles nombreuses qui restent en France pourrissant dans les taudis; souvent le vice ignoble [9], l'ivrognerie, née de la misère peut-être, mais qui l'aggrave et la perpétue [10]; la brutalité des paroles et des gestes; la voix qui hurle et la main qui cogne.

Mais c'est un spectacle plus triste encore, pour d'autres raisons, celui d'honnêtes vies de travailleurs hantées [11] par la crainte de la mendicité finale, d'honnêtes vies presque sans espérance.

Puis, entre la masse (en bas) et le petit nombre (en haut), une énorme distance est marquée par la différence d'éducation [12].

Mes chers enfants, l'œuvre dont vous prendrez bientôt votre part est une œuvre d'assainissement [13] et d'élévation [14]. Elle est difficile, même elle n'est pas sans péril. C'est la première fois qu'on entreprend de relever tout ce qui est courbé.....

Mais il s'est fait un grand progrès dans la raison publique [15]. Le droit d'écrire et de parler, le droit de vote ont détruit le

---

1. *Revers*, ce qui le touchait personnellement dans son orgueil et dans sa puissance. — 2. *Regrets* : on a des regrets de fautes légères, on a des remords de fautes graves. — 3. *Solennité*, pompe, qui impose le respect. — 4. *Libérer*, délivrer. — 5. *Misères*, maladies, vices. — 6. *Injustices*, sociales. — 7. *Hôtesse*, qui reçoit. — 8. *Achalandée*, qui a beaucoup de clients. Ici, ces clients sont des maladies nées de l'insalubrité et de la malpropreté. — 9. *Ignoble*, bas, laid, honteux. — 10. *Perpétue*, lui donne de la durée. — 11. *Hantées*, où entre à chaque instant la crainte. — 12. *Éducation*, celle du peuple à l'école, celle de la bourgeoisie au lycée. — 13. *Assainissement*, contre la maladie. — 14. *Élévation*, contre le vice et l'injustice. — 15. *Raison publique*, raison du peuple.

droit à la révolution [1]. Vous n'oublierez jamais, vous, mes amis, que dans un régime de liberté républicaine, toute violence est un crime, et qui peut tuer la liberté et la République. Heureusement, d'ailleurs, les violents sont beaucoup moins nombreux qu'on ne pense; beaucoup plus nombreux qu'on ne croit, parmi les heureux de ce monde, les gens de bonne volonté [2], d'âme juste et généreuse.....

Allons, ayons confiance, ça ira bien!...

Comme elle est belle, l'espérance de voir notre France à l'avant-garde des peuples, dans la guerre partout engagée contre la misère physique, la misère morale et les injustices qui demeurent! Certes, nous voulons que notre France soit forte par les armes et prête toujours à défendre envers et contre tous son honneur [3] et son droit [4]. Mais c'est aussi une guerre glorieuse, la guerre contre le mal.

Et savez-vous, enfants? Les victoires dans cette guerre préparent les lauriers [5] pour l'autre guerre, si jamais elle se présente. Donner à tous les Français une égale raison d'aimer la France, de l'admirer, une même passion de la servir, c'est achever la solidarité [6] de la patrie française.

Ernest LAVISSE.

LXI. — Le grand problème.

162. *Que suis-je?*

Que tes yeux, mon enfant, ne restent pas toujours attachés à la terre. Lève ton regard vers la voûte des cieux.

Pendant le jour, le soleil y resplendit [7], et nous envoie la vie, à travers l'espace, avec la lumière et la chaleur.

Pendant la nuit, les étoiles y brillent, pures et silencieuses. Celles que tu vois sont innombrables. Mais au

---

1. *Révolution* : elle emploie la violence, là où la liberté de voter n'existe pas. — 2. *De bonne volonté*, qui veulent le bien, la justice. — 3. *Honneur* : sa dignité qui s'offense des injures. — 4. *Droit*, ce qui lui appartient légitimement. — 5. *Lauriers*, symbole de la victoire. — 6. *Solidarité de la patrie française*, l'union de tous les Français. — 7. *Resplendit*, brille avec grand éclat.

LA CONSCIENCE

delà de ta vue, il en est d'autres, par milliers, puis d'autres encore, d'autres toujours, dans l'immensité. Songe que chacune d'elles est un soleil comme le nôtre, des millions de fois plus grand que la terre.

Par un beau soir, clair et tranquille, éloigne-toi des hommes pour demeurer seul en face de ce sublime[1] spectacle. Peu à peu tu sentiras ton cœur battre dans ta poitrine.

« D'où viennent ces astres ? Qui les a créés ? Où vont-ils ?... Et moi, faible[2] créature, poussière perdue dans l'univers, pourquoi suis-je ici ?

« Et quand je n'y serai plus, où irai-je ?

« Ma raison, capable de comprendre et d'admirer tous ces mondes, qui me fait si grand malgré le peu de place que j'occupe, que deviendra-t-elle ? »

C'est là le grand problème[3] qui s'est posé, au cours des siècles, dans les plus nobles[4] intelligences.

Buste de *Socrate*, philosophe grec.

Les croyants de toute religion l'ont résolu en affirmant que le monde est gouverné par un Dieu tout-puissant qui veille sur ses créatures, qui récompensera les bons et punira les méchants.

Ceux qui n'ont pas de foi religieuse ne veulent rien

---

1. *Sublime*, qui excite notre admiration et nous élève la pensée. — 2. *Faible*, par le corps, mais puissante par l'esprit. — 3. *Problème*, question posée et qui demande une réponse. — 4. *Nobles*, les plus élevées, les plus généreuses.

affirmer. Souvent, ils souffrent de leur ignorance et de leur incertitude[1]. Mais ils ne peuvent faire autrement que de dire : « Je ne sais pas. » Sinon ils se mentiraient à eux-mêmes.

Croyants ou incroyants, notre devoir à tous est de nous respecter[2] sincèrement et profondément les uns les autres.

---

1. *Incertitude*, état de celui qui n'est pas sûr et ne peut affirmer. — 2. *Respecter*, dans nos droits, c'est-à-dire de pratiquer la tolérance.

LIVRET DE MORALE

Ce *Livret de morale* est composé de tous les *résumés* qui répondent aux *questionnaires* de l'ouvrage. Il forme un cours complet. Le numéro et le titre de la leçon sont ici rappelés pour faciliter la recherche du résumé correspondant.

LA FAMILLE

3. Les Robelin. — **Les Parents**. — *Le père et la mère, le grand-père et la grand'mère aiment leurs enfants plus que tout au monde, plus qu'eux-mêmes. — Ils les nourrissent, les font instruire et leur donnent de bons exemples et de bons conseils. — Si leurs enfants sont malades, ils les soignent avec dévouement. — S'ils sont en faute, ils les punissent avec douceur, mais avec fermeté. — Les parents n'ont qu'un souci : faire de leurs enfants des gens honnêtes et heureux. — Ils travaillent pour eux, se privent pour eux, souffrent pour eux : en retour, ils ne leur demandent que l'affection et l'obéissance.*

9. Suzanne Letellier. — **Les Enfants**. — *1. J'aimerai mes parents et mes grands-parents de tout mon cœur, car ils travaillent et ils souffrent pour me rendre meilleur et plus heureux. — 2. Je leur obéirai avec une grande docilité, parce que je veux leur faire plaisir, et parce qu'ils ont plus de raison que moi et plus d'expérience. — 3. Je les aiderai de toutes mes forces dans leurs travaux de chaque jour, et les soulagerai dans leurs besoins. — 4. Et plus tard, quand ils seront âgés et infirmes, je les entourerai de soins et leur donnerai la meilleure place à mon foyer.*

12. Léon Jadot. — **Frères et sœurs**. — *1. J'aimerai mes frères et mes sœurs. — 2. Je partagerai leurs souffrances, et les consolerai dans leurs chagrins. — 3. Je m'efforcerai de leur faire plaisir. — 4. Je leur donnerai de bons conseils et de bons exemples — 5. Je les aiderai dans leurs travaux. — 6. Je les protégerai, si je puis, et les mettrai en garde contre tous les dangers.*

16. La Maison du père Lamy. — **Les Maîtres**. — *1. Si, plus tard, j'ai des domestiques, je les traiterai comme s'ils étaient de ma famille. — 2. Je les respecterai et les ferai respecter par tous les miens. — 3. Je leur commanderai avec douceur, et je m'efforcerai de les reprendre avec justice. — 4. Je les aimerai, je partagerai leurs souffrances et leurs joies, je leur viendrai en aide, et je ferai en sorte qu'ils voient en moi un ami et un protecteur autant qu'un maître.*

19. La fidèle Jeanne. — **Les Serviteurs**. — *1. Si plus tard je suis domestique, je respecterai mes maîtres, et les servirai avec obéissance. — 2. Je prendrai soin de leurs intérêts comme des miens, et je me dévouerai à leur fortune. — 3. Je les aimerai, et je m'efforcerai, par mon travail et ma conduite, de mériter leur estime et leur affection. — 4. Je ne serai ni indiscret, ni importun, ni bavard. — 5. Je ne donnerai que de bons conseils et de bons exemples aux enfants de la maison.*

21. Le père Lamy et ses bêtes. — **Les Animaux**. — *1. Les animaux souffrent comme nous. — 2. Il en est qui nous sont fort utiles. — 3. D'autres sont doux et gracieux. — 4. Je ne les maltraiterai pas. Je les soignerai, je les défendrai contre toute brutalité, je ne leur ferai subir aucune fatigue, aucune peine inutiles. — 5. Je sens qu'il serait cruel et absurde de faire autrement.*

L'ÉCOLE

28. Le petit Drumel. — **Les Écoliers.** — *1. Je veux être un bon écolier. — 2. Je m'efforcerai d'arriver à l'heure à l'école. — 3. Je serai propre sur mon visage, mes mains et mes vêtements. J'aurai de l'ordre dans mes livres et mes cahiers. — 4. Je serai poli et de bonne humeur. — 5. J'éviterai d'être bavard. — 6. Je serai très attentif et très appliqué. — 7. Je saurai mes leçons et ferai tous mes devoirs. — 8. Je m'interdirai de copier et de mentir. — 9. Je ne serai point jaloux de mes camarades, et je leur viendrai en aide. — 10. Je ne les dénoncerai pas. — 11. J'aimerai mon maître, je le respecterai ; j'aurai confiance en lui et lui obéirai toujours.*

31. Rondeau. — **Les Camarades.** — *1. Je serai un bon camarade. — 2. Je serai doux et compatissant avec mes condisciples. — 3. Je leur rendrai service, si je puis, dans leurs travaux et dans leurs jeux. — 4. Je protégerai les plus faibles et les moins heureux. — 5. Je ne serai ni taquin, ni railleur, et j'apaiserai les querelles. — 6. Je ne donnerai à tous que de bons conseils et de bons exemples.*

LA PATRIE

36. Michel Landard. — **L'Amour de la patrie.** — *1. J'aime la France, mon pays, parce que son sol est riche et beau, son climat doux et agréable ; parce que j'y suis né, que j'y ai vécu dans la maison paternelle, et que mon cœur y est attaché par un lien mystérieux et puissant. — 2. J'aime la France, mon pays, parce que ses habitants sont mes frères, enfants de la même race, ayant même sang et mêmes ancêtres ; ayant même langue, mêmes intérêts, mêmes espérances, mêmes souvenirs tristes ou glorieux, même volonté de faire leur patrie grande, prospère et bienfaisante. — 3. La France est ma mère : dans mon cœur, il n'y aura jamais rien au-dessus d'elle.*

40. Monsieur Richard. — **Défense de la patrie.** — *1. Laisser à d'autres le soin de défendre mes intérêts, mon indépen-*

dance, mon honneur, ma vie, les intérêts, l'indépendance, l'honneur, la vie de tous les miens, ce serait une lâcheté. — 2. Laisser insulter, attaquer ma patrie sans accourir à son appel, ce serait un crime. — 3. Je serai soldat. — 4. Je serai heureux et fier de combattre pour la France, en temps de guerre, et d'acquérir à la caserne, en temps de paix, les qualités d'un bon soldat.

42. Paul Thénot. — **Mourir pour la patrie.** — Je me dévouerai, corps et âme, à la France. — Dès maintenant, pour la mieux servir : 1. Je veux être agile, robuste et dur à la fatigue. — 2. Je veux m'instruire à l'école. — 3. Je veux apprendre à obéir. — 4. Je veux être énergique, hardi et persévérant. — Plus tard, quand je serai soldat, je serai brave devant l'ennemi, et je lutterai jusqu'à la victoire ou jusqu'à la mort. — Comme citoyen, je ferai tous mes efforts pour contribuer à la prospérité de mon pays.

48. Mon voisin Jean-Pierre. — **Respect de la loi.** — J'obéirai toujours aux lois de mon pays : 1. Parce qu'elles sont profitables à la France ; — 2. Parce que, dans leur ensemble, elles me profitent à moi-même ; — 3. Parce que, sans cette obéissance, il n'y aurait ni gouvernement ni société possibles. — Si les lois me paraissent injustes, j'y obéirai quand même, jusqu'à ce qu'elles soient modifiées par le législateur.

50. La Fraude de M. Laurencin. — **L'Impôt.** — 1. Je payerai consciencieusement l'impôt. — 2. Je le payerai sous toutes ses formes, indirectes ou directes. — 3. J'éviterai toute fraude envers l'État et envers la ville où j'aurai ma résidence. — 4. Frauder, c'est faire payer à d'autres ce qu'on doit payer soi-même. Je regarde la fraude comme un vol, un acte indigne d'un honnête homme.

51. L'Indifférence de Philippe. — **Le Vote.** — 1. A chaque élection je voterai, à moins d'empêchement absolu : parce que c'est mon intérêt ; — parce que c'est l'intérêt du pays ; — parce que le droit de vote, acquis par les luttes de nos pères, est la garantie de ma liberté, et que n'en pas user

c'est consentir à la servitude. — 2. *Je voterai selon ma conscience, sans crainte et sans complaisance.* — 3. *Je choisirai, pour me représenter, des hommes honnêtes, laborieux, éclairés, dont les idées me conviennent.* — 4. *En votant, je penserai aux intérêts de la France plutôt qu'à mes intérêts personnels.*

DEVOIRS ENVERS SOI-MÊME

57. Le Suicide de Genouillet. — **Le Suicide**. — 1. *Je vivrai, malgré la souffrance, pour remplir mon devoir.* — 2. *Je lutterai contre la misère, contre les chagrins, contre les revers et les injustices, jusqu'au bout, comme le soldat qui reste fidèlement à son poste malgré le péril.*

59. Eugène Marot. — **La Vigueur physique**. — 1. *Un homme adroit et fort vaut mieux qu'un homme gauche et chétif.* — 2. *Il est plus complet et plus près de la perfection.* — 3. *Il peut rendre plus de services à ses semblables.* — 4. *Je veux être fort et adroit.* — 5. *Je m'exercerai chaque jour aux jeux, à la gymnastique. Et je m'efforcerai de suivre les règles de l'hygiène.*

60. Berthe Longuet. — **La Propreté**. — *Je serai propre :* 1. *Dans mon intérêt, pour fortifier ma santé et ne pas éloigner de moi mes amis et connaissances.* — 2. *Dans l'intérêt des autres, pour ne pas les gêner dans leur délicatesse.* — 3. *Par respect pour la personne qui est en moi.* — 4. *Je serai propre sur mon corps — dans mes vêtements — dans mon travail — dans ma demeure.*

64. Monsieur Bourgoin. — **La Sobriété**. — *Je serai sobre et frugal :* 1. *Parce que je me fatiguerais des mets fins et rares pris avec excès, et que les mets simples me feront toujours plaisir.* — 2. *Parce que ma santé s'en trouvera bien.* — 3. *Parce que j'aime mieux procurer du pain aux indigents que de gaspiller mon argent en choses superflues et coûteuses.* — 4. *Parce que je suis un être raisonnable, et qu'il ne faut pas que ma vie soit remplie, comme celle des bêtes, par le souci du manger et du boire.*

68, 69. Le Menuisier Brissot. — **Le Travail.** — *J'aimerai le travail et je travaillerai : 1. Pour me rendre plus fort et plus intelligent. — 2. Pour acquérir l'aisance et le bien-être. — 3. Pour oublier les chagrins de la vie, pour lutter contre les mauvais penchants et me préserver des mauvaises habitudes. — 4. Pour conserver mon indépendance et ma dignité. — 5. Je saurai que le travail de l'intelligence est aussi nécessaire à la société et souvent aussi pénible que celui du corps.*

72, 73. Louis Roche. — **L'Épargne.** — *1. Je serai économe. — 2. Je ne ferai aucune dépense inutile. Je ne jouerai pas, pour ne perdre ni mon temps ni mon argent. — 3. Je tirerai le meilleur parti possible de mes vêtements, de mes outils, de tous les objets que je possède. — 4. J'éviterai les dettes, parce qu'elles me mettraient dans l'embarras, et porteraient atteinte à ma liberté. — 5. Si mes gains dépassent mes frais, je porterai la différence à la caisse d'épargne. — 6. Ainsi j'arriverai, sans doute, à l'aisance. A coup sûr, j'éviterai la misère. — 7. Mais j'aurai horreur de l'avarice, plus encore que du gaspillage, parce qu'elle est déraisonnable et laide, et qu'elle conduit à la dureté du cœur.*

78. Les Mésaventures de Blinger. — **L'Ordre.** — *1. L'ordre consiste à donner une place à chaque chose et à mettre chaque chose à sa place. — 2. J'aurai de l'ordre dans mes livres, mes cahiers, mes outils, mes vêtements, dans tous les objets dont je me servirai : pour faire durer ces objets plus longtemps; pour les retrouver plus vite et gagner du temps dans mes travaux; pour éviter les retards et les désagréments qui en résultent; enfin, parce que cela est raisonnable. — 3. Et je saurai moi-même rester à ma place en devenant un honnête homme.*

82. Le Mensonge de Paul. — **Le Mensonge.** — *1. Mentir, c'est cacher volontairement la vérité avec l'intention de tromper. — 2. Le mensonge est une lâcheté! Le mensonge fait mépriser le menteur et le met dans l'embarras. Le mensonge porte souvent préjudice aux autres. — 3. Je ne mentirai jamais, ni pour me vanter, ni pour faire un profit, ni pour m'éviter une peine. — 4. Je dirai à tous : Me voilà tout entier, tel que je*

suis, et sans voile. Je suis prêt à répondre de mes actes, de mes paroles et de mes pensées. Quoi qu'il arrive, je veux rester debout, en face de mes semblables.

87. Julie Delorme. — **L'Hypocrisie.** — 1. L'hypocrisie consiste à cacher ses vices sous le masque de la vertu. — 2. L'hypocrite est un menteur et un voleur : il ment non seulement dans ses paroles, mais dans toutes ses démarches et tous ses actes ; il vole l'estime et l'affection de ses semblables. — 3. L'hypocrite se moque de ce qu'il y a de plus sacré au monde, la vertu. — 4. Je ne trouve rien de plus vil et de plus méprisable que l'hypocrite. J'aurai toujours horreur de l'hypocrisie, et je m'efforcerai de paraître en tout et toujours tel que je suis.

90. Joseph Trélut. — 91. Dampierre. — **Respect du nom.** — 1. Un nom souillé, c'est une honte pour tous ceux qui le portent. — 2. Je veux garder mon nom sans tache. Il ne sera pas flétri par ma faute, car je resterai honnête. Il ne sera pas flétri par mes semblables, car je le défendrai contre la calomnie. — 3. Je le transmettrai pur comme je l'ai reçu, synonyme de travail et de probité.

93. La Modestie de Jules Breton. — **La Modestie.** — 1. J'ai des défauts et je commets des fautes. — 2. La plupart des hommes valent autant et mieux que moi. — 3. Je n'ai pas lieu de me croire supérieur aux autres. — 4. C'est pourquoi j'éviterai l'orgueil et la vanité. Je serai modeste dans mon maintien, dans mes paroles, dans mes démarches et dans mes actes.

96. Lucien Béclard. — **L'Orgueil.** — 1. Je ne serai point orgueilleux. — 2. Je n'aurai pas de mes qualités une trop bonne opinion, et je verrai surtout mes défauts. — 3. Je saurai découvrir et apprécier les qualités d'autrui. — 4. Je n'aurai pour mes semblables ni mépris ni dédain, et je m'efforcerai d'être aimable et bienveillant surtout envers mes égaux et mes inférieurs. — 5. Ainsi, je serai plus aimé. — 6. Ayant moins de confiance en moi, je travaillerai davantage, et j'arriverai plus sûrement au succès. — 7. Enfin, je remplirai plus aisément mes devoirs.

98. Augustine Brodat. — **La Vanité.** — 1. Je ne serai pas vaniteux. — 2. Je n'accorderai pas beaucoup d'importance à des avantages qui n'en ont pas ou n'en ont guère. — 3. Si je suis plus beau que les autres, ou mieux vêtu, ou plus riche, je ne me croirai pas pour cela supérieur à eux. — 4. Je resterai avec tous, simple, modeste et bon. — 5. Ainsi je serai plus juste, plus aimable, et plus aimé.

101. Le père Mathurin. — **Bienfaits de l'instruction.** — 1. Je m'instruirai, et je développerai mon intelligence : — pour être plus habile dans ma profession et mieux armé dans la vie; — pour mieux remplir mes devoirs de citoyen; — pour me perfectionner, et devenir vraiment un homme. — 2. Je m'instruirai et je développerai mon intelligence : — à l'école, en suivant avec docilité les directions de mes maîtres; — après ma sortie de l'école et jusqu'à la fin de ma vie, dans la mesure de mon temps et de mes forces.

102. Le député Barreau. — **La Liberté d'esprit.** — 1. Je laisserai venir à moi la vérité, même si elle doit me gêner et me déplaire. — 2. Je lui ouvrirai toujours mon intelligence. — 3. Je m'efforcerai d'écarter tous les obstacles qui pourraient l'arrêter. — 4. Je me défierai surtout de mon intérêt, de mon amour-propre, de mes préjugés et de mes habitudes.

104. Un Enfant courageux. — **Le Courage.** — 1. Je serai courageux : j'aurai la volonté de vaincre la souffrance, les chagrins, les misères, les obstacles et les dangers de la vie. — 2. Je serai courageux : parce que seul le courage me donnera la liberté d'être raisonnable; parce que le courage me conduira au succès; parce qu'il me permettra de me dévouer à mes semblables.

107. Jean Bompard. — **Le Courage militaire.** — 1. Je serai soldat. — 2. Je veux être un soldat courageux. — 3. Je supporterai sans plainte et avec gaieté les fatigues et les privations. — 4. Je résisterai au découragement. — 5. Je serai brave sur le champ de bataille. — Je resterai ferme, dans le rang, autour du drapeau, en face de l'ennemi, et je mépriserai la mort.

110. Maurice Cherel. — **La Colère.** — *1. Je ne me mettrai pas en colère : afin de rester maître de moi ; — pour ne devenir ni fou, ni aveugle ; — pour n'être ni brutal, ni injuste. — 2. Je me souviendrai que l'homme en colère est une bête déchaînée et dangereuse, et que la moitié des crimes sont dus à la colère. — 3. Quand je sentirai la colère monter en moi, je m'efforcerai d'être calme et de sourire.*

115. Joseph Lachal. — **Un homme.** — *1. Je veux être un homme. — 2. J'aurai, si je le puis, un corps vigoureux, endurci à la fatigue et à la souffrance. — 3. J'aurai du courage et de la persévérance pour réussir dans mes entreprises. — 4. Je saurai résister, au besoin, à l'influence des personnes qui vivront auprès de moi. — 5. Je saurai vaincre mes mauvais penchants et mes mauvaises habitudes. — 6. En un mot, je serai maître de moi, afin de pouvoir obéir à ma raison.*

DEVOIRS SOCIAUX

117. Denfert et Letrait. — **Justice et Charité.** — *1. La justice consiste à respecter ses semblables dans leur vie, dans leurs biens, dans leur réputation, dans tous leurs droits. Elle se contente de ne pas faire de mal, de ne pas gêner. — 2. La charité va plus loin : Elle demande qu'on aime ses semblables, qu'on leur vienne en aide, qu'on leur fasse du bien.*

120. Un Partage. — **Pas de justice sans amour.** — *1. Je ne puis être juste qu'en respectant tous les droits des autres. — 2. Je ne serai sûr de les respecter qu'en cédant, au besoin, de mes droits. — 3. Je ne céderai volontiers de mes droits que si j'ai du plaisir à le faire, c'est-à-dire que si j'aime mes semblables. — 4. Je veux donc aimer mes semblables, c'est-à-dire être charitable. Ainsi, je serai plus sûr d'être juste.*

124. Le Métayer de M. Richert. — **Respect de la liberté.** — *1. Il n'y a point d'homme sans liberté. — 2. Un esclave n'est*

pas un homme, c'est un instrument dans la main d'un maître. — 3. La liberté est donc un des biens les plus précieux. — 4 L'homme doit être libre dans son travail, dans ses démarches, dans tous ses actes. — 5. Pour être juste, je respecterai toujours la liberté de mes semblables, comme je veux que la mienne soit respectée.

127. Les Idées de Marcel. — **La Tolérance.** — *1. La tolérance est le respect sincère de la pensée d'autrui. — 2. Je serai tolérant. Je respecterai toujours les croyances religieuses, les opinions politiques et toutes les idées de mes semblables : — parce que ces croyances, ces opinions, ces idées font partie d'eux-mêmes, comme leur corps, et qu'il serait injuste d'y porter atteinte ; — parce qu'il n'est pas toujours sûr que les autres soient dans l'erreur et moi dans la vérité ; — parce que, en tout cas, il est difficile d'atteindre à la vérité, et que l'erreur est excusable si on la prend sincèrement pour la vérité. — 3. Si je crois posséder la vérité, je m'efforcerai de la communiquer à mes semblables par une discussion franche et amicale, mais je ne la leur imposerai pas.*

130. Une Victime de la calomnie. — **Respect de la réputation.** — *1. Calomnier quelqu'un, c'est l'accuser faussement dans l'intention de lui nuire. — 2. Je ne calomnierai jamais personne : — parce que c'est l'envie et la méchanceté qui conduisent à la calomnie, et que je me garderai d'être envieux et méchant ; — parce que je ne veux pas être injuste, et que la calomnie est toujours une injustice, même quand personne n'y croit ; — parce que la calomnie peut porter préjudice à la personne qui en est l'objet. — 3. Je combattrai énergiquement la calomnie, d'où qu'elle vienne, et je m'efforcerai de rétablir la vérité.*

133. Une Victime de la médisance. — **Respect de la réputation.** — *1. La médisance consiste à dévoiler les fautes et les défauts du prochain. — 2. Je ne veux médire de personne : — parce que je ferais preuve de légèreté, ou que j'obéirais à un mauvais sentiment : jalousie, envie, méchanceté ; — parce que je nuirais à la réputation et au bonheur de mes semblables ; — parce que je pourrais les décourager, et*

les faire retomber dans le mal. — 3. Non seulement j'éviterai la médisance, mais, au besoin, je saurai la combattre chez les autres.

135. Eugène Roux. — **Respect des engagements.** — 1. Je ne m'engagerai qu'avec prudence. — 2. Je réfléchirai avant de donner ma parole. — 3. Mais, les engagements pris, je les respecterai fidèlement, qu'ils soient écrits ou non : — pour ne pas mentir ; — pour n'être pas injuste envers ceux qui recevront mes promesses et compteront sur moi ; — pour rester un homme d'honneur ; — pour ne pas perdre la confiance de mes semblables, et ne pas porter préjudice à mes propres intérêts.

137. Leroy et Curel. — **Respect de la propriété.** — 1. Je respecterai la propriété de mes semblables : — parce qu'ils l'ont acquise par leur travail, leurs efforts, leurs fatigues, leurs sacrifices, et que la leur dérober c'est leur arracher une partie d'eux-mêmes ; — ou parce qu'ils l'ont reçue en don ou héritage, et que celui qui la leur a donnée ou léguée avait le droit de le faire. — 2. Voler le bien d'autrui, c'est commettre une grave injustice. — 3. Dans tout pays la loi punit sévèrement les voleurs. — 4. Au surplus, les riches doivent songer aux souffrances des malheureux, et se montrer généreux à leur égard.

139. De braves gens. — **La Bonté.** — 1. Je serai bon envers tous mes semblables. — 2. Je ne jugerai pas trop sévèrement leurs faiblesses. — 3. Je saurai les aider dans leurs besoins. — 4. J'irai à eux cordialement, pour le plaisir de leur être agréable ; et s'ils sont ingrats, je ne leur en voudrai pas de leur ingratitude.

142. Louis Thomay. — **La Politesse.** — 1. La politesse consiste à marquer aux autres, en toutes circonstances, le désir qu'on a de les respecter et de leur plaire. — 2. Pour être agréable aux autres, il faut savoir se gêner soi-même. — 3. On ne se gêne volontiers pour les autres que si on les aime. — 4. C'est pourquoi la vraie politesse vient du cœur. — 5. Je serai poli avec tous, mes supérieurs, mes égaux, mes inférieurs. Je le serai dans mon attitude, mes paroles

et mes actes. — *6. Je serai particulièrement respectueux envers les vieillards.*

145. Madame Courbet. — **La Bienfaisance.** — *1. La charité consiste à soulager ses semblables, autant qu'on le peut, dans leur misère et dans leurs souffrances. — 2. J'aimerai mon prochain. Je l'aiderai de mes ressources. Je le consolerai par de bonnes paroles. Je lui tendrai la main s'il est repoussé par les autres. Je le relèverai s'il tombe dans le vice.*

148. L'Institutrice Louise David. — **Le Sacrifice.** — *1. Se dévouer, c'est donner volontairement ce qu'on a de plus cher, sa vie même. — 2. Il n'y a rien au monde de plus grand et de plus beau que le sacrifice entier de sa personne au triomphe d'une cause juste, au bien de ses semblables, à la prospérité de son pays. — 3. Je mettrai mes forces, mes richesses, mon savoir, tout ce que je possède au service des autres. Et s'il le faut, je leur donnerai ma vie.*

LIVRET D'INSTRUCTION CIVIQUE

Déclaration des Droits de l'homme et du citoyen (Extraits.)

Principes de 1789.

Art. 1ᵉʳ. Les hommes naissent et demeurent libres et égaux en droits. Les distinctions sociales ne peuvent être fondées que sur l'utilité commune.

Art. 2. Le but de toute association politique est la conservation des droits naturels et imprescriptibles de l'homme. Ces droits sont la liberté, la propriété, la sûreté et la résistance à l'oppression.

Art. 3. Le principe de toute souveraineté réside essentiellement dans la nation. Nul corps, nul individu ne peut exercer d'autorité qui n'en émane expressément.

Art. 4. La liberté consiste à pouvoir faire tout ce qui ne nuit pas à autrui. Ainsi l'exercice des droits naturels de chaque homme n'a de bornes que celles qui assurent aux autres membres de la société la jouissance de ces mêmes droits. Ces bornes ne peuvent être déterminées que par la loi.

Art. 6. La loi est l'expression de la volonté générale. Tous les citoyens ont droit de concourir personnellement ou par leurs représentants à sa formation. Elle doit être la même pour tous, soit qu'elle protège, soit qu'elle punisse. Tous les citoyens, étant égaux à ses yeux, sont également admissibles à toutes dignités, places et emplois publics, selon leur capacité et sans autre distinction que celle de leurs vertus et de leurs talents.

Art. 10. Nul ne doit être inquiété pour ses opinions, même religieuses, pourvu que leur manifestation ne trouble pas l'ordre public établi par la loi.

Art. 11. La libre communication des pensées et des opinions est un des droits les plus précieux de l'homme : tout citoyen peut donc parler, écrire, imprimer librement, sauf à répondre de l'abus de cette liberté dans les cas déterminés par la loi.

Art. 12. La garantie des droits de l'homme et du citoyen nécessite une force publique ; cette force est donc instituée pour l'avantage de tous et non pour l'utilité particulière de ceux auxquels elle est confiée.

Art. 13. Pour l'entretien de la force publique et pour les dépenses d'administration, une contribution commune est indispensable ; elle doit être également répartie entre tous les citoyens, en raison de leurs facultés.

Art. 17. La propriété étant un droit inviolable et sacré, nul ne peut en être privé, si ce n'est lorsque la nécessité publique, légalement constatée, l'exige évidemment, et sous la condition d'une juste et préalable indemnité.

Instruction civique.

I. — *Les Devoirs du citoyen.*

Tout citoyen français *doit :*
Aimer son pays — plus que sa famille, plus que lui-même,
Le servir et le défendre jusqu'à la mort ;
Obéir à ses lois, toujours, même s'il les trouvait injustes ;
Payer l'impôt, sans fraude.
Tout citoyen *électeur* doit voter d'une façon éclairée, consciencieuse et désintéressée.

II. — *L'Obligation scolaire.*

1. La loi de mars 1882 rend *obligatoire* l'instruction primaire.
2. Les parents sont tenus d'envoyer leurs enfants à l'école, de six ans à treize ans, ou de justifier qu'ils ont reçu dans la famille une instruction suffisante.
3. Étant obligatoire, l'instruction primaire est et devait être *gratuite*.

Dans un pays libre comme la France, il est nécessaire que les citoyens soient assez éclairés et assez sages pour se gouverner eux-mêmes. Sans instruction, la liberté est dangereuse.

III. — *Le Service militaire : la force publique.*

1. La force publique, c'est l'*armée*, qui nous protège contre les ennemis du dehors ; c'est la *gendarmerie* et la *police*, qui maintiennent l'ordre et la paix au dedans.
2. *L'armée est la sauvegarde de la France.*
3. Le service militaire est obligatoire pour tout citoyen valide, de vingt à quarante-cinq ans.

LIVRET D'INSTRUCTION CIVIQUE

Les infirmes ne peuvent pas être soldats.

On n'admet pas non plus à servir, dans les conditions ordinaires, les Français condamnés à des peines afflictives ou infamantes. Ces derniers sont envoyés aux *compagnies de discipline*.

IV. — Le Service militaire (suite).

1. Après avoir tiré au sort, les conscrits partent au régiment. Pendant deux ans ils restent à la caserne et s'exercent au maniement des armes. Ils font alors partie de *l'armée active*.

2. De l'armée active les soldats passent dans la *réserve* de l'armée active. Alors on les renvoie dans leurs foyers, d'où on ne les rappelle qu'en *cas de guerre* ou pour des *manœuvres* d'une durée de deux à trois semaines.

3. A trente ans, de la réserve de l'armée active on les verse dans *l'armée territoriale*, puis plus tard dans la *réserve de l'armée territoriale*.

4. En cas de guerre, l'armée active et sa réserve iraient immédiatement aux frontières. L'armée territoriale serait plus spécialement destinée à la défense des forteresses.

V. — Le Service militaire (suite).

1. L'armée de terre comprend *quatre armes* : l'infanterie, la cavalerie, l'artillerie et le génie.

2. Ces diverses armes sont indispensables. Mais l'infanterie est l'arme la plus nombreuse et la plus importante.

3. Chaque soldat, aujourd'hui, peut conquérir tous les grades de la hiérarchie militaire, et devenir successivement caporal, sergent, adjudant, sous-lieutenant, lieutenant, capitaine, commandant, colonel, général de brigade et général de division.

4. Il existe une école d'officiers, celle de *Saint-Cyr*, où ne peuvent se présenter que les bacheliers et où ils ne sont admis qu'après concours.

Mais il en est une autre, celle de *Saint-Maixent*, dont la porte est ouverte à l'enfant sorti de l'école primaire ; on n'y est admis également qu'après concours.

VI. — Le Service militaire (fin).

1. L'armée de mer est chargée de la défense de nos côtes et de nos colonies.

2. Elle comprend plusieurs flottes sous la direction *d'amiraux* qui ont sous leurs ordres des vice-amiraux, des contre-amiraux, des capitaines de vaisseau, des lieutenants de vaisseau, etc.

3. Nos flottes trouvent un refuge dans les cinq ports militaires français : Cherbourg, Brest, Lorient, Rochefort et Toulon.

4. Les marins sont recrutés parmi les populations côtières, au moyen d'un régime spécial qu'on appelle l'*inscription maritime*.

VII. — *L'Impôt.*

1. L'impôt est une dette sacrée. (Voir page 94.)
2. Il est juste que chacun paye l'impôt en proportion de sa fortune.
3. Il y a deux sortes d'impôts : les uns *directs*, les autres *indirects*.
4. Les premiers, qui sont payés *directement* au percepteur, sont :
La contribution foncière ;
L'impôt des portes et fenêtres ;
La cote personnelle et mobilière ;
Les patentes.
Chacun connaît exactement le montant de ses impôts directs.

VIII. — *L'Impôt (suite).*

1. Les impôts indirects sont payés *indirectement*. Ce sont les droits que réclame l'État et que chacun paye, sans s'en apercevoir, sur les denrées, comme le vin, l'eau-de-vie, le café, le sucre, etc..., ou sur le tabac, ou sur les cartes à jouer, etc.

2. Nous ne connaissons pas exactement le montant de nos impôts indirects. En général, il dépasse celui des impôts directs.

IX. — *Les Droits du citoyen.*

1. Tous les citoyens français sont *égaux* devant la loi : ils jouissent de l'*égalité civile et politique*.

2. Tous les citoyens français sont *libres* dans leur pensée, leur parole, leurs démarches, leurs actes, leur travail, l'acquisition et la transmission de la propriété, à la condition de rester dans les limites tracées par la loi. C'est là ce qu'on appelle les *libertés civiles*. Elles sont garanties par la liberté *politique*, droit de participer par le vote au gouvernement du pays et à la confection des lois.

3. Chaque année, en votant le *budget*, les Chambres décident du montant des impôts qu'il faut lever. La somme fixée pour l'impôt direct est répartie entre les départements ; puis, dans chaque département, entre les communes ; puis, dans chaque commune, entre les particuliers.

4. Les impôts directs ou indirects sont perçus par des fonctionnaires qui les versent au Trésor, par l'intermédiaire des trésoriers-payeurs généraux.

5. Ces fonctionnaires sont contrôlés, dans leurs comptes, par des inspecteurs et par la Cour des comptes.

X. — Le Suffrage universel.

1. Est électeur, en France, *tout citoyen français*, âgé de vingt et un ans, qui jouit de ses droits civils et politiques, c'est-à-dire qui n'a pas été condamné à des peines infamantes.
2. Avant la Révolution de 1848, seuls les gens riches avaient le droit de voter. Aujourd'hui les pauvres peuvent voter comme les riches. C'est pourquoi l'on dit que le suffrage est *universel*.
3. Le suffrage universel est l'instrument nécessaire de la souveraineté du peuple.
4. Directement ou indirectement, tout électeur prend part au choix des conseillers municipaux, des maires, des conseillers d'arrondissement, des conseillers généraux, des députés, des sénateurs et du président de la République.

XI. — Le Suffrage universel (suite).

1. Le vote est *secret*. En déposant son bulletin dans l'urne, l'électeur est sûr que personne ne connaît son choix.
2. Le vote est *libre* : la loi ne tolère dans la salle de vote ni soldat, ni gendarme, ni agent de police.
3. La loi punit sévèrement quiconque *menace* un électeur pour l'amener à voter comme lui.
4. La loi punit sévèrement quiconque tente de *corrompre* l'électeur et d'acheter son vote au moyen d'argent, de festins ou de promesses de places.
5. Quand un député est convaincu d'avoir obtenu des suffrages par menace ou par corruption, la Chambre des députés *annule* son élection. On dit alors qu'il est *invalidé*.

XII. — La Commune, le Conseil municipal.

1. La *commune* est une réunion de Français et de Françaises demeurant dans une certaine étendue du territoire dont les limites sont fixées par une loi. C'est la plus petite de nos *divisions administratives*.
2. La loi considère la commune comme une personne réelle ; elle lui accorde des droits et lui impose des obligations : elle peut acquérir, posséder des biens, construire des édifices, emprunter, etc. Elle a, pour subvenir à ses dépenses, un budget, et elle peut établir des impôts qu'on appelle *centimes additionnels*.
3. Les affaires de la commune sont administrées par un *maire* et des *adjoints* élus par un *conseil municipal*, qui lui-même est élu, pour quatre ans, par tous les citoyens électeurs de la commune.
4. La plupart des délibérations du conseil municipal sont soumises à l'approbation du préfet du département.

XIII. — Le Maire.

1. Le maire est le *président*, l'*agent* et le *représentant* du conseil qui l'a choisi.
2. Il est officier de l'état civil.
3. Il est le chef de la police communale, nommant les agents de police et les gardes champêtres.
4. Il est l'*intermédiaire* entre la commune et l'État : défendant les intérêts de la commune auprès du gouvernement; faisant publier et exécuter dans la commune les lois du gouvernement.
5. C'est donc par lui qu'un lien étroit existe entre la commune la plus petite et la plus reculée de France et le pouvoir central qui est à Paris.

XIV. — Le Département, le Conseil général.

1. Le département est une réunion de communes formant la *plus grande des divisions administratives*.
2. Le département peut acquérir et posséder des biens, construire des édifices, entretenir des routes, et se gouverner lui-même comme chacun de nous. *Il a un budget*, et peut même établir des impôts qu'on appelle *centimes départementaux*. C'est, comme la commune, une personne *morale et civile*.
3. Ses affaires sont administrées, sous le contrôle de l'État, par un conseil général.
4. Le conseil général se compose d'autant de membres qu'il y a de cantons dans le département. Ces membres sont élus, pour six ans, au suffrage universel.
5. Le conseil général se réunit deux fois dans l'année, en avril et en août. Il arrête les travaux à exécuter, les dépenses à faire, les *centimes départementaux* à prélever et vote le budget du département.

Préfet.

XV. — Le Préfet.

1. Chaque département est administré par un préfet, qui est nommé par l'État, et qui réside au chef-lieu.
2. Le préfet joue, dans le département, un rôle semblable à celui du maire dans la commune.
3. Il est le *représentant* et l'*agent* du conseil général.
4. Il est l'*intermédiaire entre le département et l'État* : défendant les intérêts du département auprès du gouvernement; faisant publier et exécuter dans le département les lois de l'État.

5. Il concourt, avec les chefs des diverses administrations, à la direction de presque toutes les affaires.

6. Il est assisté d'un *secrétaire général*. Il a sous ses ordres des *sous-préfets* qui résident aux chefs-lieux d'arrondissement.

7. Le conseil d'arrondissement est élu par les électeurs pour répartir les impôts entre toutes les communes.

XVI. — *L'État, les Pouvoirs publics.*

1. L'État, c'est la puissance suprême qui représente la volonté de tous les citoyens.

2. L'État comprend trois pouvoirs distincts :
Le *pouvoir législatif*, représenté par la Chambre des députés et le Sénat, qui font les lois.
Le *pouvoir exécutif*, représenté par le président de la République et ses ministres, qui font exécuter les lois.
Le *pouvoir judiciaire*, représenté par les tribunaux de tout ordre, qui punissent la violation des lois.

3. Ces trois pouvoirs sont *distincts*, et leur séparation a pour but de protéger la liberté des citoyens. Réunis dans les mêmes mains, comme sous l'ancien régime, ils deviendraient un instrument de tyrannie.

XVII. — *La Constitution, le Président de la République.*

1. La Constitution est l'ensemble des lois qui *organisent* le gouvernement du pays.

2. La constitution actuelle de la France date de 1875 : c'est la *République*.

3. Le chef de l'État s'appelle le *président de la République*. Il est élu pour sept ans par les sénateurs et les députés réunis en Congrès.

4. Le président de la République est le *chef du pouvoir exécutif*. Il nomme les ministres; il fait présenter, par eux, des projets de loi aux Chambres; il promulgue les lois votées; il les fait exécuter par *décrets*; il convoque les collèges électoraux et les Chambres; d'accord avec le Sénat, il peut dissoudre la Chambre des députés; il a le droit de faire grâce; il reçoit les ambassadeurs, passe les revues, etc.

5. Chacun des actes du président de la République doit être contresigné par un ministre.

XVIII. — *Le Sénat, la Chambre des députés.*

1. Le pouvoir législatif est représenté par le Sénat et la Chambre des députés.

2. Le *Sénat* comprend 300 membres élus au suffrage à deux degrés pour neuf ans[1].

---

[1]. A l'origine il y avait 75 sénateurs inamovibles, nommés à vie par le Sénat lui-même.

Le palais du Sénat, vu du jardin du Luxembourg.

La Chambre des députés.

3. Le corps électoral qui choisit un sénateur se compose :

1° De tous les députés, conseillers généraux et conseillers d'arrondissement du département.

2° D'un délégué de chaque commune ou de plusieurs, suivant la population, choisis par le conseil municipal.

4. La Chambre des députés se compose d'environ 580 membres, élus directement au suffrage universel à raison de un par arrondissement.

5. On peut être député à vingt-cinq ans : on ne peut être sénateur qu'à quarante ans.

XIX. — La Loi.

1. Les Chambres discutent les lois qui leur sont présentées par leurs membres ou par les ministres.

2. La plus importante de ces lois est la *loi de finances* ou *budget*, qu'on discute et qu'on vote annuellement — d'abord à la Chambre des députés, puis au Sénat.

3. Une loi n'existe et ne commande que lorsqu'elle a été *votée* par les deux Chambres, et *promulguée*, c'est-à-dire *portée à la connaissance de tous*, par le président de la République.

4. Toute loi est donc bien l'expression de la volonté nationale.

XX. — L'Administration centrale.

1. L'administration centrale, c'est l'ensemble de tous les ministres assurant l'exécution des lois.

2. Chaque ministre dirige l'un des intérêts majeurs du pays.
3. Actuellement on trouve dans l'administration centrale :
Le ministre de l'*Intérieur*, qui a sous ses ordres les préfets, et dont la tâche principale est de maintenir l'ordre et la sécurité dans le pays.
Le ministre de l'*Instruction publique* et des *Beaux-arts*, qui est à la tête de tous les services de l'enseignement.
Les ministres de la *Guerre*, de la *Marine*, des *Colonies*, des *Finances*, des *Travaux publics* et des *Postes et télégraphes*, de la *Justice*, de l'*Agriculture*, du *Commerce* et de l'*Industrie*, du *Travail* et de la *Prévoyance sociale*, des *Affaires étrangères*.

XXI. — *L'Administration centrale (suite).*

1. Les ministres réunis forment un Conseil qui s'appelle le *ministère* ou *Cabinet*.
2. L'un est le président du Conseil. Il en dirige les délibérations en l'absence du président de la République.
3. Les ministres sont responsables de leurs actes devant les Chambres. Si les Chambres désapprouvent hautement leur conduite, ils remettent leur démission entre les mains du président de la République, qui leur choisit des successeurs en s'inspirant des vœux exprimés par les Chambres.
4. Auprès du ministère est le *Conseil d'État*, dont les membres sont nommés par le gouvernement, et qui donne son avis sur les questions et les projets qui lui sont soumis par les ministres.

XXII. — *L'Administration départementale et communale.*

(Voir ce qui précède sur le département et la commune.)

XXIII. — *Les diverses Autorités.*

1. Chaque ministre a sous ses ordres des fonctionnaires, chefs de service, répandus dans toute la France, qui exécutent ses décisions, conformément aux lois.
2. Du ministre de l'Instruction publique relèvent les recteurs et les inspecteurs d'académie.
3. Du ministre du Travail, les directeurs et inspecteurs du travail.
4. Du ministre de la Guerre, les généraux de division, les généraux de brigade, etc.
5. Du ministre de la Marine, les préfets maritimes dans nos ports militaires, etc.
6. Du ministre de la Justice, les magistrats, présidents de cours d'appel, présidents de tribunaux, procureurs généraux, procureurs de la République.

7. Du ministre des Finances, les trésoriers-payeurs généraux, les receveurs, les directeurs des contributions directes, des contributions indirectes, et des domaines.

8. Du ministre de l'Agriculture, les conservateurs des forêts, les professeurs d'agriculture...

9. Du ministre des Travaux publics, les ingénieurs de tout ordre.

10. Dans chaque département, ces fonctionnaires se groupent autour du préfet.

XXIV. — La *Justice civile* et la *Justice pénale*.

1. La justice *civile* juge les différends et les procès entre particuliers.

2. La justice *pénale* juge les *crimes*, les *délits*, les *contraventions*, toutes les violations de la loi prévues par le Code pénal.

3. Au chef-lieu de chaque canton se trouve un *juge de paix*, qui décide dans les *petites* affaires civiles et les *simples contraventions*.

XXV. — La *Justice civile* et la *Justice pénale* (*suite*).

1. Dans la plupart des arrondissements, il y a un *tribunal de première instance*, qui juge les affaires civiles *plus graves* (et c'est alors le tribunal civil) ou les délits (et c'est alors le tribunal correctionnel).

2. Ce tribunal comprend au moins trois juges nommés par l'État, et inamovibles. Avant de juger, il entend le procureur de la République, nommé par l'État, mais révocable, et les avocats qui exposent l'affaire.

3. Une affaire qui paraît mal jugée par le juge de paix peut être portée devant le tribunal de première instance.

Une affaire qui paraît mal jugée par le tribunal de première instance peut être portée devant la *Cour d'appel*.

La Justice; par RAPHAËL.
(Au Vatican, à Rome.)

4. La Cour d'appel est un tribunal plus élevé — il y en a vingt-huit en France — qui peut annuler les arrêts des tribunaux de première instance.

XXVI. — *La Justice civile et la Justice pénale (suite).*

1. Les crimes sont jugés par la *Cour d'assises*.
2. La Cour d'assises est une sorte de tribunal extraordinaire où les juges sont assistés de *douze jurés*.
3. Les jurés sont des citoyens honorables, tirés au sort : la réunion des douze jurés s'appelle le *jury*.
4. Le jury entend l'accusé, le procureur qui l'accuse, l'avocat qui le défend. Il déclare par oui ou par non si l'accusé est coupable, et dans ce dernier cas, s'il existe, en sa faveur, des circonstances atténuantes.
5. Dans le cas de culpabilité, les juges prononcent la peine.
6. Au-dessus des cours d'appel et des cours d'assises se trouve à Paris un tribunal suprême, la *Cour de cassation*, qui *casse les arrêts* de ces tribunaux, s'il y a eu une mauvaise application de la loi.
7. La Cour de cassation est une dernière garantie du bon fonctionnement de la Justice.

Avocat en robe.

XXVII. — *L'Enseignement.*

1. Il y a dans l'enseignement trois degrés :
1° L'enseignement *primaire* ; 2° l'enseignement *secondaire* ; 3° l'enseignement *supérieur*.
2. L'enseignement primaire est donné dans toutes les écoles élémentaires de France.
3. L'enseignement secondaire est donné dans les lycées et les collèges. Il est plus *étendu* et plus *élevé* que l'enseignement primaire. Il prépare aux grandes écoles du gouvernement : École polytechnique, pour les ingénieurs ; École normale supérieure, pour les professeurs ; École Saint-Cyr, pour les officiers de l'armée de terre ; École navale, pour les officiers de l'armée de mer ; École forestière, pour les inspecteurs des forêts ; etc.
Il prépare également des étudiants pour les Facultés.
4. Il n'est guère de villes où l'on ne rencontre un lycée ou un collège.

XXVIII. — *L'Enseignement (suite).*

1. L'enseignement supérieur se donne dans les Facultés de droit, de médecine, de sciences, de lettres.
2. Il y a des Facultés au chef-lieu de chaque académie.
3. L'enseignement supérieur se donne aussi dans les grandes écoles de l'État.

4. L'enseignement secondaire conduit au baccalauréat; l'enseignement supérieur à la licence, à l'agrégation et au doctorat.

5. Seul, l'enseignement primaire est gratuit.

Mais, grâce aux bourses des villes, des départements et de l'État, les élèves les plus distingués des écoles primaires, bien qu'appartenant à des familles sans fortune, peuvent bénéficier, *par la voie du concours*, de l'enseignement secondaire et de l'enseignement supérieur, et arriver ainsi aux plus hautes fonctions de l'État.

TABLE DES MATIÈRES

LA FAMILLE

Leçons.

	Pages.
Le Foyer. — La Famille Guillaume.	7
Les Parents. — Les Robelin.	11
Les Grands-parents.	16
Les Enfants. — Suzanne Letellier.	19
Frères et sœurs. — Léon Jadot.	26
Les Maîtres. — La Maison du père Lamy.	34
Les Serviteurs. — La fidèle Jeanne.	39
Les Animaux domestiques. — Le père Lamy et ses bêtes.	44
Familles malheureuses. — Il ne faut pas.	50

Poésie.

	Pages.
Retour d'exil.	10
L'Amour maternel.	14
Il en coûte de punir.	14
Chanson des orphelins.	15
Le Grand-père.	17
Les Orphelins.	29
Chien et chatte.	47
La Mort du cheval.	49

Prose.

La Grand'mère.	16
Une Surprise.	22
Un Consul romain.	25
Les deux Frères.	30
Une Larme.	37
Saint Louis et son serviteur.	39
La Partie de chasse.	42
Loi Grammont.	47

L'ÉCOLE

Leçons.

Nécessité de l'école.	52
Écoliers. — Le petit Drumel.	55
Camarades. — Rondeau, dit « Fidèle »	59
Reconnaissance envers l'école. — Défendez l'école.	64

Poésie.

Aux enfants de la France.	54
Pauvre petit!	57
Le Mauvais camarade.	61
La Renoncule et l'Œillet.	62

Prose.

Lettre d'un père à son fils.	52
L'Écolier reconnaissant.	58
Le Camarade généreux.	62

LA PATRIE

Leçons.

	Pages.
L'Amour de la patrie. — Michel Landard	66
La Défense de la patrie. — Monsieur Richard et le service militaire	71
Mourir pour la patrie. — Paul Thénot	75
La Voix des ancêtres. — Les Grands Défenseurs du pays	79
— Les Bons Ouvriers du pays	82
La Guerre et la Paix. — Le Rêve de la cousine Bernard	84
Respect de la loi. — Mon voisin Jean-Pierre	88
L'Impôt. — La Fraude de M. Laurencin	94
Le Vote. — L'Indifférence de Philippe	96
La Devise républicaine. — Liberté; Égalité; Fraternité	101

Poésie

La France	68
L'Invasion	60
L'Exil	69
La Sortie	73
Chanson de mort	77
Hymne à la France	79
Souvenir de la nuit du 4	90

Prose.

| Socrate. John Hampden | 91 |
| La Marseillaise | 104 |

DEVOIRS ENVERS SOI-MÊME

Leçons.

Le Suicide. — Le Suicide de Genouillet	107
La Vigueur physique. — Eugène Marot	110
La Propriété. — Berthe Longuet	113
La Ville et la Campagne	116
La Sobriété. — Monsieur Bourgoin	122
L'Alcoolisme	125
L'Ivrognerie. — Le Charron Douchard	127
Le Travail. — Le Menuisier Brissot	131, 133
L'Épargne. — Louis Roche et ses fils	137, 142
L'Ordre. — Les Mésaventures de Joseph Blinger	148
Le Mensonge. — Le Mensonge de Paul	157
L'Hypocrisie. — Julie Delorme	162
Le Respect du nom. — Joseph Trélut; Dampierre	168
La Modestie. — La Modestie de Jules Breton	171
L'Orgueil. — Lucien Béclard	174
La Vanité. — Augustine Brodat	178
Bienfaits de l'instruction. — Le père Mathurin	181
La Liberté d'esprit. — Le Député Barreau	185
Le Courage. — Un Enfant courageux	187
Le Courage militaire. — Jean Bompard	194
La Colère. — Maurice Cherel	201
Un homme. — Joseph Lachal	206

Poésie.

Où le soleil se vend	116
La Robe	130
Gloire au travail !	135
Travaillons !	136
La Poule aux œufs d'or	144
La Montre	151
Le Menteur	159
Un Mensonge ingénu	160
Le Chat, la Belette et le petit Lapin	165
Don Ruy Gomez	169

TABLE DES MATIERES

	Pages.
Les deux Épis	173
Le Grillon	173
Le Chêne et le Roseau	177
Le Tonneau vide et l'Épi stérile	180
La Diligence	181
Le Courage des travailleurs	189
O soldats de l'an deux!.	199
Le Miroir	204
La Vengeance	204
A un enfant	208

Prose.

Adjuration	110
Épictète	115

	Pages.
Les Habitations à bon marché	119
Le Chemin de la folie	125
Avarice	145
Les deux Bougies	145
La Mutualité	145
L'Épingle	152
L'Amour des arbres	153
Généreuse franchise	160
Quand tu mens	161
Aveu sincère	166
Les Sortilèges	187
Quelques héros de notre histoire	190, 196
Pas d'énervement	203
Patience	205

DEVOIRS SOCIAUX

Leçons.

Justice et Charité. — Denfert et Letrait	209
Sans charité, pas de justice. — Un partage	213
La Justice : Respect de la vie	216
La Justice : Respect de la liberté. — Frédéric	218
Le Métayer de M. Richert	220
La Justice : Tolérance. — Les Idées de Marcel	224
La Justice : Respect de la réputation. — Une Victime de la calomnie	229
Une Victime de la médisance	232
La Justice : Respect des engagements. — Eugène Roux	234
La Justice : Respect de la propriété. — Leroy et Curel	237
La Charité : Bonté. — De braves gens	241
La Charité : Politesse. — Louis Thomay	245
La Charité : Bienfaisance. — Madame Courbet	248
La Charité : Sacrifice. — Le Médecin Brinval	254
L'Institutrice Louise David	255

Poésie.

Rends le bien pour le mal	212
Caïn	216
La Liberté	223
Le Paon, les deux Oisons et le Plongeon	233
Le Crapaud	243
L'Enfant et la Mule	245
Le Dogue	247
Le Colimaçon	247
Les Pauvres gens	250
Un héros sans le savoir	257
Dévouement	258
Jean Chouan	259

Prose.

L'homme de labeur et ses deux voisins	211
Les deux Frères et le Champ	215
Les formes atténuées de l'esclavage	222
Parabole contre la persécution	225
Les maux produits par l'intolérance	226
Le Couplet de Basile	231
L'Eau, le Feu et la Réputation	231
Parole donnée	236
Actes de délicatesse	240

LA CONSCIENCE

Leçons.	Pages.	Prose.	Pages.
La Conscience. — Prends garde.	261	La Voix de la conscience.	262
La Liberté et la Responsabilité. — La place de l'homme.	265	Les Hommes libres.	266
		Les Esclaves.	268
La Solidarité humaine. — Travaille pour tes frères.	272	Les Libertés publiques.	271
		Bienfaits de la solidarité humaine	273
La Solidarité française.	277	Bienfaits de la coopération humaine.	275
Le Grand problème. — Que suis-je ?.	280	La France en marche.	277

LIVRET DE MORALE

Résumés répondant aux questionnaires de l'ouvrage. 283

LIVRET D'INSTRUCTION CIVIQUE

Déclaration des droits de l'homme et du citoyen. 295
Instruction civique. 296

TABLE DES MATIÈRES

GRAVURES

Histoire naturelle.

	Pages.
Chat; dessin de Kanyôçaï. . . .	15
Chatte et ses petits.	48
Chêne (Le) de Rollon restauré.	155
Chèvre et son chevreau.	17
Colimaçons; dessins japonais 247,	248
Crapaud; dessin de S. Yeïtakou.	243
Grillon.	173
Poule et poussins.	144

Portraits et Statues.

Colbert.	82
Condorcet	267
Corneille.	82
Danton; par M. Aug. Paris. . .	199
Gambetta.	81
Jeanne d'Arc; par M. E. Frémiet.	80
Jupille (Le berger); par E.-L. Truffot.	193
Hugo (Victor): Monument; par Aug. Rodin.	70
Laffitte (Jacques).	153
Louis XI.	263
Louis XIV enfant; par S. Guillain.	167
Palissy (Bernard); par Barrias.	191
Pasteur; par L.-O. Roty.	83
Socrate.	281
Turenne.	237

Métiers, Professions, Fonctions.

Avocat, en robe.	305
Berger; tabl. de Ch. Jacque. . .	35
Forgeron, photogr.	13
Menuisier (Un), photogr. . . .	131
Orchestre ambulant; par Gavarni.	23

	Pages.
Pêcheur (Le pauvre); par Puvis de Chavannes.	251
Préfet.	300

Édifices.

Bastille (La) au XVIIe siècle . . .	278
Chambre des députés	302
Maison (Type de) à bon marché.	121
Palais du Sénat.	302

Divers.

Caïn; d'après Cormon.	217
Conscrits (Les); par Dagnan-Bouveret.	72
Coupe-tête; par A. de Saint-Aubin.	59
Cruauté (La); par Hogarth. . .	45
Delirium tremens; par André Gill	269
École (Entrée à l').	175
École (Petites filles à l'); par N. Gœneutte.	163
École du soir (L'); tabl. de Blanchon.	53
Enfant à la cage (L'); par Pigalle.	223
Famille (La); par J.-C. Chaplain.	7
Fière comme un paon.	178
Gloria victis!; par Ant. Mercié.	78
Jour de paye; par Victor Marec.	129
Justice (La); par Raphaël. . . .	304
Marseillaise (La); par Rude. . .	105
Mère! par M. Jules Adler. . . .	108
Mère laborieuse (La); par Chardin.	141
Mineurs (Les); par J.-P. Laurens.	221
Nid (Le); par Croisset.	21
Pain (Le); par Alb. Lefeuvre. .	9
Paix (La); par Raphaël.	85
Section de vote (Une).	183

Paris. — Imp. LAROUSSE, Rue Montparnasse, 17.

LIBRAIRIE LAROUSSE, 13-17, rue Montparnasse, PARIS
Envoi *franco* au reçu d'un mandat-poste.

MÉMENTO DE POCHE
A L'USAGE DES CANDIDATS AU CERTIFICAT D'ÉTUDES

Exactement conforme aux Programmes officiels.

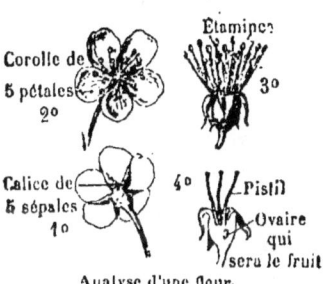

Grammaire. — Histoire. Géographie. — Arithmétique. — Sciences physiques et naturelles. — Instruction morale et civique. — Dessin. — Musique. — Couture, etc.

Un volume in-32 de 384 pages, 630 gravures, 42 cartes dont 19 en couleurs, 75 tableaux synthétiques.

Cartonné . . . . 1 fr. 50
Relié toile . . . . 1 fr. 75

MÉMENTO LAROUSSE
PETITE ENCYCLOPÉDIE DE LA VIE PRATIQUE
à l'usage des adultes et des candidats aux brevets de l'enseignement primaire

Grammaire. — Style. — Littérature. — Histoire. — Cosmographie. — Géologie. — Géographie. — Arithmétique. — Comptabilité. — Géométrie pratique. — Arpentage. — Topographie. — Dessin. — Physique et chimie. — Hygiène. — Économie domestique. — Sciences naturelles. — Agriculture. — Horticulture. — Morale. — Instruction civique. — Droit usuel. — Couture. — Savoir-vivre. — Usages du monde. — Correspondance. — Médecine pratique. — Musique. — Proverbes. — Langage des fleurs. — Stations thermales. — Renseignements usuels sur les monnaies étrangères, la Poste, etc.

Un volume in-8° de 730 pages, 900 gravures, 90 tableaux synthétiques, 82 cartes, dont 50 en couleurs, exercices de dessin, de musique, etc. Cartonné . . . . 5 francs
Relié toile . . . . 6 francs

LIBRAIRIE LAROUSSE, 17, rue Montparnasse. PARIS
Envoi *franco* au reçu d'un mandat-poste français ou international.

MÉMENTO DE POCHE

A L'USAGE DES CANDIDATS
AU CERTIFICAT D'ÉTUDES PRIMAIRES
Exactement conforme aux Programmes officiels.

Grammaire. — Histoire. — Géographie — Arithmétique. — Sciences physiques et naturelles. — Instruction morale et civique. — Dessin. — Musique. — Couture, etc.

Joli volume in-32 de 384 pages, 630 gravures, 42 cartes, dont 19 en couleurs.

Cartonné. **1 fr. 50** — Relié toile. **1 fr. 75**

MÉMENTO LAROUSSE

Petite encyclopédie de la vie pratique
A L'USAGE DES ADULTES ET DES CANDIDATS AUX BREVETS
de l'enseignement primaire et aux écoles normales.

Grammaire. — Style. — Littérature. — Histoire. Géographie. — Cosmographie. — Géologie. — Arithmétique. — Comptabilité. Géométrie. — Arpentage. — Topographie. — Dessin. — Physique et Chimie. — Sciences naturelles. — Agriculture. Horticulture. — Hygiène. — Économie domestique. — Morale. Instruction civique. — Droit usuel. — Couture. — Broderie. — Dentelles. Musique. — Savoir-vivre et Savoir-faire. — Usages du monde. Correspondance. — Proverbes et Locutions. Emblèmes. — Attributs et Symboles. — Langage des fleurs. Gymnastique. — Médecine pratique. — Stations thermales et balnéaires. Renseignements sur les monnaies étrangères. La Poste. — Le Télégraphe, etc.

Un volume in-16 de 780 pages, 850 gravures, 82 cartes, dont 50 en couleurs. Cartonné. **4 fr. 50** — Relié toile. **5 fr.**

53. — Paris. — Imprimerie LAROUSSE, 17, rue Montparnasse.

www.ingramcontent.com/pod-product-compliance
Lightning Source LLC
Chambersburg PA
CBHW071343150426
43191CB00007B/832